Stockwerkeigentum

MATHIAS BIRRER

Stockwerk-eigentum

Kauf, Finanzierung,
Regelungen der Eigentümergemeinschaft

■ ■ ■ EIN RATGEBER AUS DER BEOBACHTER-PRAXIS ■ ■ ■

Dank

Der Autor dankt allen, die ihn bei der Erarbeitung dieses Ratgebers unterstützt haben. Ein besonderer Dank geht an Silvia Jenny für ihre juristische Mitarbeit.

Beobachter-Edition
6., aktualisierte Auflage, 2013
© 2005 Axel Springer Schweiz AG
Alle Rechte vorbehalten
www.beobachter.ch

Herausgeber: Der Schweizerische Beobachter, Zürich
Lektorat: Käthi Zeugin, Ursula Trümpy, Zürich
Umschlaggestaltung und Reihenkonzept: buchundgrafik.ch
Umschlagfoto: Oliver Heissner, plainpicture, Hamburg
Satz: Focus Grafik, Zürich
Druck: Grafisches Centrum Cuno GmbH & Co. KG, Calbe

ISBN 978-3-85569-773-1

Mit dem Beobachter online in Kontakt:
  www.facebook.com/beobachtermagazin
  www.twitter.com/BeobachterRat
  www.beobachter.ch/google+

Inhalt

Vorwort 11

1 Was ist Stockwerkeigentum? 13

Was gehört mir, was nicht? 14
Die gemeinschaftlichen Teile 14
Das Sonderrecht an Ihrer Einheit 17
Das ausschliessliche Benutzungsrecht 20
Gemeinschaftlich oder nicht? 22
Die Wertquote 24

Stockwerkeigentum im Baurecht 26
Kompliziertes System mit Konfliktpotenzial 26

Ist Stockwerkeigentum das Richtige? 29

2 Die Finanzierung 33

Erste Überlegungen 34
Die Tragbarkeitsrechnung 35
Beratung einholen 37

Das Eigenkapital 38
Finanzierung mit Pensionskassenguthaben 39

Das Fremdkapital 40
Hypotheken: Vergleichen lohnt sich 41

Die laufenden Kosten 41
Die laufenden Gemeinschaftskosten 42

Stockwerkeigentum und Steuern 43
Welche Abzüge darf ich geltend machen? 45

3 Das richtige Objekt ... 47

Die Zukunft einplanen ... 48
Flexible Wohnungen ... 48
Wo soll das Objekt liegen? ... 49
Entspricht das Objekt meinen Ansprüchen? ... 51

Kaufobjekt Altbauwohnung ... 54
Risiko Altlasten ... 56

Kaufobjekt Neubauwohnung ... 57
Kauf ab Plan ... 57
Kauf nach Fertigstellung ... 59

Die Qualität des Baus ... 60

Der Kaufpreis ... 61
Wie hoch ist der Realwert? ... 61
Die hedonistische Bewertungsmethode ... 64

4 Der Kaufvertrag ... 67

Der Vorvertrag ... 68
So vermeiden Sie Probleme ... 68

Der Vertrag ... 71
Der Kaufvertrag muss beurkundet werden ... 72
Grundstückskauf und Eherecht ... 74

Heikle Punkte im Kaufvertrag ... 76
Bauhandwerkerpfandrechte ... 76
Der Übergang von Nutzen und Gefahr ... 77
Sonderrecht und ausschliessliches Benutzungsrecht ... 79
Der Baubeschrieb ... 80
Die Gewährleistung ... 80

5 Die Übergabe der Stockwerkeinheit 87

Die Wohnungsabnahme 88
Die Wohnung gründlich prüfen 88

Mängel entdeckt – was nun? 89
Die Mängelrüge 90
Die Mängelrechte 91
Achtung, Verjährung! 95

Wer haftet wofür? 97
Die Haftung des Verkäufers 97
Die Haftung der Bauhandwerker 98
Die Haftung des Architekten 98

6 Leben in der Gemeinschaft 101

Grundlagen des Zusammenlebens 102
Das Reglement 103
Die Hausordnung 107
Das sagt das Gesetz 108

Die Stockwerkeigentümergemeinschaft 109
Ihre Rechte gegenüber der Gemeinschaft 109
Ihre Pflichten gegenüber der Gemeinschaft 113
Die Haftung der Stockwerkeigentümergemeinschaft 114

Was, wenn ein Eigentümer sich nicht fügt? 119
Ausschluss aus der Gemeinschaft 119

Die Rolle des Verwalters 123
Der Verwaltungsvertrag 124
Die Aufgaben des Verwalters 124
Die richtige Person finden 127
Unzufrieden mit dem Verwalter? 129

7 Die Stockwerkeigentümerversammlung 133

Oberste Instanz der Gemeinschaft 134
Wer darf an der Versammlung teilnehmen? 135

Richtig einberufen, korrekt durchführen 138
Die Einladung zur Versammlung 138
Das Recht, die Traktandierung zu verlangen 139
Ist die Versammlung beschlussfähig? 141
Stimmrecht und Quoren für die Beschlussfassung 142
Das Protokoll: eine wichtige Rechtsgrundlage 145
Die Anfechtung eines Beschlusses 145
Beschlüsse ausserhalb der Versammlung 149

Darüber entscheidet die Versammlung 150
Was sind Verwaltungshandlungen? 150
Speziell geregelt: die baulichen Massnahmen 154
Bauliche Veränderungen ohne das nötige Mehr 159

Die Änderung der Wertquoten 161
Wertquotenänderung durch Vereinbarung 161
Berichtigung auf dem Gerichtsweg 162

Für spezielle Projekte: der Ausschuss 164
Die Aufgaben des Ausschusses 165

Zur Kontrolle der Finanzen: der Revisor 166
Wer eignet sich für die Aufgabe? 166
Was prüft der Revisor? 167

8 Die gemeinsamen Kosten und der Erneuerungsfonds 171

Kosten gerecht verteilen 172
Das sagt das Gesetz 172
Individuelle Bestimmungen im Reglement 173

Der Verwaltungsfonds 174
Grundsatz: Aufteilung nach Wertquoten 175
Wie wird der Verwaltungsfonds gefüllt? 177
Spezielle Kosten und ihre Verteilung 179

Der Erneuerungsfonds 181
Was wird über den Erneuerungsfonds finanziert? 182
Wie hoch sollen die Beiträge sein? 183
Wem gehört der Erneuerungsfonds? 184

Wenn die Beiträge nicht gezahlt werden 184
Das Gemeinschaftspfandrecht 185
Das Retentionsrecht 188

9 Vom Umgang mit den Nachbarn 191

Richtiges Verhalten im Konfliktfall 192
Zuerst das Gespräch suchen 192

Probleme innerhalb der Gemeinschaft 194
So kommen Sie am besten ans Ziel 194
Konflikte wegen der Nutzung des gemeinschaftlichen Teils 195
Konflikte wegen der Nutzung der eigenen Räume 196

Konflikte mit Nachbarn ausserhalb der Gemeinschaft 198
Wer muss sich zur Wehr setzen? 199

Was sagt das öffentliche Recht? 201

10 Stockwerkeigentum renovieren 205

Wer entscheidet über die Renovation? 206
Die Renovation der eigenen Wohnung 207
Die Renovation der gemeinschaftlichen Teile 208

Die Renovation sinnvoll organisieren 208
Auftrag an einen General- oder Totalunternehmer 209

Zusammenarbeit mit Architekt und Handwerkern 210
Welche Form der Arbeitsvergabe ist die richtige? 210
Die nötigen Versicherungen 211
Renovation und Steuern 212

In sechs Schritten zur erfolgreichen Renovation 214
Schritt 1: Renovationsbedarf abklären 214
Schritt 2: Offerten einholen 216
Schritt 3: Entscheiden und die Kosten verteilen 216
Schritt 4: Baubewilligung einholen und Aufträge erteilen 218
Schritt 5: Renovation durchführen 219
Schritt 6: Bau abnehmen und Rechnung prüfen 220

11 Die Eigentumswohnung wieder verkaufen 223

Verkaufen oder vermieten? 224

Erfolgreich verkaufen 225
Der richtige Preis 225
Die Verkaufsdokumentation 226
Einen Makler beauftragen 227

Stockwerkeigentumsrecht und Verkauf 229
Das Vorkaufsrecht 229
Das Einspracherecht 231

Anhang 235

Im Überblick: Versammlungsorganisation, Beschlussfassungsquoren,
Instandsetzungs- und Erneuerungszyklen 236
Glossar 240
Adressen und Links 247
Literatur 251
Stichwortverzeichnis 252

Vorwort

Rund 40 Prozent der Schweizer Haushalte sind Wohneigentum. Allein zwischen 1990 und 2000 verdoppelte sich der Bestand an Eigentumswohnungen in der Schweiz auf rund 240 000 Einheiten. Und der Trend setzt sich ungebrochen fort: Die Zahl der Eigentümerhaushalte – Einfamilienhäuser und Eigentumswohnungen – ist Schätzungen zufolge seither um rund 280 000 Einheiten angewachsen. Damit hat auch die preisliche Situation Schritt gehalten: Zwischen 2006 und 2012 sind die Preise für Stockwerkeigentum um rund 35 Prozent gestiegen. Erst im letzten Quartal 2012 legte das Preiswachstum nach langem einen Marschhalt ein, und die Bautätigkeit ging leicht zurück. Der Attraktivität von Stockwerkeigentum hat dies keinen Abbruch getan: Verantwortlich dafür sind die Landpreise in den Ballungszentren, der Bedarf nach immer mehr Quadratmetern Wohnfläche pro Kopf und die finanziellen Vorteile gegenüber der Miete – angesichts der historisch tiefen Hypothekarzinssätze.

Stockwerkeigentum birgt aber auch Schwierigkeiten und Risiken – besonders dann, wenn es sich um in die Jahre gekommene Liegenschaften handelt, deren Sanierung sich nicht mehr lohnt oder deren Bewohner sich eine Erneuerung nicht leisten können. Im Rahmen der auf den 1. Januar 2012 in Kraft getretenen Revision des Zivilgesetzbuches hat der Gesetzgeber nun versucht, lenkend und korrigierend einzugreifen. Ob die Massnahmen auch greifen, wird die Zukunft erst noch zeigen müssen.

Auch das Leben in einer Gemeinschaft mit Menschen, die man in der Regel vor dem Kauf kaum kennt, funktioniert nicht immer problemlos. Die rechtliche Ordnung ist relativ kompliziert, da neben dem eigentlichen Stockwerkeigentumsrecht und dem Reglement der Gemeinschaft auch Bestimmungen von Miteigentums- und Vereinsrecht direkte Auswirkungen auf den Alltag von Stockwerkeigentümern haben.

Dieses Handbuch hilft Ihnen, sich im Dschungel der Bestimmungen zurechtzufinden und das Zusammenleben in Ihrer Gemeinschaft möglichst reibungslos zu gestalten. Sie erhalten Antworten auf alle wichtigen Fragen rund um die Wahl eines Objekts, den Abschluss des Kaufvertrags wie auch im Hinblick auf Renovation oder Wiederverkauf.

Mathias Birrer
Luzern, im September 2013

Was ist Stockwerkeigentum?

Wenn Sie sich für eine Eigentumswohnung interessieren oder gar schon eine besitzen, sollten Sie sich mit den rechtlichen Grundlagen vertraut machen. Das hilft Ihnen, das Leben in einer Stockwerkeigentümergemeinschaft in all seinen Facetten zu verstehen und aktiv mitzugestalten.

Was gehört mir, was nicht?

Stockwerkeigentum liegt im Trend. Für viele ist es der einzige Weg, zu den eigenen vier Wänden zu kommen. Doch was erwirbt man eigentlich, wenn man eine Eigentumswohnung kauft?

Stockwerkeigentum ist eine besondere Form von Miteigentum: Das gesamte Grundstück inklusive Haus und aller seiner Bestandteile steht im Miteigentum sämtlicher Stockwerkeigentümer. Doch die Eigentümer und Eigentümerinnen haben auch ein Sonderrecht an Gebäudeteilen, das heisst, dass sie gewisse Teile ausschliesslich nutzen, verwalten und baulich ausgestalten können. In diesem Punkt haben sie also eine ähnliche Stellung wie Alleineigentümer.

Stockwerkeigentum entsteht nur durch Begründung. Diese kann vor oder nach Erstellung des Gebäudes erfolgen, muss aber vor dem Verkauf einer Wohnung als Stockwerkeigentum vollzogen sein.

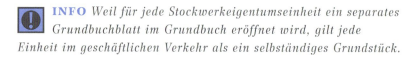 **INFO** *Weil für jede Stockwerkeigentumseinheit ein separates Grundbuchblatt im Grundbuch eröffnet wird, gilt jede Einheit im geschäftlichen Verkehr als ein selbständiges Grundstück.*

Die gemeinschaftlichen Teile

Alle Teile der Liegenschaft, die nicht zum Sonderrecht gehören, stehen im gemeinschaftlichen Eigentum: Die Stockwerkeigentümer können über diese Teile nur gemeinsam verfügen. Je nachdem, um welches Geschäft es sich handelt, sind dazu verschiedene Zustimmungsquoren notwendig. Abstimmungen über solche Geschäfte führt die Stockwerkeigentümergemeinschaft in Versammlungen durch (siehe Seite 133). Mit dem Kauf einer Eigentumswohnung werden Sie automatisch Mitglied einer solchen Gemeinschaft.

Zwingend gemeinschaftliche Teile
Damit die einmal begründete Stockwerkeigentümergemeinschaft in ihrer Existenz gesichert ist, dürfen gewisse Grundstücksteile von Gesetzes we-

EIGENTUMSFORMEN IM SCHWEIZERISCHEN RECHT

Alleineigentum
Gehört eine Sache nur Ihnen, sind Sie Alleineigentümer. Sie allein haben die Verfügungsmacht über diese Sache; Sie können sie von jedem, der sie Ihnen vorenthält, herausverlangen und dürfen ungerechtfertigte Einwirkungen abwehren. Als Eigentümer verfügen Sie über das vollständige und ausschliessliche Herrschaftsrecht über die Sache – allerdings nur innerhalb der Grenzen, die das Recht setzt. Eine Grundeigentümerin beispielsweise darf ihr Grundstück nicht in beliebiger Weise nutzen, sondern nur so, dass sie die Nachbarn damit nicht belästigt oder gar schädigt.

Miteigentum
Bei Miteigentum bezieht sich das Recht des einzelnen Miteigentümers auf eine ideelle Quote, einen Anteil an der Sache. Im Rahmen dieser Quote können Sie über das gemeinschaftliche Eigentum wie ein Alleineigentümer verfügen. Sie dürfen Ihren Miteigentumsanteil beispielsweise verkaufen oder auch verpfänden. Miteigentum besteht immer dann, wenn Sie ohne spezielle Vereinbarung gemeinsam mit anderen Personen an einer Sache Eigentum erwerben. Wenn nichts anderes vereinbart ist, stehen allen Miteigentümern gleiche Anteile an der gemeinschaftlichen Sache zu.

Gesamteigentum
Handelt es sich um Gesamteigentum, sind alle beteiligten Eigentümer gleichermassen daran berechtigt, d. h. Rechte und Pflichten an der Sache stehen ihnen nur gemeinsam zu; es lassen sich keine ideellen Quoten der einzelnen Eigentümer unterscheiden. Gesamteigentum entsteht durch Gesetzesvorschrift, etwa bei der Erbengemeinschaft, oder durch Vertrag, beispielsweise bei der ehelichen Gütergemeinschaft oder bei der einfachen Gesellschaft. Als Gesamteigentümer können Sie Ihre Eigentumsrechte nur gemeinsam mit den anderen Gesamteigentümern wahrnehmen – für jedes Geschäft ist die Zustimmung aller Gesamteigentümer erforderlich.

gen nicht zu Sonderrecht ausgeschieden werden (Art. 712b Abs. 2 ZGB). Solche zwingend gemeinschaftlichen Teile sind:
- der Boden, auf dem das Gebäude steht, inklusive Autoabstellplätze im Freien, Garten oder Kinderspielplatz;

- alle Bauteile, die für den Bestand, die konstruktive Gliederung und die Fertigkeit des Gebäudes verantwortlich sind, etwa tragende Mauern, Tragbalken und Dach, ebenso alle Teile, die die äussere Gestalt des Gebäudes bestimmen, beispielsweise Fassade oder Fenster;
- alle Teile der Liegenschaft, die von allen respektive von der Mehrheit der Eigentümer benutzt werden – etwa das Treppenhaus, die zentrale Heizungsanlage oder elektrische Leitungen, die nicht ausschliesslich einer einzelnen Wohnung dienen.

Weitere gemeinschaftliche Teile
Neben den zwingend gemeinschaftlichen Teilen können auch x-beliebige andere Teile des Stockwerkeigentumsgrundstücks als gemeinschaftlich erklärt werden. Das geschieht häufig schon bei der Begründung des Stockwerkeigentums, die Eigentümer können diese aber auch später, in Form einer öffentlich beurkundeten Vereinbarung, bestimmen. Gebäudeteile, die von der Gemeinschaft als gemeinschaftlich festgelegt wurden, nennt man in der Rechtssprache «gewillkürte gemeinschaftliche Teile». Dazu zählen zum Beispiel:
- Hauswartwohnung
- Bastel- und Spielräume
- Gerätezimmer
- besondere Räume wie Lager- oder Abstellräume (wenn sie nicht schon zwingend gemeinschaftlich sind)
- Autoeinstellhalle (wenn sie nicht schon zwingend gemeinschaftlich ist)

 INFO Während zwingend gemeinschaftliche Teile immer gemeinschaftlich bleiben müssen, können gewillkürte gemeinschaftliche Teile durch eine Vereinbarung der Stockwerkeigentümer auch wieder zu Sonderrecht eines einzelnen Eigentümers erklärt werden. Zudem gilt die gesetzliche Vermutung, dass – abgesehen von den zwingend gemeinschaftlichen Teilen – alles Sonderrecht ist, was bei der Begründung des Stockwerkeigentums oder später, durch separate Erklärung, nicht für gemeinschaftlich erklärt wurde.

Die Verwaltung der gemeinschaftlichen Teile

Die Verwaltung der gemeinschaftlichen Teile ist Sache der Stockwerkeigentümergemeinschaft – sie ist also für Unterhalt und Reinigung, für bauliche Veränderungen, für die Verteilung der anfallenden Kosten, aber auch für die allfällige Vermietung von gemeinschaftlichen Liegenschaftsteilen zuständig.

Was mit den gemeinschaftlichen Teilen zu geschehen hat, bestimmt die Gemeinschaft in der gesetzlich vorgesehenen Stockwerkeigentümerversammlung. Als Mitglied der Gemeinschaft können Sie Ihre eigenen Ansichten in der Versammlung zwar vertreten, sie müssen sich aber den Beschlüssen der Mehrheit fügen (mehr dazu ab Seite 133).

Auch die Haftung für die gemeinschaftlichen Grundstücksteile liegt bei der Stockwerkeigentümergemeinschaft. Wird beispielsweise ein Passant durch einen herunterfallenden Dachziegel verletzt oder ertrinkt ein Kind im Biotop auf dem Grundstück, muss die Gemeinschaft dafür einstehen (zum Thema Haftung siehe Seite 114).

Das Sonderrecht an der Einheit

Das Sonderrecht räumt Ihnen im Hinblick auf Ihre Stockwerkeigentumswohnung eine alleineigentümerähnliche Stellung ein. Was genau zu diesem Sonderrecht gehört, lässt sich der sogenannten Begründungserklärung entnehmen, mit der die Gesamtliegenschaft in Stockwerkeigentum aufgeteilt wurde.

 TIPP *Vergewissern Sie sich, dass die Begründungserklärung nicht in Form einer späteren, öffentlich beurkundeten Vereinbarung der Stockwerkeigentümer abgeändert wurde. Auskunft erhalten Sie beim Grundbuchamt.*

Bestimmte Gebäudeteile lassen sich zu Sonderrecht erwerben, wenn sie in sich abgeschlossen sind und über einen eigenen Zugang verfügen. Solche Stockwerkeinheiten können zusätzlich auch über getrennte Nebenräume verfügen, beispielsweise über einen Bastelraum im Keller oder ein Mansardenzimmer.

Den Teil der Liegenschaft, der in Ihrem Sonderrecht steht, dürfen Sie allein nutzen, verwalten und baulich ausgestalten. Sie können Ihre Wohnung so gebrauchen, wie es Ihnen gefällt. Einschränkungen bestehen nur insofern, als Sie mit Ihrer Nutzung die Interessen der anderen Stockwerkeigentümer und der Gemeinschaft nicht beeinträchtigen dürfen. Was Ihre Rechte betrifft, haben Sie also nahezu die gleiche Stellung wie ein Alleineigentümer. Allerdings kann das Reglement der Gemeinschaft gewisse Einschränkungen in den Benutzungsmöglichkeiten enthalten.

Solange keine gemeinschaftlichen Teile betroffen sind und andere Stockwerkeigentümer nicht benachteiligt werden, sind Sie in puncto Gestaltung und Innenausbau Ihrer Einheit völlig frei. Selbstverständlich müssen sich Ihre baulichen Aktivitäten im Rahmen der Bauvorschriften Ihrer Gemeinde bewegen – zum Beispiel in Bezug auf die Ausnützungsziffern.

 URTEIL *Familie X. erwarb 1999 eine Eigentumswohnung und ersetzte den bestehenden Spannteppich durch Keramikplatten. Kurz darauf beklagte sich der Nachbar in der darunterliegenden Wohnung über die höhere Lärmbelästigung und verlangte, dass man die Keramikplatten wieder herausreissen und durch einen Teppich ersetzen solle. Er stützte sich dabei auf eine Bestimmung im Reglement, die es den einzelnen Stockwerkeigentümern verbot, Materialänderungen an den im Sonderrecht stehenden Böden vorzunehmen. Unter Berufung auf diese Reglementsbestimmung hiess das Obergericht des Kantons Zürich die Klage gut. Es hielt zudem fest, dass ein Stockwerkeigentümer sich auch gestützt auf Artikel 712a Absatz 2 ZGB gegen den Ersatz von Spannteppichen durch Keramikplatten wehren könne, wenn er nachweise, dass er mit dem neuen Belag unter übermässigem Lärm leide. Es sei allgemein bekannt – so das Gericht –, dass Keramik- im Vergleich zu Spannteppichböden das Risiko einer erhöhten Lärmbelastung in sich bergen. (Urteil des Obergerichts des Kantons Zürich vom 5.9.2003)*

Bauteile, die eine tragende Funktion haben oder die äussere Gestalt und das Aussehen des Gebäudes bestimmen, dürfen Sie auch dann nicht eigenmächtig verändern, wenn sich diese im von Ihrem Sonderrecht betroffenen Bereich befinden oder unmittelbar daran angrenzen; solche Bauteile sind zwingend gemeinschaftlich (siehe Seite 14). Ohne Einwilligung der Gemeinschaft dürfen Sie also weder neue Fensterrahmen oder Dachfenster einsetzen noch die Sonnenstoren austauschen oder den Treppenabsatz vor Ihrer Wohnung umbauen.

Die Verwaltung der eigenen Wohnung

Das Recht, Ihre Eigentumswohnung zu verwalten, steht nur Ihnen zu; Sie allein bestimmen – im Rahmen der gesetzlichen Vorschriften sowie des Stockwerkeigentümerreglements und allenfalls der Hausordnung –, wie Sie Ihre Einheit nutzen: ob Sie sie vermieten, sie mit Pfandrechten belasten oder ob Sie jemand anderes ein Wohnrecht einräumen. Allerdings dürfen Sie die anderen Stockwerkeigentümer in deren gesetzes- und reglementskonformer Nutzung ihrer Einheiten nicht beeinträchtigen. Die Einrichtung eines Kosmetiksalons in einer Wohnliegenschaft und das damit verbundene Kommen und Gehen von Kunden etwa müssten die anderen Eigentümer nicht zwingend akzeptieren.

Auch die für den Unterhalt Ihrer Einheit notwendigen Arbeiten sind Ihre Sache. Sie selbst müssen Handwerker beauftragen und bezahlen, ein Budget für den Unterhalt oder den Umbau aufstellen und Ihre Einnahmen und Ausgaben buchhalterisch festhalten; der von der Gemeinschaft beauftragte Verwalter ist dafür nicht zuständig. Lassen Sie diese Aufgaben von einer Drittperson erledigen, müssen Sie für die Kosten allein aufkommen.

INFO *Dass Sie für die Verwaltung Ihrer Einheit zuständig sind, heisst auch, dass Sie sich bei Baumängeln in einer neu erstellten Wohnung selbst zur Wehr setzen müssen. Die Mängelrüge und, wenn nötig, Massnahmen zur Unterbrechung der Verjährungsfrist sind allein Ihre Sache. Selbstverständlich können Sie mit dieser Aufgabe auch eine Drittperson beauftragen (mehr zum Thema Mängel auf Seite 89).*

Sie dürfen sich zur Wehr setzen

Mit dem Kauf Ihrer Stockwerkeigentumseinheit erwerben Sie nicht nur Rechte und Pflichten in puncto Benutzung, Verwaltung und baulicher Ausgestaltung, sondern auch Abwehrrechte gegenüber anderen Stockwerkeigentümern oder Dritten, die Sie in der Ausübung Ihres Sonderrechts behindern. Dann dürfen Sie sich wehren (siehe dazu auch Seite 194 und 198). Als Faustregel gilt: Als Stockwerkeigentümer haben Sie hinsichtlich Ihrer Einheit anderen Stockwerkeigentümern und Dritten gegenüber dieselben Rechte wie der Eigentümer eines freistehenden Hauses.

In Bezug auf andere Stockwerkeigentümer räumt Ihnen das Gesetz zudem weitere Ansprüche ein. Dazu zählen vor allem folgende Rechte, die grundsätzlich jedem Stockwerkeigentümer zustehen:

- das Recht, die Aufstellung eines Stockwerkeigentümerreglements zu verlangen (siehe Seite 105)
- das Recht, einen Beschluss der Stockwerkeigentümergemeinschaft durch das Gericht aufheben zu lassen (siehe Seite 145)
- das Recht, einen Verwalter für die gemeinschaftlichen Teile einsetzen oder abberufen zu lassen (siehe Seite 123)

Sie haften für Ihre Eigentumswohnung
Für alles, was in Ihrer Wohnung geschieht, haften Sie persönlich als Stockwerkeigentümer. Lassen Sie beispielsweise die Badewanne überlaufen und werden dadurch gemeinschaftliche Teile oder die Räume eines anderen Eigentümers beschädigt, müssen Sie für den Schaden aufkommen. Achten Sie also darauf, dass Sie die für Ihre Eigentumswohnung erforderlichen Versicherungen abschliessen (siehe Seite 115).

 INFO Gewisse Risiken sind bereits abgedeckt über die in den meisten Kantonen obligatorische Gebäudeversicherung und die Grundeigentümerhaftpflichtversicherung, die die Gemeinschaft für die Gesamtliegenschaft abschliessen muss. Lassen Sie sich beraten.

Das ausschliessliche Benutzungsrecht

Bestimmte Grundstücksteile sind zwingend gemeinschaftlich (siehe Seite 14). Allerdings lässt sich an solchen Teilen ein ausschliessliches Benutzungsrecht – auch Sondernutzungsrecht genannt – begründen. Auf diese Weise wird sichergestellt, dass Sie beispielsweise Ihren Gartensitzplatz oder Ihren Parkplatz allein nutzen können, auch wenn der Boden eigentlich zwingend gemeinschaftlich ist. Gesetzliche Bestimmungen in Bezug auf das ausschliessliche Benutzungsrecht waren lange Zeit nicht vorgesehen, vielmehr wurde es in der Praxis entwickelt. Ein ausschliessliches Benutzungsrecht setzt danach aber in jedem Fall die Begründung im Begründungsakt, durch das Reglement oder einen protokollierten Beschluss der Stockwerkeigentümerversammlung voraus.

 INFO Seit dem 1. Januar 2012 bedarf es für den Beschluss zur Abänderung eines reglementarisch zugeteilten ausschliesslichen

Benutzungsrechts zwingend auch der Zustimmung aller direkt betroffenen Stockwerkeigentümerinnen und -eigentümer (Art. 712g Abs. 4 ZGB).

Haben Sie ein ausschliessliches Benutzungsrecht an einem Gebäudeteil, dürfen Sie diesen zwar nutzen, jedoch nicht darüber verfügen. Sie können also beispielsweise Ihren Parkplatz in der Tiefgarage nicht an jemanden aus der Nachbarschaft verkaufen. Einzige Ausnahme ist das vom Bundesgericht anerkannte Recht eines Stockwerkeigentümers, sein ausschliessliches Benutzungsrecht an einen anderen Stockwerkeigentümer abzutreten (BGE 122 III 145). Darüber hinaus liegt die rechtliche Verfügungsmacht – wenn nichts anderes vereinbart wurde – allein bei der Gemeinschaft.

Ein ausschliessliches Benutzungsrecht kann zudem nicht formlos entstehen. Auch wenn eine Stockwerkeigentümerin einen bestimmten Teil der Liegenschaft über längere Zeit allein nutzen durfte, kann sie deswegen nicht Anspruch auf ein ausschliessliches Benutzungsrecht erheben. Dieses Recht muss ihr durch den Begründungsakt, das Reglement oder durch einen Beschluss der Gemeinschaft eingeräumt werden.

URTEIL *Die Stockwerkeigentümerschaft Z. lebte in zwei Wohnhäusern, die durch einen Garagentrakt miteinander verbunden waren. Herr A. war seit 1973 Eigentümer der ans Flachdach der Garage angrenzenden Wohnung. Zu dieser Wohnung gehörte gemäss Aufteilungsplan ein kleiner Teil des Garagendachs, der als Balkon diente. Im Lauf der Jahre erweiterte Eigentümer A. seinen Balkon und legte einen Dachgarten mit Plattenbelag, Mauerumrandung und Bepflanzung an. Keiner der anderen Eigentümer opponierte.*

Als 1997 das Garagendach saniert und der Dachgarten teilweise entfernt werden musste, weigerte sich Herr A., die Kosten dafür zu tragen. Da stellte der findige Eigentümer B. fest, dass Herr A. laut Aufteilungsplan und Reglement gar kein ausschliessliches Benutzungsrecht für seinen Dachgarten hatte. Er reichte deshalb beim Bezirksgericht Klage ein und verlangte, dass Herr A. die unberechtigte Benutzung des gemeinschaftlichen Garagendachs aufgeben und die von ihm angebrachten Bauteile entfernen müsse.

Das Bundesgericht gab dem Kläger Recht mit der Begründung: Die Kompetenz, ausschliessliche Benutzungsrechte einzuräumen, liegt bei der Stockwerkeigentümerversammlung. Sie kann ein solches Benut-

zungsrecht mündlich mit Protokoll oder schriftlich auf dem Zirkulationsweg beschliessen. Aus Gründen der Rechtssicherheit reicht ein bloss mündlicher, unprotokollierter Beschluss ausserhalb der Versammlung nicht aus. Da die Beschlüsse der Stockwerkeigentümerversammlung auch für die Rechtsnachfolger – beispielsweise für die Käuferin einer Einheit – verbindlich sind, müssen diese sich auf die Protokolle verlassen können (BGE 127 III 506).

Das Entgelt für ein Sondernutzungsrecht zahlen Sie in der Regel mit dem Kaufpreis der Stockwerkeigentumseinheit. Eine periodische Abgabe – sozusagen einen Mietzins – müssen Sie deshalb nicht leisten. Im Gegenzug müssen Sie für den Unterhalt der Teile, die Ihrem ausschliesslichen Benutzungsrecht unterliegen, meist selbst aufkommen.

Gemeinschaftlich oder nicht?

Dass eine abgeschlossene Wohnung dem Sonderrecht unterliegt, ist eindeutig. Wie aber sieht es bei einer Dachterrasse oder beim Garagenplatz aus? Im Folgenden eine Übersicht über diejenigen Gebäudeteile, die immer wieder im Fokus respektive zur Diskussion stehen:

- **Dach und Dachterrasse:** Beim Dach handelt es sich zweifelsohne um einen Bauteil, der für den Bestand des Gebäudes von besonderer Bedeutung ist. Es gehört deshalb zum zwingend gemeinschaftlichen Teil der Liegenschaft.

  Dachterrassen sind nicht dreidimensional abgeschlossen, können also auch nicht zu Sonderrecht ausgeschieden werden. Weil sie zudem die äussere Gestalt des Gebäudes mitbestimmen, ist ihre Zuordnung zu den gemeinschaftlichen Teilen zwingend. Dies hat das Bundesgericht erneut bestätigt (BGE 5A_116/2011 vom 14.3.2011). Einzelnen Stockwerkeigentümern kann aber ein ausschliessliches Benutzungsrecht an einer Dachterrasse eingeräumt werden (siehe Seite 20), was einen Einfluss auf die Kostenverteilung bei einer Renovation des Daches haben kann.

- **Balkon, Veranda, Loggia:** Veranden und Loggien sind zwar nicht vollständig abgeschlossen. Doch weil sie funktional zur Stockwerkeinheit gehören und mit ihr zusammen ein wirtschaftliches Ganzes bilden, kann ihr Innenbereich zu Sonderrecht erklärt werden.

Balkone sind zwar noch offener gestaltet als Veranden und Loggien, trotzdem finden sich heute viele Reglemente, die den Innenbereich des Balkons als Sonderrecht bezeichnen. Nicht zu Sonderrecht erklären lässt sich hingegen der fassadenseitige Bereich des Balkons. Einerseits bestimmen die Balkone in der Regel die konstruktive Gliederung des Gebäudes mit, anderseits hat ihr Aussenbereich einen wesentlichen Einfluss auf das äussere Erscheinungsbild. Deshalb gehört der Aussenbereich des Balkons zu den zwingend gemeinschaftlichen Teilen. Entsprechend kann ein einzelner Stockwerkeigentümer seinen Balkon auch nicht ohne zustimmenden Beschluss der Gemeinschaft verglasen (mehr dazu auf Seite 155).

- **Boden, Garten und Gartensitzplatz:** Der Boden gehört zu den zwingend gemeinschaftlichen Grundstücksteilen. In Bezug auf den Boden, und damit auch in puncto Garten, gilt also kein Sonderrecht. Auch Gartensitzplätze können – obwohl nur von den Bewohnern der dazugehörenden Parterrewohnung benutzt – nicht zu Sonderrecht erklärt werden. Stattdessen hält man hier ein ausschliessliches Benutzungsrecht fest. Ihren Gartensitzplatz dürfen Sie deshalb nicht beliebig verändern. Steht nichts anderes im Reglement, dürfen Sie zwar im üblichen Rahmen Topfpflanzen, Tische, Stühle und Sonnenschirm aufstellen. Aber das äussere, einheitliche Erscheinungsbild der Liegenschaft und die Rechte der anderen Stockwerkeigentümer dürfen Sie durch Ihre Einrichtung nicht beeinträchtigen. Für eine Satellitenempfangsanlage, einen fest installierten Sichtschutz oder einen Wintergarten müssen Sie also die Zustimmung der anderen Stockwerkeigentümer einholen. Mit welchem Quorum die entsprechenden Beschlüsse zu fassen sind, hängt von der geplanten Einrichtung ab (siehe Seite 160). Auch wenn Sie Blumen, Büsche oder Sträucher pflanzen respektive entfernen möchten, ist dazu das Einverständnis der anderen Stockwerkeigentümer erforderlich, denn fest mit dem Erdreich verbundene Pflanzen sind zwingend gemeinschaftlich.

Wollen Sie die Benutzungweise Ihres Sitzplatzes ändern (Art. 647b ZGB), muss die Mehrheit der Stockwerkeigentümer mit mindestens 501/1000 Wertquoten zustimmen. Handelt es sich um eine Zweckänderung (Art. 648 Abs. 2 ZGB), müssen alle Eigentümer damit einverstanden sein. Ob eine blosse Änderung der Benutzungsweise oder eine Zweckänderung vorliegt, ist im Einzelfall zu bestimmen.

- **Fassade, Fenster und Sonnenstoren:** Die Aussenmauern sind für den Bestand des Gebäudes notwendig und deshalb zwingend gemeinschaftlich. Der Aussenverputz wie auch der Fassadenanstrich bestimmen das äussere Erscheinungsbild wesentlich, weshalb auch sie zum zwingend gemeinschaftlichen Teil gehören.

  Auch Fenster gehören zum Bestand des Gebäudes. Handelt es sich um eigentliche Fensterfronten, die die Funktion von Abschlussmauern übernehmen, sind sie zwingend gemeinschaftlich. Gewöhnliche Fenster und Balkontüren dagegen können zu Sonderrecht ausgeschieden werden. Weil sie aber das äussere Erscheinungsbild wesentlich beeinflussen, liegt der Entscheid über deren Gestaltung und Aussehen immer in der Kompetenz der Stockwerkeigentümergemeinschaft. Deshalb stellt sich die Frage, ob es sinnvoll ist, die Fenster dem Sonderrecht zuzurechnen. Praktischer wäre es, sie im gemeinschaftlichen Eigentum zu belassen und eine Bestimmung im Reglement aufzunehmen, die besagt, dass Unterhalt und Ersatz der Fenster zulasten desjenigen Eigentümers gehen, zu dessen Wohnung sie gehören.

  Auch Rollläden, Jalousien und Sonnenstoren beeinflussen das Aussehen des gesamten Gebäudes. Über ihre Gestaltung entscheidet somit – wie bei den Fenstern – die Gemeinschaft. Sie können grundsätzlich zum Sonderrecht geschlagen werden, doch ist dies kaum sinnvoll.

- **Autoabstellplätze:** Abstellplätze im Freien oder auf dem Hausdach können nicht zu Sonderrecht ausgeschieden werden. Denn es handelt sich dabei nicht um Räume, zudem sind Dach und Boden zwingend gemeinschaftliche Teile.

  Parkplätze in Einstellhallen können dem Sonderrecht zugeteilt werden. Dazu müssen die Plätze von abschliessbaren Gittern umgeben sein; Bodenmarkierungen allein genügen nicht.

Die Wertquote

Den Anteil am Wert der gesamten Liegenschaft beziffert die sogenannte Wertquote (Art. 712e Abs. 1 ZGB). Sie wird in Bruchteilen mit einem gemeinsamen Nenner angegeben. Dies muss seit 1. Januar 2012 nicht mehr zwingend in Hundertsteln oder Tausendsteln erfolgen; jeder Nenner ist möglich, beispielsweise auch $1/3$ und $2/3$ oder $25/100$ und $60/100$ und

15/100. Keine Vorschriften enthält das Gesetz im Hinblick auf die Berechnung der Wertquoten.

> **DIE BERECHNUNG DER WERTQUOTE**
> Als Grundlage zur Berechnung der Wertquote dient in der Praxis die Gesamtfläche der Wohneinheit, also das Innenmass ohne Balkone, Kamine und Installationsschächte. Die errechnete Fläche wird zum Faktor 1,0 eingesetzt; die Grundflächen von Balkonen, Kellern, Waschküchen, Garagen und weiteren Nebenräumen, die weniger intensiv nutzbar sind, werden zu einem reduzierten Faktor (0,25 bis 0,6) berücksichtigt. Das Resultat, umgerechnet in Tausendstel (bzw. seit 2012 neu «in Bruchteile mit einem gemeinsamen Nenner»), ergibt die «rohe Wertquote». Diese wird mit Gewichtungsfaktoren weiter verfeinert. So finden Aspekte wie Lage, Höhe, Besonnung, Aussicht und weiteres Eingang in die Berechnung.
> Die korrekte Bestimmung der Quoten ist äusserst schwierig und sollte deshalb von einer Fachperson vorgenommen werden (siehe auch Seite 161).

Die Bedeutung der Wertquote

Beim Kauf einer Eigentumswohnung werden Sie meist mit bereits festgelegten Wertquoten konfrontiert. Trotzdem sollten Sie Ihre Quote genauer unter die Lupe nehmen, denn sie ist von zentraler Bedeutung:
- Die Wertquote nennt Ihren Miteigentumsanteil an der Gesamtliegenschaft.
- Die gemeinschaftlichen Kosten werden – wenn nicht ein anderer Kostenverteiler festgelegt wurde – nach Wertquoten aufgeteilt.
- Bei bestimmten Geschäften ist für die Beschlussfassung der Stockwerkeigentümergemeinschaft nicht nur ein Mehr nach Köpfen, sondern auch nach Wertquoten erforderlich (siehe Seite 145).

Keinerlei Aussagekraft hat die Wertquote hingegen, wenn es um den Verkehrswert und den Kaufpreis einer Stockwerkeigentumseinheit geht. In diesem Zusammenhang sind andere Faktoren relevant, beispielsweise die Situation auf dem Immobilienmarkt.

Stockwerkeigentum im Baurecht

Stockwerkeigentum lässt sich auch im Baurecht errichten. Der Kaufpreis ist dann günstiger, dafür fallen laufend Baurechtszinsen an. Zudem handelt es sich rechtlich um eine komplexe Angelegenheit.

Errichten Sie Stockwerkeigentum im Baurecht, können Sie die Eigentumswohnung zu günstigeren Bedingungen erwerben, denn Sie müssen den Boden, auf dem das Gebäude steht, nicht mitkaufen. Sie zahlen dafür aber einen jährlichen Baurechtszins. Ob Sie mit dieser Variante längerfristig besser fahren, sollten Sie deshalb genauestens überprüfen.

Kompliziertes System mit Konfliktpotenzial

Aus rechtlicher Sicht ist die Errichtung von Stockwerkeigentum im Baurecht eine äusserst komplexe Angelegenheit: Ihre Rechte basieren auf dem Baurechtsvertrag, der Stockwerkeigentumsbegründung, dem Stockwerkeigentümerreglement und dem Kaufvertrag. Sind diese Dokumente nicht sauber aufeinander abgestimmt, ist das Konfliktpotenzial gross.

Wer zahlt den Baurechtszins?
Nebst dem Kaufpreis für Ihre Einheit müssen Sie während der gesamten Eigentumsdauer den Baurechtszins leisten; dessen Höhe ist im Baurechts-

---

WAS IST UNTER BAURECHT ZU VERSTEHEN?
Das Baurecht ist eine Dienstbarkeit, mit der der Eigentümer eines Grundstücks einem Bauherrn das Recht einräumt, auf diesem Grundstück ein ober- oder unterirdisches Bauwerk zu errichten. Erhält der Baurechtsnehmer dieses Recht für mindestens 30 Jahre und wird ihm auch die Möglichkeit eingeräumt, es auf eine Drittperson zu übertragen, spricht man von einem selbständigen und dauernden Baurecht. Dieses ist rechtlich einem «normalen» Grundstück gleichgestellt (Art. 655 ZGB); es wird dafür auch ein eigenes Grundbuchblatt eröffnet. Auf diesem Baurechtsgrundstück kann Stockwerkeigentum begründet werden. ■

vertrag definiert. Schuldnerin des Baurechtszinses ist die Stockwerkeigentümergemeinschaft – Sie als Mitglied dieser Gemeinschaft leisten Ihren Anteil gemäss Ihrer Wertquote. Etwas anderes gilt nur, wenn es im Reglement festgehalten wurde.

> **INFO** *Zwar haften Sie nicht direkt für die Schulden der Stockwerkeigentümergemeinschaft (siehe auch Seite 116), dennoch sollten Sie sich darüber im Klaren sein, dass Sie unter Umständen Ihre Wohnung verlieren können, wenn ein anderer Stockwerkeigentümer seiner Zahlungspflicht nicht nachkommt und der Baurechtsgeber sich pfandrechtlich entsprechend abgesichert hat. Informieren Sie sich bei der beurkundenden Notarin oder bei einem anderen Sachverständigen.*

Die Höhe des Baurechtszinses ist gesetzlich unbeschränkt; sie wird von den Parteien individuell vereinbart. Meist geht man bei der Berechnung vom Verkehrswert aus, der in der Regel zu einem Satz verzinst wird, der zwischen dem Satz für Sparkonten und demjenigen für erste Hypotheken liegt.

Grundsätzlich gilt es, Klauseln, die die Anpassung des Zinses an veränderte Verhältnisse während der Baurechtsdauer regeln, genau zu prüfen und sicherzustellen, dass diese Klauseln längerfristig nicht zu einem Zins führen, der nicht mehr tragbar ist. Diese Gefahr besteht insbesondere dann, wenn der Baurechtszins lediglich an Indizes, etwa an den Landesindex der Konsumentenpreise, gebunden ist.

Im Falle eines Heimfalls
Ein Baurecht wird auf bestimmte Zeit, maximal auf 100 Jahre, errichtet. Nach Ablauf der vereinbarten Dauer fällt das Baurecht dahin; das auf dem Grundstück errichtete Gebäude – und damit auch die Wohnung – geht ins Eigentum des Baurechtsgebers über. Dieser muss gemäss Gesetz eine angemessene Heimfallentschädigung dafür leisten (Art. 779d ZGB).

> **ACHTUNG** *Eine im Baurecht errichtete Wohnung können Sie nicht für immer und ewig ihr Eigen nennen. Informieren Sie sich, wann und zu welcher Heimfallentschädigung das Baurecht an den Baurechtsgeber zurückfällt. Beachten Sie dabei auch, dass Vereinbarun-*

gen im Baurechtsvertrag, wonach das Baurecht nach Ablauf um eine weitere Anzahl Jahre verlängert werde, rechtlich nicht verbindlich sind.

Das Gesetz enthält keine Bestimmungen darüber, wer im Baurechtsverhältnis die öffentlichen und privaten Lasten – zum Beispiel Steuern, Anschlussgebühren der Gemeinde und Ähnliches – zu tragen hat. Finden sich im Baurechtsvertrag diesbezüglich keine Regelungen, ist die Gefahr gross, dass es zu Differenzen kommt, die unangenehm werden können. Es lohnt sich also, genau abzuklären, ob und wie dies im Baurechtsvertrag geregelt ist.

Der Baurechtsgeber hat von Gesetzes wegen ein Vorkaufsrecht an jeder Stockwerkeigentumseinheit. Um Einschränkungen bei einem freien Verkauf Ihrer Wohnung zu vermeiden, sollten Sie darauf achten, dass dieses Vorkaufsrecht im Baurechtsvertrag wegbedungen wurde und dass darin auch keine anderen Beschränkungen enthalten sind.

Änderungen des Baurechtsvertrags sind rechtliche Verfügungen über das Stammgrundstück. Und diese setzen gemäss Stockwerkeigentumsrecht einen einstimmigen Beschluss der Stockwerkeigentümer voraus. Um sinnvolle Änderungen des Baurechtsvertrags nicht unnötig zu erschweren, empfiehlt es sich, im Vertrag und im Reglement der Gemeinschaft eine Bestimmung aufzunehmen, die besagt, dass Änderungen des Baurechtsvertrags mit Mehrheitsbeschluss möglich sind, soweit davon keine Sonderrechte betroffen sind.

> **TIPP** *Wenn Sie beabsichtigen, Stockwerkeigentum im Baurecht zu erwerben, ist eine umfassende Beratung und Beurteilung durch einen Sachverständigen noch wichtiger als bei «normalem» Stockwerkeigentum. Lassen Sie den Baurechtsvertrag, die Stockwerkeigentumsbegründung, das Reglement und Ihren Kaufvertrag deshalb gründlich überprüfen.*

Ist Stockwerkeigentum das Richtige?

Stockwerkeigentümer besitzen ein Sonderrecht an ihren eigenen vier Wänden und haben damit eine alleineigentümerähnliche Stellung. Rechtlich gesehen sind sie jedoch Miteigentümer. Da gilt es, Pro und Kontra abzuwägen.

Als Stockwerkeigentümer sind Sie kein Alleineigentümer, sondern Miteigentümer an der Gesamtliegenschaft und damit Teil eines grösseren Ganzen. Alle Aufgaben, die ausschliesslich Ihre Einheit angehen, müssen Sie selbst in die Hand nehmen; durch die Rechte der anderen Eigentümer sind Sie aber in der freien Entfaltung Ihrer Ideen beschränkt. Die Gemeinschaft in einer Stockwerkeigentumsliegenschaft ist ein komplexes Gebilde mit Faktoren, die einen unmittelbaren Einfluss auf Ihren Alltag haben.

Wer den Schritt weg von der Mietwohnung hin zur Eigentumswohnung macht, will – und sollte auch – die Vor- und Nachteile kennen. Ein genereller Vergleich ist allerdings schwierig, allzu vieles hängt von der konkreten Situation und auch von den kantonalen Gesetzesbestimmungen ab, insbesondere vom Steuerrecht. Folgende Überlegungen sollen bei der Entscheidungsfindung helfen:

- Der Verwaltungs- und Administrativaufwand ist bei Stockwerkeigentum deutlich höher als bei Miete. Sind beispielsweise Reparaturen oder Erneuerungen in Ihrer Wohnung fällig, müssen Stockwerkeigentümer selber Kostenvoranschläge einholen, Handwerker beauftragen und schliesslich die Abrechnungen überprüfen.
- Mit der Verwaltung der eigenen Einheit haben Sie noch nicht alle Aufgaben erfüllt: Stockwerkeigentümer haben auch gemeinschaftliche Pflichten und müssen beispielsweise die vom Verwalter erstellte Abrechnung kontrollieren.
- Im Rahmen der Beschlussfassung in der Versammlung müssen sich Stockwerkeigentümer auch mit allen Fragen auseinandersetzen, welche die Gemeinschaft als Ganzes betreffen – beispielsweise mit dem defek-

ten Dach, mit dem Garten, mit Auflagen der Gemeinde oder mit diversen Ansinnen der Nachbarn.
- Stockwerkeigentümer werden sich, zumal sie ja auch finanziell beteiligt sind, bei Fragen des Unterhalts und des Ausbaus der Liegenschaft häufiger einmischen. Das trifft auch auf alle anderen Eigentümer zu – und kann immer wieder zu Konflikten führen.

Den Nachteilen stehen alle Vorteile der Eigentümerstellung gegenüber. Dazu zählen insbesondere folgende Aspekte:
- Stockwerkeigentümer sind unabhängig und können autonom über Ihre Einheit verfügen.
- Je nach Marktlage und Standort stellt die selbstbewohnte Eigentumswohnung eine gute Vermögensanlage und Altersvorsorge dar. Als reines Anlageobjekt ist eine einzelne Eigentumswohnung allerdings kaum geeignet. Sie wirft im Vergleich zu anderen Anlageobjekten in aller Regel nur eine unzureichende Rendite ab.
- Wohneigentum bietet – je nach Kanton unterschiedlich grosse – steuerliche Vorteile, die man aber nicht überbewerten sollte.
- In Zeiten tiefer Hypothekarzinssätze erhalten Stockwerkeigentümer meist für den gleichen finanziellen Aufwand mehr Wohnraum respektive Wohnraum von höherer Qualität. Dabei sollte man aber nicht versäumen, den Verlust der Eigenkapitalverzinsung in die Rechnung einzubeziehen (siehe dazu Seite 34).

1 ■■■ WAS IST STOCKWERKEIGENTUM?

Die Finanzierung

Nachdem Sie sich mit den Besonderheiten von Stockwerkeigentum vertraut gemacht haben, stellt sich die Frage, ob und in welcher Ausführung Sie es sich leisten können und wollen. Denn die Finanzierung umfasst mehr als nur den Kaufpreis – auch der laufende Unterhalt und die Fixkosten fallen ins Gewicht.

Erste Überlegungen

Bevor Sie sich auf die Suche nach einem Objekt machen, sollten Sie Ihren finanziellen Rahmen abstecken. Wie viel Ihr Eigenheim kosten darf, hängt davon ab, wie viel Eigenkapital Sie beisteuern können und wie viel Fremdkapital Sie aufnehmen müssen.

Wenn Sie Stockwerkeigentum erwerben wollen, müssen Sie rund 20 Prozent des Kaufpreises aus eigenen Mitteln aufbringen. Als Eigenkapital können Sie neben Sparguthaben und Wertschriften auch Pensionskassengelder und Versicherungsguthaben einsetzen. Das in Ihre Wohnung investierte Eigenkapital bringt in Zukunft keine Zinserträge mehr. War Ihr Vermögen vorher gut angelegt, kann der Zinsverlust zu einer empfindlichen Einbusse führen.

Den weitaus grösseren Teil Ihrer Eigentumswohnung werden Sie mit Fremdkapital finanzieren, mit Geld also, das Sie von einem Finanzinstitut ausleihen. Solche Hypotheken erhalten Sie bei Banken, bei der Post oder bei Versicherungsgesellschaften. Die Verzinsung des Fremdkapitals wird einen Grossteil Ihrer künftig anfallenden festen Wohnkosten ausmachen: Je höher der Fremdkapitalanteil, desto höher ist der Zinsaufwand und desto höher sind in der Folge die Wohnkosten. Dies umso mehr, als der Zinssatz für Fremdkapital bei einer hohen Verschuldung in der Regel steigt, weil der Kapitalgeber ein grösseres Risiko eingeht.

> **BUCHTIPP**
> Fundierte Hilfestellung bei Finanzierungsfragen bietet das Buch **«Der Weg zum Eigenheim»** aus der Beobachter-Ratgeberreihe.
> www.beobachter.ch/buchshop

Als Faustregel gilt, dass Banken und Versicherer bereit sind, ungefähr 80 Prozent des Kaufpreises vorzuschiessen – vorausgesetzt, der Hypothekarzins ist für Sie tragbar. Um Enttäuschungen und unnötigen Aufwand zu vermeiden, lohnt es sich aber auf jeden Fall, möglichst frühzeitig mit Kapitalgebern in Kontakt zu treten und sich – unter Offenlegung der exakten finanziellen Verhältnisse – beraten zu lassen.

 ACHTUNG Stellen Sie unbedingt sicher, dass Sie die Zinsen für das Fremdkapital, die festen Wohnkosten und Rückstellungen für Unvorhergesehenes und für Renovationsarbeiten auch in Zukunft finanzieren können.

Die Tragbarkeitsrechnung

In der Regel sollten Sie nicht mehr als einen Drittel Ihres Einkommens für Wohnkosten ausgeben, wobei je nach Finanzinstitut das Netto- oder Bruttoeinkommen als Basis gilt. Jede höhere Quote führt unweigerlich zu Engpässen. Neben der Finanzierung Ihres Eigenheims wollen Sie ja auch noch leben können, ohne auf alles verzichten zu müssen. Berücksichtigen Sie deshalb auch, dass Sie als Stockwerkeigentümer jährliche Nebenkosten für Unterhalt und Verwaltung aufzubringen haben. Folgende Punkte gilt es im Hinblick auf Hypotheken zu beachten:

- Die Hypothekarzinssätze hängen von der aktuellen Marktlage ab. Banken rechnen im Rahmen ihrer Tragbarkeitsrechnung zurzeit mit einem Hypothekarzinssatz von durchschnittlich 5 Prozent für die erste und zweite Hypothek.
- Die erste Hypothek, deren Zinssatz rund ein Prozent tiefer ist als derjenige der zweiten Hypothek, wird im Umfang von rund zwei Dritteln des Kaufpreises bzw. Verkehrswerts gewährt. Dasselbe gilt für die Amortisation der zweiten Hypothek, die bei verschiedenen Finanzinstituten auch auf 20 Jahre verteilt wird.
- Auf die Amortisation eines Privatdarlehens kann unter Umständen verzichtet werden. Muss man ein Privatdarlehen zurückzahlen, ist dies wie bei der Amortisation der zweiten Hypothek zu berücksichtigen.
- Für den Unterhalt der Stockwerkeigentumswohnung und der gemeinschaftlichen Teile müssen langfristig zusätzlich bis zu 4 Prozent des Gebäudeversicherungswertes eingesetzt werden (siehe Seite 183).

Die Finanzinstitute stellen bei der Prüfung eines Hypothekargesuchs jeweils eine sogenannte Tragbarkeitsrechnung an. Anhand dieser Rechnung wird eruiert, wie hoch Ihre monatliche Belastung mit einem bestimmten Objekt sein wird und in welchem Verhältnis diese Belastung zu Ihrem Einkommen steht (siehe Beispiel Seite 36).

INFO *Viele Finanzinstitute bieten auf ihrer Website spezielle Tools an, mittels derer man die Tragbarkeitsrechnung online durchführen kann. Beachten Sie dabei aber, dass diese Online-Rechner von einem kalkulatorischen Zinssatz von derzeit rund 5 Prozent für die erste und zweite Hypothek ausgehen.*

BEISPIEL: TRAGBARKEITSRECHNUNG

Grundlagen der Berechnung

- Kaufpreis der Liegenschaft   Fr.   1 200 000.–
- Eigenkapital
  - Eigene Mittel: Fr. 150 000.–
  - Privates Darlehen: Fr. 90 000.–   Fr.   240 000.–
- Fremdkapital
  - 1. Hypothek*   Fr.   800 000.–
  - 2. Hypothek**   Fr.   160 000.–
- Jährliches Nettoeinkommen   Fr.   144 000.–

Jährliche Kosten

- Zinskosten
  - 1. Hypothek à 2,25%: Fr. 18 000.–
  - 2. Hypothek à 3,25%: Fr. 5200.–   Fr.   23 200.–
- Amortisation (Fr. 160 000.– in 15 Jahren)   Fr.   10 666.–
- Zinskosten für privates Darlehen: 2%
  (je nach Vereinbarung mit Darlehensgeber)   Fr.   1 800.–
- Nebenkosten: 1% des Anlagewerts   Fr.   12 000.–

Total jährliche Kosten   Fr.   47 666.–

Tragbarkeit

$1/3$ des Nettoeinkommens   Fr.   48 000.–
– Jahreskosten für Wohneigentum   – Fr.   47 666.–
Überschuss   Fr.   334.–

Geht die Rechnung auf oder ergibt sie einen Überschuss, ist die Liegenschaft finanziell tragbar. Je kleiner der Überschuss, desto eher sollten Sie sich die Frage stellen, ob die von Ihnen ins Auge gefasste Wohnung Ihren Verhältnissen entspricht. Zudem: Je kleiner der Überschuss gemäss der obigen Berechnung, desto kleiner sind auch die Chancen, ein Finanzinstitut zu finden, das Ihr Wohneigentum finanziert. Denn die Finanzinstitute rechnen nicht mit den historisch tiefen Zinsen, sondern wollen sichergehen, dass Sie die Hypotheken auch noch zahlen können, wenn die Zinsen wieder steigen.

* Rund $2/3$ des Kaufpreises/Verkehrswerts
** Kaufpreis/Verkehrswert minus Eigenkapital minus 1. Hypothek

Wenn Sie genauer wissen wollen, ob eine ins Auge gefasste Immobilie für Sie finanziell tragbar ist, können Sie die Tragbarkeitsrechnung auch selbst anstellen. Allerdings dürfen Sie darin nicht den aktuellen Zinssatz einsetzen, sondern einen künftig zu erwartenden Durchschnittszins. Am besten erkundigen Sie sich bei verschiedenen Banken nach den für sie geltenden Sätzen und verwenden für Ihre eigene Berechnung einen entsprechenden Durchschnitt. Bei den jährlichen Nebenkosten inklusive Rückstellungen gehen die Finanzinstitute üblicherweise von 0,75 bis 1 Prozent des Anlagewerts (Kaufpreis plus Umbaukosten und Ähnliches) aus. Beachten Sie aber, dass dieses eine Prozent zur Deckung der längerfristig anfallenden Erneuerungskosten nicht ausreicht (siehe Seite 181).

Beratung einholen

Die Frage, wie viel Fremd- und wie viel Eigenkapital Sie beim Erwerb von Wohneigentum einsetzen sollen, lässt sich nicht generell beantworten. Das Zahlenverhältnis hängt von Ihrer finanziellen Situation und auch von den kantonalen Steuergesetzen ab. Bevor Sie Entscheide über Finanzierung und Finanzierungsformen treffen, sollten Sie sich deshalb mit einer sachverständigen Person über die verschiedenen Möglichkeiten und deren Vor- und Nachteile unterhalten. Wenden Sie sich an die Kundenberaterin Ihrer Hausbank oder an einen unabhängigen Finanzberater.

Seien Sie sich dabei auch stets darüber im Klaren, dass es nicht das Ziel sein sollte, einen möglichst grossen Anteil der Anlagekosten selber zu finanzieren, denn die Aufnahme von Fremdkapital bringt Steuervergünstigungen mit sich. Stehen Sie vor der Pensionierung, sollten Sie zudem bedenken, dass es nach Eintritt ins Rentenalter schwieriger oder gar unmöglich werden könnte, neue Hypotheken aufzunehmen. Aus Sicht der Finanzinstitute sind unter Umständen zusätzliche Schuldzinsen infolge tieferen Renteneinkommens nicht mehr tragbar. Dies kann vor allem dann zu Problemen führen, wenn Sie noch eine Renovation oder einen Umbau planen.

TIPP *Wenn Sie einen Finanzberater konsultieren möchten: Holen Sie zunächst zwei, drei Offerten ein, lassen Sie sich Referenzen geben und überprüfen Sie diese. Ihr Berater, Ihre Beraterin* *benötigt möglichst detaillierte und ungeschönte Angaben zur Zusammensetzung Ihres Vermögens und zu Ihren Einkommensverhältnissen, aber auch Informationen über das Objekt, das Sie zu kaufen beabsichtigen. Geben Sie möglichst exakt Auskunft.*

BEIM FINANZBERATER: DIE ERFORDERLICHEN UNTERLAGEN
- Aktueller Grundbuchauszug oder Kaufvertragsentwurf mit Grundstücksbeschrieb und Angaben über die aktuellen Pfandrechte
- Situationsplan
- Angaben über Kaufpreis
- Baupläne und Baubeschrieb (bei Neubauten zwingend, in allen anderen Fällen soweit vorhanden)
- Gebäudeversicherungsausweis
- Nettowohnflächenberechnung
- Stockwerkeigentumsbegründungsakt und Stockwerkeigentumsreglement mit Wertquotenangaben
- Bei Stockwerkeigentum im Baurecht: Baurechtsvertrag
- Bei Renovations- oder Umbauvorhaben: Pläne, Beschrieb und Kostenvoranschlag
- Lohnausweis bzw. bei Selbständigerwerbenden letzte Steuererklärung und Geschäftsabschlüsse
- Zusammenstellung der Eigenmittel
- Bei Finanzierung mit Pensionskassenguthaben: Pensionskassenausweis
- Amtlicher Ausweis (Pass, ID, Führerausweis)

Das Eigenkapital

Zum Eigenkapital zählen alle Mittel, die Sie selbst beisteuern, die also nicht durch einen Hypothekarkredit gedeckt werden müssen. Die eine oder andere Finanzierungsmöglichkeit birgt aber auch Tücken.

Um die Belastung durch eine Hypothekarschuld gering zu halten, können Sie beim Erwerb von Stockwerkeigentum auch andere finanzielle Mittel einsetzen – in erster Linie handelt es sich dabei um:

- Sparguthaben und Wertschriften
- Guthaben bei der Pensionskasse
- Erbvorbezug
- Privatdarlehen

Finanzierung durch Pensionskassenguthaben

Zur Finanzierung von Wohneigentum können Sie Ihr Pensionskassenguthaben einsetzen. Auskunft über die Höhe des Betrags, den Sie für Wohneigentum vorbeziehen können, erhalten Sie bei Ihrer Pensionskasse. Oft ist diese Summe auch auf dem Vorsorgeausweis vermerkt.

Mit einem Vorbezug des Pensionskassenguthabens sind allerdings Leistungskürzungen verbunden: Ihre Altersrente wird tiefer ausfallen, und bei einigen Vorsorgeeinrichtungen wird auch die Leistung im Invaliditäts- oder Todesfall reduziert. Fragen Sie im Bedarfsfall Ihre Pensionskasse, wie Sie sich gegen solche Kürzungen absichern können.

INFO *Prüfen Sie die Situation auf dem Hypothekarmarkt, bevor Sie die Finanzierung Ihres Eigenheims durch Pensionskassenguthaben ins Auge fassen: Bei tiefen Hypothekarsätzen ist ein Vorbezug in finanzieller Hinsicht wenig attraktiv. Zudem muss der bezogene Betrag versteuert werden. Der dabei zur Anwendung gelangende Tarif variiert von Kanton zu Kanton.*

Statt vorbeziehen lässt sich das Pensionskassenguthaben auch verpfänden. Dabei dient das Kapital der Bank als Sicherheit, und diese gewährt Ihnen

GELD AUS DER SÄULE 3A

Auch Guthaben, die Sie in der gebundenen Vorsorge 3a angespart haben, lassen sich zum Erwerb von selbstgenutztem Wohneigentum einsetzen. Die Bedingungen sind dieselben wie bei der 2. Säule: Sie können das Kapital vorbeziehen – was ebenfalls steuerpflichtig ist – oder an ein Finanzinstitut als Sicherheit für mehr Fremdkapital verpfänden. Anders als bei den Pensionskassengeldern gibt es beim Bezug aus der Säule 3a kein unteres Limit; ein Bezug ist aber ebenfalls nur alle fünf Jahre möglich.

> **BUCHTIPP**
> Wie Sie Ihr Vorsorgekapital richtig investieren, zeigt der Beobachter-Ratgeber «Vorsorgen, aber sicher!»
> www.beobachter.ch/buchshop

dafür ein Darlehen in Höhe der verpfändeten Summe und zu Zinsbedingungen, die ungefähr denjenigen einer ersten Hypothek entsprechen. Ihr Versicherungsschutz bleibt bestehen, und das gesamte Alterskapital wird weiter von der Pensionskasse verzinst. Zudem werden keine Steuern fällig, und Sie können erst noch höhere Hypothekarzinsen zum Abzug bringen. Allerdings müssen Sie diese Zinsbelastung auch in Zukunft tragen können.

> **GUT ZU WISSEN** Die Verpfändung von Guthaben der 2. Säule ist eine attraktive Möglichkeit, die Hypothek zu erhöhen. Erkundigen Sie sich bei Ihrer Bank und lassen Sie sich von einer Fachperson beraten.

Das Fremdkapital

Den grössten Anteil bei der Finanzierung von Stockwerkeigentum steuert in der Regel Fremdkapital bei, meist in Form eines Hypothekarkredits, eines langfristigen Darlehens also, das eine Bank, eine Versicherungsgesellschaft oder die Post gewährt.

Hypotheken werden durch ein auf dem Eigentum lastendes Grundpfand sichergestellt. Dieses Pfandrecht wird mit einem Schuldbrief oder einer Grundpfandverschreibung dokumentiert.

Je nach Höhe des Darlehens wird Ihnen die Bank eine Aufteilung in eine erste Hypothek – etwa zwei Drittel des Verkehrswerts – und eine zweite anbieten. Die zweite Hypothek müssen Sie innert einer bestimmten Frist amortisieren, also zurückzahlen. Dieses System soll gewährleisten, dass die hohen Anfangsschulden nicht zur Dauerbelastung werden.

Hypotheken: Vergleichen lohnt sich

Die Finanzinstitute offerieren eine ganze Palette von unterschiedlichen Hypotheken. Ein Vergleich der Angebote lohnt sich auf jeden Fall. Allerdings genügt es nicht, bloss die von den Banken publizierten Zinssätze zu vergleichen. Vielmehr empfiehlt es sich, mehrere konkrete Offerten einzuholen. Der Zinssatz, zu dem Sie heute Hypotheken offeriert bekommen, hängt nämlich wesentlich von Ihren persönlichen Verhältnissen ab.

Welches Hypothekenmodell für Sie in Frage kommt, hängt zum einen von Ihrer konkreten finanziellen Situation ab und zum anderen von Ihrer Bereitschaft, mit finanziellen Risiken zu leben. Deshalb sollten Sie sich von Ihrem Finanzberater ausführlich informieren lassen.

 TIPP *Verschiedene Institutionen bieten im Internet Vergleiche der aktuellen Hypothekarangebote und weitere wertvolle Informationen rund um Fragen der Finanzierung an – beispielsweise das VZ Vermögenszentrum (www.vzonline.ch), das Bundesamt für Wohnungswesen (www.bwo.admin.ch) oder der Vergleichsdienst www.comparis.ch.*

Die laufenden Kosten

Bei der Finanzierung Ihres Stockwerkeigentums sollten Sie auch die laufenden Kosten im Jahresbudget einplanen. Unterschieden wird zwischen Kosten für den gemeinschaftlichen Teil und solchen für die Wohneinheit.

Bei einer Tragbarkeitsrechnung werden 0,75 bis 1 Prozent des Anlagewerts einkalkuliert. Nicht berücksichtigt sind dabei Kosten für umfassende Sanierungen. Über die gesamte Nutzungsdauer ist mit Unterhaltskosten von 2 bis 4 Prozent der Erstellungskosten (ohne Baulandanteil) zu rechnen; darin enthalten ist allerdings auch der Aufwand für den Unterhalt Ihrer eigenen Stockwerkeigentumseinheit.

Die laufenden Gemeinschaftskosten

Die mit der Eigentumswohnung verbundenen Kosten für Unterhalt, Erneuerung, Verwaltung sowie Steuern und Abgaben muss jeder Stockwerkeigentümer selber tragen. Nicht direkt aufkommen muss man jedoch für den Unterhalt von Bauteilen und Einrichtungen, die zum gemeinschaftlichen Teil gehören. Dazu zählt beispielsweise das im Bereich der Stockwerkeinheit verlaufende Sanitär- oder Elektrohauptleitungssystem oder auch die Substanz der tragenden Wände und Decken. Der Unterhalt von solch zwingend gemeinschaftlichen Teilen geht auf Kosten der Gemeinschaft.

Jeder Stockwerkeigentümer muss indes seinen Beitrag an die gemeinschaftlichen Kosten und Lasten leisten (Art. 712h ZGB). Dazu gehört beispielsweise der Hauswart, die Renovation des Treppenhauses, das Abonnement für die Grünabfuhr – kurz: all das, was durch die Benutzung, den Unterhalt oder die Erneuerung der gemeinschaftlichen Teile und durch die gemeinschaftliche Verwaltung anfällt. Diese Kosten werden laut Gesetz im Verhältnis der Wertquoten auf die einzelnen Einheiten verteilt.

Je nach Situation entspricht diese Aufteilung der gemeinschaftlichen Kosten jedoch nicht den tatsächlichen Verhältnissen. Das gilt insbesondere für Liegenschaften, in denen sich neben Wohnungen auch Geschäftslokale befinden. In solchen Fällen können die gemeinschaftlichen Kosten nach einem anderen Schlüssel auf die einzelnen Eigentümer verteilt werden. Eine spezielle Kostenverteilung sollte dem Verursacherprinzip entsprechen und dauerhaft gültig sein. Zudem empfiehlt es sich, den Verteilerschlüssel und den Umfang seiner Anwendung im Reglement festzuhalten (siehe Seite 173).

> **TIPP** *Um die der Gemeinschaft entstehenden Kosten jederzeit problemlos begleichen zu können, empfiehlt es sich, von den einzelnen Stockwerkeigentümern im Verhältnis der Wertquoten bzw. des vorgesehenen Kostenverteilers einen angemessenen Vorschuss zu verlangen. Dieser ist auch dann zu fordern, wenn der Stockwerkeigentümer seine Einheit vermietet hat (siehe Seite 177).*

Der Erneuerungsfonds

Der Erneuerungsfonds bildet eine finanzielle Reserve für grössere Unterhalts- und Erneuerungsarbeiten, beispielsweise für eine Dachreparatur oder die Sanierung der Fassade. Die Äufnung eines solchen Fonds ist vom

Gesetz zwar nicht zwingend vorgesehen, jeder Stockwerkeigentümergemeinschaft jedoch dringend zu empfehlen. Unvorhergesehene Ausgaben könnten sonst plötzlich zu Belastungen führen, für die Sie vielleicht nicht ausreichend vorgesorgt haben. Die in den Erneuerungsfonds zu leistenden Beiträge bestimmen sich nach dem Reglement oder den von der Gemeinschaft gefassten Beschlüssen (mehr dazu auf Seite 181).

Stockwerkeigentum und Steuern

Als Eigentümer oder Eigentümerin einer Wohnung sind Sie mit neuen steuertechnischen Bedingungen konfrontiert; auch diese sollten Sie bei der Finanzierung berücksichtigen.

Zusätzliche Kosten in Form von Steuern fallen zunächst beim Erwerb des Eigenheims an; beim Kauf von Stockwerkeigentum werden die Handänderungssteuer und die Grundstückgewinnsteuer fällig. Dabei handelt es sich um sogenannte Objektsteuern, das heisst, ihre Höhe hängt nicht von der wirtschaftlichen Leistungsfähigkeit des Steuerschuldners ab. Vor allem aber hat Stockwerkeigentum Auswirkungen auf Ihre zukünftige Einkommens- und Vermögenssteuer.

- **Handänderungssteuer**
  Diese Steuer wird nicht nur erhoben, wenn ein Grundstück verkauft wird, sondern bei jedem Rechtsgeschäft, das dem Erwerber ermöglicht, über eine Liegenschaft wirtschaftlich wie ein Eigentümer zu verfügen. Deshalb unterliegt zum Beispiel auch die Einräumung eines Baurechts der Handänderungssteuer. Das Steuermass beträgt je nach Kanton einen festen Prozentsatz des Handänderungswerts (zwischen 0,4 und 3,3 Prozent) – die Kantone Aargau, Glarus, Schaffhausen, Schwyz, Uri und Zürich verlangen keine Handänderungssteuer. Besteuert werden sämtliche Leistungen, die der Erwerber an den Veräusserer zahlt.

- **Grundstückgewinnsteuer**
  Die Grundstückgewinnsteuer wird erhoben, wenn Grundstücke des Privatvermögens verkauft werden; Gewinne aus der Veräusserung von

Grundstücken im Geschäftsvermögen unterliegen in der Regel der Einkommens- oder Gewinnsteuer.

Um die Grundstückgewinnsteuer nicht ungerechtfertigt zu erhöhen, sollten Beiträge an die gemeinschaftlichen Kosten und Lasten immer separat abgerechnet und nicht in den Kaufpreis der Eigentumswohnung einbezogen werden. Sonst leistet der Verkäufer Steuern auf Beträgen, die er selbst in Form von Vorschüssen an die gemeinschaftlichen Kosten gezahlt hat. Im Übrigen gilt auch das betreffend Handänderungssteuer Gesagte.

Als Käufer sollten Sie sich absichern für den Fall, dass die Verkäuferin die Grundstückgewinnsteuer nicht zahlt. In den meisten Kantonen kann die Gemeinde in einem solchen Fall nämlich ein Pfandrecht auf der Liegenschaft errichten und die Schuld bleibt bei Zahlungsunfähigkeit der Verkäuferin an Ihnen hängen.

■ **Die Vermögenssteuer**

Unter das kantonal besteuerte Privatvermögen fallen alle Vermögensbestandteile abzüglich der Schulden und der steuerfreien Beträge – dazu zählen selbstverständlich auch Grundeigentum und damit Stockwerkeigentumseinheiten. Massgebend für den Steuerwert Ihrer Eigentumswohnung ist die Katasterschatzung, die Ihnen vom Steueramt mitgeteilt wird. Es empfiehlt sich, neue Schatzungen jeweils zu überprüfen und wenn nötig innert der Beschwerdefrist anzufechten.

■ **Die Einkommenssteuer**

Der Einkommenssteuer unterliegt das ganze während der Bemessungsperiode erzielte Einkommen. Darunter fällt auch sogenanntes Naturaleinkommen und damit der Eigenmietwert, der Ihnen von der Steuerbehörde mitgeteilt wird.

GUT ZU WISSEN Erscheint Ihnen der Eigenmietwert zu hoch, können Sie die Einschätzung der Steuerbehörde anfechten. Natürlich müssen Sie dies begründen, beispielsweise mit wertmindernden Faktoren wie vermehrtem Fluglärm oder Geruchsemissionen durch einen neu erstellten Industriebetrieb, die von der Steuerbehörde nicht berücksichtigt wurden. Auf der anderen Seite können umfangreiche Renovationen, insbesondere An- oder Ausbauten, zu einem höheren Eigenmietwert führen.

Welche Abzüge darf ich geltend machen?

Neben den Hypothekarzinsen lassen sich vor allem die Auslagen für den Unterhalt der Eigentumswohnung vom Roheinkommen abziehen. Abzugsberechtigt sind aber nur Aufwendungen, die nicht zu einer Wertvermehrung führen. Dazu zählen vor allem folgende Kosten:

- **Ausgaben, die den Wert der Einheit erhalten:** Dazu zählen beispielsweise Unterhaltsarbeiten, Reparaturen und Ersatzanschaffungen von Hauseinrichtungen aller Art, Reparaturen von grösseren Elementarschäden oder Sachversicherungsprämien.
- **Verwaltungskosten:** Wenn Sie die Verwaltung selbst besorgen, sind beispielsweise Telefonkosten, Porti, Inserate und Bankspesen zum Abzug zugelassen. Übergeben Sie die Verwaltung an Externe, können Sie das entsprechende Honorar vollständig abziehen.
- **Zahlungen an die Gemeinschaft:** Selbstverständlich können Stockwerkeigentümer auch die Beiträge für den gemeinschaftlichen Unterhalt vom Roheinkommen abziehen. Welche Unterhaltskosten im Detail abzugsfähig sind, ist von Kanton zu Kanton unterschiedlich geregelt. Die Einlagen in den Erneuerungsfonds dürfen hingegen nur im Ausmass der effektiven Auslagen aus dem Fonds abgezogen werden.
- **Energiesparaufwendungen:** In einzelnen Kantonen können auch Aufwendungen für eine Nachisolation, die Installation von Solarzellen und andere umweltgerechte Investitionen abgezogen werden, meist in Form von zusätzlichen Pauschalbeträgen.

Beim Bund und in fast allen Kantonen haben Sie die Wahl, ob Sie Ihre Unterhaltskosten in der effektiven Höhe oder in Form einer Pauschale steuerlich berücksichtigen lassen. Die Pauschalabzüge richten sich nach dem Alter der Einheit zu Beginn der Steuerperiode und belaufen sich je nach Kanton auf 10 bis 35 Prozent des Eigenmietwerts.

> **BUCHTIPP**
> Wertvolle Informationen und Tipps rund ums Thema Steuern liefert das Beobachter-Standardwerk «Steuern leicht gemacht».
> www.beobachter.ch/buchshop

Als Massnahme gegen Missbräuche gilt die Regel, dass die einmal getroffene Wahl meist für längere Zeit verbindlich ist – in dem Sinne, dass Sie nur dann von der Pauschale zum Abzug der effektiven Kosten wechseln können, wenn Sie nachweisen, dass Ihre tatsächlichen Unkosten durch den Pauschalabzug auf die Dauer nicht gedeckt werden.

Das richtige Objekt

In Ihrer Eigentumswohnung werden Sie vermutlich viele Jahre verbringen. Da lohnt es sich, nebst Geld auch reichlich Zeit für die Suche zu investieren. Worauf Sie dabei achten sollten, erfahren Sie auf den folgenden Seiten.

Die Zukunft einplanen

Bei der Suche nach der richtigen Stockwerkeigentumseinheit stellen sich zunächst einmal viele Fragen: Wo will ich wohnen – in der Stadt, stadtnah oder lieber auf dem Land? Welche Vorstellungen habe ich vom Grundriss und von der Umgebung meiner Eigentumswohnung? Wie sollte sie ausgebaut sein?

Nicht immer decken sich die Wünsche und Vorstellungen mit den finanziellen Möglichkeiten. Lassen Sie sich nicht zu schnell entmutigen. Mit ein paar Ideen, einigen zumutbaren Einschränkungen, etwas Geduld und Verhandlungsgeschick finden Sie bestimmt auch das «Nahezu-Wunschobjekt».

Gehen Sie bei der Suche nicht nur von Ihrer jetzigen Situation aus, sondern planen Sie auch die Zukunft sorgfältig mit ein. Nur allzu schnell vergehen zehn Jahre, und Ihre beruflichen oder familiären Verhältnisse ändern sich in diesem Zeitraum möglicherweise grundlegend. Auch wenn sich solche Veränderungen nicht immer in ihrer vollen Tragweite voraussehen lassen, sollten Sie versuchen, sie bei der Evaluation Ihrer Eigentumswohnung zu berücksichtigen.

Flexible Wohnungen

Nicht jede zukünftige Entwicklung ist planbar. Deshalb sollte Ihr neues Eigenheim verschiedene Nutzungsvarianten erlauben – was unter anderem auch den Wiederverkaufswert erhöht. Variable Nutzbarkeit im Wohnbereich heisst, dass die Raumeinteilungen sich verändern lassen und dass die einzelnen Räume vom Grundriss und von der Grösse her nicht nur dem aktuellen, sondern auch einem anderen Zweck dienen können. Lässt sich etwa im Elternschlafzimmer auch ein Büro einrichten? Könnten Sie, wenn die Kinder erwachsen und ausgeflogen sind, ohne Probleme einen Teil der Wohnung abtrennen und untervermieten?

Kaufen Sie Ihre Eigentumswohnung vor der Fertigstellung und können Sie beim Innenausbau mitreden, sollten Sie Veränderungen von Anfang an einplanen:

- Schaffen Sie wenn möglich Raumreserven.
- Achten Sie darauf, dass möglichst viele Innenwände nichttragend sind, damit sich bei Bedarf die Raumaufteilung ändern lässt.
- Lassen Sie jedes Zimmer mit Anschlüssen für Telefon und Kabelfernsehen ausstatten und auch Leerrohre für weitere Leitungen, beispielsweise für ein Computernetzwerk, verlegen.

Wo soll das Objekt liegen?

Der Standort Ihrer Eigentumswohnung ist eines der wichtigsten Kriterien für Ihre künftige Lebensqualität. Liegt das Objekt beispielsweise zu weit von Ihrem Arbeitsplatz entfernt, werden Sie täglich viel Zeit fürs Pendeln aufwenden müssen. Dies bringt neben dem Zeitverlust auch Risiken mit sich. Wählen Sie hingegen ein Objekt in unmittelbarer Nähe Ihres Arbeitsorts in der Stadt, sind allenfalls Ihre Kinder in der Entfaltung ihrer Bedürfnisse beeinträchtigt. Die richtige Mischung zu finden, die den Wünschen aller Bewohnerinnen und Bewohner entspricht, ist oft schwierig – eine Checkliste mit den wichtigsten Kriterien finden Sie auf Seite 50.

Viele dieser Fragen lassen sich bereits anhand von Karten, Plänen, Reglementen und weiteren Unterlagen beantworten. Für andere Informationen ist die Gemeindeverwaltung eine optimale Anlaufstelle. Erkundigen Sie sich auf jeden Fall bei der Gemeinde nach zukünftigen grösseren Bauprojekten in der Nachbarschaft. Diese können sich nicht nur auf Ihre Lebensqualität, sondern auch auf den Wert Ihrer Eigentumswohnung auswirken.

Des Weiteren gilt es sicherzustellen, dass das Erdreich des Grundstücks nicht verseucht ist, etwa durch versickerte Industrieabfälle; das könnte kostspielige Folgen haben. Mehr dazu erfahren Sie durch das Altlastenverdachtsflächenkataster oder bei der Umweltfachstelle der Gemeinde bzw. des Kantons.

TIPP *Wichtig ist, dass Sie sich die gesamte Umgebung des Grundstücks auch vor Ort anschauen. Es empfiehlt sich, die Besuche auf verschiedene Tage (Arbeits- und Feiertage) und unterschiedliche Tageszeiten zu legen.*

CHECKLISTE STANDORT

Grobe Beurteilung

☐ Wie lange dauert die Reise zum und vom Arbeitsplatz – heute und in Zukunft?

☐ Ist der Arbeitsplatz mit öffentlichen Verkehrsmitteln erreichbar oder nur mit dem Auto?

☐ Wie gut sind die Verbindungen mit den öffentlichen Verkehrsmitteln?

Verhältnisse vor Ort

☐ Können die Kinder die Primarschule und den Kindergarten selbständig erreichen?

☐ Ist der Schulweg sicher?

☐ Wie gross ist die Entfernung zu den höheren Schulen? Sind diese mit öffentlichen Verkehrsmitteln erreichbar?

☐ Wie gut sind die Einkaufsmöglichkeiten? Wo liegt die nächste Poststelle?

☐ Bestehen genügend Erholungs- und Sportangebote?

☐ Ist ein Spielplatz vorhanden oder leicht erreichbar?

☐ Entspricht das kulturelle und das Vereinsangebot meinen Ansprüchen?

☐ Ist die medizinische Versorgung gewährleistet?

Umgebung

☐ Entspricht die Nachbarschaft, das Quartier meinen Vorstellungen?

☐ Stimmt die Altersstruktur – auch für die Kinder?

☐ Ist die Umgebung emissionsfrei (Lärm, Geruch)?

☐ Ist meine Wohnung zu jeder Jahreszeit genügend besonnt?

☐ Habe ich die gewünschte Aussicht und kann diese auch in Zukunft nicht verbaut werden?

Nutzungsmöglichkeiten

☐ In welcher Bauzone liegt die Stockwerkeigentumseinheit nach der kommunalen Bauordnung, und was ist in dieser Zone gemäss Baureglement zulässig?

☐ Wie hoch ist die Ausnützungsziffer dieser Zone? Kann ich meine Einheit später eventuell ausbauen?

3 ■■■ DAS RICHTIGE OBJEKT

Entspricht das Objekt meinen Ansprüchen?

In einem ersten Schritt haben Sie die Umgebung überprüft; nun geht es darum, herauszufinden, ob die Stockwerkeigentumseinheit auch Ihren übrigen Bedürfnissen und Vorstellungen entspricht. Hier beurteilen Sie einerseits Aspekte wie Raumangebot, Balkon, Gartenbenutzung, Parkplätze, Besonnung, Ruhebedürfnis, Mitbewohner im Haus und Nachbarn ringsum, anderseits aber auch Kriterien, die den Innenausbau betreffen (entsprechende Checklisten finden sich auf Seite 52 und 53).

> **TIPP** *Versuchen Sie, bei der Wahl des Objekts objektiv zu bleiben und nicht wegen Details, die Ihnen besonders gut gefallen, übereilt zu entscheiden. Denken Sie daran, dass die Wohnung, die Sie auswählen, Ihr zukünftiger Lebensmittelpunkt sein wird und dass Sie deshalb möglichst keine einschneidenden Kompromisse eingehen sollten.*

Kriterien für den Innenausbau

Im Detail stecken oft die grössten Kosten und damit auch die bedeutendsten Einsparungen. Deshalb empfiehlt es sich, dem Innenausbau gebührende Aufmerksamkeit zu schenken. Sie ersparen sich damit grössere nachträgliche Aufwendungen.

Eine zumindest rudimentäre Prüfung des Standards von Inneneinrichtung und Ausbau der verschiedenen Objekte können Sie anhand der Checkliste auf Seite 53 selbst vornehmen. Holen Sie aber – inbesondere bei der Beurteilung der Sanitär- und Elektroinstallationen – professionellen Rat ein und lassen Sie die Wohnung von einem unabhängigen Sachverständigen begutachten; er kann Sie in einer Zeit der rasanten technischen Entwicklungen am besten auf fehlende oder veraltete Einrichtungen und auf allenfalls notwendige Vorbereitungen für spätere Installationen hinweisen. Die Kosten für eine solche Beratung sind verglichen mit den Erwerbskosten Ihrer Eigentumswohnung meist gering.

> **TIPP** *Versuchen Sie, auch im Hinblick auf Inneneinrichtungen und Installationen möglichst vorausschauend zu planen. Nehmen Sie allfällige Mehrkosten für Vorbereitungsarbeiten in Kauf – der nachträgliche Einbau von Installationen wie Leitungen oder Rohren ist meist wesentlich teurer.*

CHECKLISTE LIEGENSCHAFT

Gebäude und Raumangebot

☐ Welchen Energiestandard weist das Gebäude auf? Ergeben sich dadurch Einsparungen?

☐ Wie wird das Gebäude beheizt (Öl, Gas, Erdsonde mit Wärmepumpe, Holz etc.)? Wie erfolgt die Warmwasseraufbereitung? Ist genügend Warmwasser vorhanden?

☐ Wie hoch ist mein Raumbedarf tatsächlich, was wünsche ich mir zusätzlich?

☐ Inwieweit wird sich mein Raumbedarf verändern (Kinder, Berufsaussichten)?

☐ Entspricht der Balkon, die Terrasse oder der Garten meinen Vorstellungen?

☐ Ist genug Stauraum (Schränke, Keller, Estrich) vorhanden?

☐ Gibt es ausreichend Parkplätze und Abstellräume für Velos und Motorfahrräder?

☐ Sind Gästeparkplätze vorgesehen?

☐ Sind die Parkmöglichkeiten auch für die Zukunft ausreichend?

Raumeinteilung

☐ Kann ich die Raumeinteilung weitgehend selbständig bestimmen?

☐ Sind die Wohnräume genügend besonnt?

☐ Sind die Schlafräume ruhig genug?

☐ Lassen sich die Räume unterschiedlich nutzen?

☐ Sind genügend sanitäre Einrichtungen vorhanden, und sind sie gut angeordnet?

☐ Verfügen die einzelnen Zimmer über einen eigenen Zugang?

☐ Macht der Grundriss generell einen sympathischen Eindruck?

☐ Lassen sich die einzelnen Räume mit vernünftigem Aufwand nach meinen Vorstellungen möblieren?

☐ Kann ich vorhandene Möbel verwenden?

Die anderen Stockwerkeigentümer

☐ Passe ich mit meiner Familie ins Haus bzw. in die Siedlung?

☐ Habe ich die unmittelbaren Nachbarn kennengelernt, und ist der erste Eindruck positiv?

☐ Wie wirkt der Umgangston im Haus auf mich? Gibt es innerhalb der Stockwerkeigentümergemeinschaft Probleme?

☐ Befinden sich im Haus nur Wohnungen, oder werden einzelne Einheiten gewerblich genutzt? Wenn ja, für welche Art von Gewerbe?

CHECKLISTE INNENAUSBAU

Sanitäre Einrichtungen

☐ Sind Küche und Bad zweckmässig und modern eingerichtet, und lassen sich die Räume natürlich belüften?

☐ Sind WC und Bad getrennt?

☐ Sind eine Badewanne und eine separate Dusche vorhanden?

☐ Sind Anschlüsse für eine private Waschmaschine vorhanden?

Anschlüsse

☐ Sind genügend Steckdosen vorhanden und auch geschaltet?

☐ Befinden sich die Telefonanschlüsse in den richtigen Zimmern?

☐ Sind Leerrohre für Telefon, Antennen oder ein Computernetzwerk installiert?

☐ Bestehen in den richtigen Zimmern bzw. meinen Bedürfnissen entsprechend Anschlüsse für Radio, TV und Internet?

Heizung

☐ Sind alle Räume beheizbar?

☐ Lässt sich die Heizleistung in den einzelnen Räumen separat regulieren?

☐ Sind überall automatische Thermostatventile vorhanden?

Ausgestaltung

☐ Sind Küche und Bad zweckmässig gekachelt?

☐ Entspricht die Qualität des Anstrichs oder der Tapeten meinen Vorstellungen?

☐ Sind die Bodenbeläge pflegeleicht und von guter Qualität, meinen Wünschen entsprechend?

☐ Ist genug Stauraum, insbesondere in Form von Einbauschränken, vorhanden?

Kaufobjekt Altbauwohnung

Altbauwohnungen bieten oft ein ganz besonderes Ambiente, und man ist deshalb auch eher bereit, Unzulänglichkeiten in Kauf zu nehmen. Es lohnt sich jedoch, den Renovationsbedarf bereits vor dem Kauf abzuschätzen.

Auch wenn das Altbauobjekt noch so viel Charme versprüht: Wirken sich Unzulänglichkeiten über längere Zeit störend aus, mindern sie die Lebensqualität, und der Wunsch nach Abhilfe nimmt überhand. Leider ist der finanzielle Aufwand für eine Verbesserung in solchen Fällen meist relativ hoch.

Für Laien ist es zudem praktisch unmöglich, versteckte Mängel zu erkennen. Dies gilt vor allem auch für das Mauerwerk: Unter einem frischen Anstrich oder einer neuen Tapete können komplett verfaulte Baustrukturen lauern.

Bedenken Sie ausserdem, dass Altbauwohnungen in der Regel nicht nach heutigem Standard gegen Schall und Wärmeverlust isoliert sind. Das bedeutet, dass Sie einerseits mit einer deutlich grösseren Lärmbelastung zu leben haben und dass anderseits Ihre Heizkosten höher ausfallen werden.

> **TIPP** *Fassen Sie den Kauf einer Altbauwohnung ins Auge, sollten Sie unbedingt Fachleute beiziehen, zum Beispiel einen Architekten oder einen anderen Bauexperten. Nur diese Sachverständigen können Schwachstellen sofort erkennen und Ihnen Auskunft über die Art der Behebung und die Kosten geben.*

Ist der Experte der Ansicht, dass der Zustand des Objekts nicht mehr voll befriedigt, sollten Sie ihn auf jeden Fall auch nach den voraussichtlichen Renovationskosten fragen und diese einkalkulieren. Eine günstig gekaufte Wohnung, die im Nachhinein durch einen hohen Renovationsbedarf überrascht, kommt meist deutlich teurer zu stehen als ein neu erstelltes Objekt. Die nebenstehende Checkliste hilft Ihnen, dem Experten die richtigen Fragen zu stellen.

CHECKLISTE ALTBAUWOHNUNG

Um- und Ausbau

- [ ] Welche Wände haben tragende Funktion und lassen sich nicht verschieben?
- [ ] Welche Wände können allenfalls ganz herausgerissen werden?
- [ ] Lassen die Strukturen die geplanten Um- und Ausbauten zu (Statik, Einbauhöhen, Verbindung von verschiedenen Materialien etc.)?
- [ ] Wie lässt sich die Ausnutzung mit einem Um- oder Ausbau verbessern?
- [ ] Wie viel Ausbau lassen die Bauvorschriften und der Zonenplan zu?
- [ ] Hat allenfalls die Denkmalpflege ein Wort mitzureden?

Zustand des Gebäudes

- [ ] Ist das Fundament in Ordnung?
- [ ] Ist das Dach renovationsbedürftig?
- [ ] Sind die beim Bau verwendeten Materialien von guter Qualität?
- [ ] Hat das Heizsystem noch eine längere Lebensdauer?
- [ ] Besteht ein Verdacht auf Altlasten – im Gebäude bzw. auf dem Grundstück?

Installationen

- [ ] Entsprechen die elektrischen Installationen den heutigen Vorschriften und sind sie in gutem Zustand?
- [ ] Ist die Wohnung ausreichend gegen Wärmeverlust isoliert?
- [ ] Entspricht der Schallschutz innerhalb des Hauses den Anforderungen an eine Eigentumswohnung?
- [ ] Verfügen die Fenster über eine moderne Verglasung und einen entsprechenden Dämmwert?

Risiko Altlasten

Liegenschaften, die vor 1990 gebaut oder renoviert wurden, bergen die Gefahr von Altlasten, von Materialien also, die die Gesundheit belasten, wenn sie unsachgemäss behandelt oder nicht entfernt werden. Am häufigsten sind folgende Stoffe anzutreffen:

- **PCP** (Pentachlorphenol) wurde als Beigabe zu Holzschutzlasuren in vielen Häusern verstrichen. Gelangt es in die Raumluft, kann es Kopfschmerzen, Müdigkeit und Schlafstörungen verursachen. Seit 1989 ist PCP deshalb verboten.
- **PCB** (Polychlorierte Biphenyle) wurden bis zu ihrem Verbot 1986 in Fugendichtungsmassen und Brandschutzanstrichen verwendet. Gelangen sie in die Raumluft, können sie Hautbeschwerden verursachen.
- **Asbestfasern** sind krebserregende Stoffe, die in die Raumluft gelangen, wenn asbesthaltige Bodenbeläge oder Abdeckungen ohne Schutzmassnahmen entfernt werden. Asbesthaltige Produkte wurden in den Siebziger- und frühen Achtzigerjahren verwendet bei Abdeckungen hinter Heizkörpern, in Elektroschränken, als Brandschutz bei Heizungsraumtüren und sehr häufig in den Rückseiten von Bodenbelägen aus Kunststoff.
- **Formaldehyd** kann, wenn es an die Raumluft abgegeben wird, Augen und Schleimhäute reizen. Es ist vor allem in alten Spanplatten in höherer Konzentration anzutreffen.

Altlasten beeinträchtigen nicht nur die Gesundheit, sondern können auch das Budget stark belasten. Die fachgerechte Entsorgung eines Quadratmeters asbestverseuchten Bodens beispielsweise kostet schnell einmal 200 Franken. Vor einem Kaufentscheid sollte man deshalb von einer Fachperson abklären lassen, ob das ins Auge gefasste Objekt Altlasten enthält. Je nach Verdacht kann eine solche Untersuchung zwar einiges kosten, doch dieses Geld ist gut eingesetzt: Entdecken Sie gefährliche Substanzen vor dem Kauf, lassen sich die Kosten für die Entsorgung allenfalls vom Kaufpreis abziehen. Wenn der Verkäufer allerdings nicht darauf eingeht, müssen Sie sich entscheiden, ob Sie die Wohnung trotz der Altlasten übernehmen wollen.

Kaufobjekt Neubauwohnung

Wer eine Neubauwohnung kaufen möchte, kann dies entweder ab Plan oder nach Fertigstellung tun. Beide Möglichkeiten haben ihre Vor- und Nachteile.

Wenn Sie bereit sind, ein gewisses finanzielles Risiko und einen bestimmten Aufwand für die Planung und den Bau zu tragen, und wenn Ihnen die individuelle Ausgestaltung Ihres Heims am Herzen liegt, empfiehlt sich der Kauf ab Plan. Wünschen Sie hingegen eine grösstmögliche finanzielle Sicherheit und möchten Sie Ihr Objekt vor dem Kauf in Augenschein nehmen, ist der Kauf nach Fertigstellung vorzuziehen.

Kauf ab Plan

Die meisten Bauunternehmer suchen heutzutage Käufer, bevor ihre Häuser und Wohnungen fertiggestellt sind. Wer sich für einen Neubau interessiert, schliesst deshalb häufig einen Kaufvertrag über eine Stockwerkeigentumseinheit ab, die erst auf dem Papier besteht; zum Zeitpunkt des Vertragsabschlusses liegen lediglich der sogenannte Begründungsakt für das Stockwerkeigentum, der Grundbuchauszug, die Pläne und der Baubeschrieb vor.

Der Nachteil dieses Vorgehens: Sie können das Objekt vor dem Erwerb nicht in Realität besichtigen und müssen in der Lage sein, sich einen fertig erstellten Bau anhand der Pläne vorzustellen.

Anderseits haben Sie beim Kauf ab Plan oft die Möglichkeit, beim Innenausbau mitzubestimmen und in einem gewissen Rahmen eigene Ideen einzubringen. Inwieweit Ihnen ein solches Mitbestimmungsrecht zukommt, wer die Kosten für Änderungswünsche trägt und wie lange Sie Wünsche anbringen können, sollten Sie unbedingt im Kaufvertrag festhalten.

GUT ZU WISSEN *Bedenken Sie, dass zwischen Ihnen und den Handwerkern kein Vertragsverhältnis besteht, selbst wenn Ihnen ein grosses Mitspracherecht eingeräumt wird. Sie haben auch kein direktes Forderungsrecht. Natürlich können Sie die Bauhandwer-*

ker mit Arbeiten beauftragen, die nicht im Kaufvertrag enthalten sind – dann müssen Sie jedoch für die entstehenden Kosten aufkommen.

Absicherung ist oberstes Gebot
Der grösste Nachteil beim Kauf ab Plan besteht in der Gefahr, dass Ihre Wohnung mangelhaft gebaut oder gar nicht fertiggestellt wird. Zum Zeitpunkt des Vertragsabschlusses muss der Verkäufer noch beträchtliche Leistungen erbringen, verbunden mit entsprechenden Investitionen. Trotzdem vereinbaren die Parteien in der Regel, dass der grösste Teil des Verkaufspreises bereits bei Vertragsabschluss zu zahlen ist. Sollte der Verkäufer aus wirtschaftlichen Gründen nicht in der Lage sein, Ihr Objekt zu bauen, können Sie die bereits gezahlte Summe zwar zurückfordern. Oft ist der Verkäufer zur Rückzahlung aber gar nicht in der Lage, weil er das Geld bereits vollständig in den Bau investiert hat. Dann bleibt Ihnen nichts anderes übrig, als die noch nicht ausgeführten Arbeiten aus der eigenen Tasche zu begleichen.

Absichern müssen Sie sich auch gegen sogenannte Bauhandwerkerpfandrechte: Bezahlt der Verkäufer die Handwerker nicht, haben diese das Recht, ein Grundpfand auf der Liegenschaft im Umfang ihrer Leistung errichten zu lassen. Im schlimmsten Fall müssen Sie dann die Handwerker selbst bezahlen, wenn Sie verhindern wollen, dass Ihre teuer erworbene Eigentumswohnung versteigert wird (mehr dazu auf Seite 76). Um bösen Überraschungen vorzubeugen, beachten Sie folgende Punkte:

- Prüfen Sie vor Abschluss eines Kaufvertrags ab Plan unbedingt die finanzielle Situation und die Seriosität des Verkäufers. Lassen Sie sich Referenzen nennen.
- Leisten Sie Ihre Zahlungen nach dem Baufortschritt.
- Verlangen Sie vom Verkäufer eine Bank- oder Versicherungsgarantie. Damit gewährleistet die Bank oder die Versicherung die Fertigstellung des Objekts bzw. die Ablösung allfälliger Bauhandwerkerpfandrechte.
- Welche Leistungen der Bauherrschaft im Kaufpreis inbegriffen sind, ergibt sich aus dem Baubeschrieb: Prüfen Sie diesen gründlich und bringen Sie Änderungswünsche vor Abschluss des Kaufvertrags an.
- Sind Sie sich zum Zeitpunkt des Vertragsschlusses über einige Fragen des Innenausbaus und die dadurch verursachten Kosten noch nicht schlüssig, vereinbaren Sie mit dem Verkäufer ein Kostendach für die von ihm zu erbringenden Leistungen.

- Beim Kauf ab Plan ist es äusserst ratsam, während der Erstellung des Objekts in regelmässigen Abständen den Baufortschritt zu begutachten. Schenken Sie dabei vor allem auch den Details, zum Beispiel den Installationsvorbereitungen, genügend Aufmerksamkeit.

Kauf nach Fertigstellung

Nach Fertigstellung können Sie sowohl eine neue, baulich vollendete Stockwerkeigentumseinheit kaufen als auch eine Wohnung in einer – allenfalls eben erst in Stockwerkeigentum umgewandelten – Altbauliegenschaft (siehe Seite 54).

Der Vorteil des Erwerbs nach Fertigstellung liegt auf der Hand: Sie kaufen nicht die Katze im Sack, sondern haben die Möglichkeit, das fertige Objekt vor Vertragsabschluss zu besichtigen und die tatsächliche Wohnatmosphäre zu erleben. Ist Ihr zukünftiges Heim bereits fertig gebaut, laufen Sie zudem nicht Gefahr, dass Bauverzögerungen Ihre Einzugspläne durchkreuzen oder dass der Verkäufer in finanzielle Schwierigkeiten gerät.

> **TIPP** *Nehmen Sie die Gelegenheit einer Besichtigung vor Ort unbedingt wahr und prüfen Sie sorgfältig, ob das Objekt auch wirklich Ihren Wünschen entspricht. Stellen Sie zudem sicher, dass die Fristen für Mängelrügen noch nicht abgelaufen sind (siehe Seite 90).*

Anderseits haben Sie keine Gelegenheit, eigene Ideen in den Bau einzubringen und Ihrem neuen Zuhause eine individuelle Note zu verleihen. Wenn Sie – eventuell auch später – einen zusätzlichen Ausbau wünschen, sollten Sie abklären, ob dies möglich ist und wie viel der Ausbau kosten würde.

Die Qualität des Baus

Erwirbt man Stockwerkeigentum, kauft man in gewisser Hinsicht auch die Katze im Sack: Baumängel können einem das schönste Eigenheim und die Freude daran vermiesen.

Eine geräumige Eigentumswohnung für einen guten Preis – doch dann stellt sich bald heraus, dass die Schritte der Nachbarin im oberen Stock unangenehm laut zu hören sind. Und bei der ersten Stockwerkeigentümerversammlung ist die Rede von schlecht isolierten Aussenwänden, die nachisoliert werden müssen…

Für Laien ist es oft schwierig, Baumängel zu erkennen. Deshalb lohnt es sich, eine unabhängige Bauexpertin mit der Überprüfung der Qualität Ihres zukünftigen Heims zu beauftragen (Instandsetzungs- und Erneuerungszyklen: siehe Anhang) – insbesondere dann, wenn es sich bei der Wohnung nicht um einen Neubau handelt, bei dem die Garantiefristen noch nicht abgelaufen sind.

> **TIPP** *Ob Neubau oder (renovationsbedürftiger) Altbau: Lassen Sie sich nicht von optischen Gags blenden – überprüfen Sie jede ausgefallene Konstruktion nicht nur auf ihre Ästhetik, sondern auch auf ihre Funktionalität. Nicht selten stellen sich aussergewöhnliche, dekorative Konstruktionen, die Sie auf den ersten Blick vielleicht faszinieren, später als unnütz, hinderlich, bautechnisch problematisch oder unterhaltsintensiv heraus. Prüfen Sie deshalb auf jeden Fall, ob Inneneinrichtungen, Einbaugeräte und vor allem die Raumaufteilung auch im Alltag Ihren Ansprüchen genügen.*

Der Kaufpreis

Der Preis einer Stockwerkeigentumseinheit hängt vor allem vom Landanteil und von den Baukosten ab. Um den Wert zuverlässig schätzen zu können, bedarf es fundierter Branchenkenntnisse – und spezieller Rechenmethoden.

Da die tatsächlichen Verkaufspreise von Liegenschaften nicht veröffentlicht werden – die Angaben in Immobilieninseraten sind meist bloss eine Verhandlungsbasis –, lassen sich die Durchschnittspreise vergleichbarer Objekte nie exakt eruieren.

Wollen Sie den Verkehrswert Ihrer Einheit zuverlässig ermitteln, müssen Sie eine Fachperson mit der Schätzung beauftragen. Neben spezifischen Kenntnissen im bautechnischen Bereich sollte diese auch längere Berufserfahrung und Insiderwissen über den regionalen Markt mitbringen.

Je nachdem, ob es sich um ein gewerblich genutztes Objekt oder um eine Wohnung für den Eigenbedarf handelt, gelten für die Berechnung des Verkehrswerts einer Liegenschaft unterschiedliche Regeln. Bei Wohnungen für den Eigenbedarf steht die Bestimmung des Realwerts im Vordergrund.

Wie hoch ist der Realwert?

Der Realwert einer Immobilie setzt sich zusammen aus dem Landwert, den Umgebungs- und Baunebenkosten und dem Zeitwert des Gebäudes.

Ausgangspunkt für die Berechnung des Landwerts ist der an der konkreten Lage gehandelte Bodenpreis. Dieser hängt nicht nur vom Ausmass der frei überbaubaren Flächen ab, sondern vor allem von der Lage: von der Nähe zu grösseren Agglomerationen, vom Erschliessungsgrad, von Aussicht, Besonnung, Steuerfuss, Ausnützungs- und Bebauungsziffern.

Die zweite Komponente des Realwerts einer Eigentumswohnung ist der Zeitwert. Er berechnet sich aus dem Neuwert – also aus dem geschätzten Aufwand, der für die Erstellung eines gleichartigen Gebäudes nötig wäre –, reduziert um die technische Alterung. Ebenfalls dazu gehören die Umgebungskosten (beispielsweise Gartengestaltung, Zufahrten, Rampen und

DURCHSCHNITTLICHE BODENPREISE IN DER SCHWEIZ			
	preiswerte Lage	mittlere Lage	teure Lage
Ländliche Gemeinden	Fr. 350.–/m²	Fr. 500.–/m²	Fr. 700.–/m²
Agglomerationsgemeinden	Fr. 500.–/m²	Fr. 700.–/m²	Fr. 1000.–/m²
Mittelgrosse Städte	Fr. 650.–/m²	Fr. 950.–/m²	Fr. 1400.–/m²
Grosszentren	Fr. 1150.–/m²	Fr. 1900.–/m²	Fr. 2900.–/m²

Die Angaben stammen aus einer Umfrage des Hauseigentümerverbands Schweiz (2012); sie sind als Richtwerte zu verstehen. Die verwendeten Mediawerte stützen sich auf 20 bis 45 Beobachtungen pro Lage und Gemeindetyp.

Ähnliches) sowie die Baunebenkosten (zum Beispiel Bewilligungen, Gebühren, Erschliessungen).

Grundstückspreise sind stark abhängig von der Lage. Daher lässt sich der Landwert nur durch eine professionelle Schätzung zuverlässig ermitteln, die Immobilientreuhänder, Architektinnen und eine Vielzahl anderer Personen aus der Bauwirtschaft anbieten. Die Bezeichnung «Schätzer mit eidgenössischem Fachausweis» garantiert, dass der Inhaber des Titels über die nötigen Fachkenntnisse verfügt. Daneben sind aber auch Marktkenntnisse und eine grosse Erfahrung notwendig.

INFO *Der Bausekretär der Gemeinde respektive der Kreisarchitekt der Stadt weiss häufig gut Bescheid über die Bodenpreise im betreffenden Gebiet. Informationen zur Entwicklung im Immobilienmarkt finden Sie unter anderem auch auf der Website des Hauseigentümerverbands (www.hev-schweiz.ch; Rubrik Statistik) sowie beim Bundesamt für Wohnungswesen (www.bwo.admin.ch).*

Kennen Sie den Landwert des Grundstücks sowie den Zeitwert der Liegenschaft und sind Ihnen auch die Umgebungs- und Baunebenkosten bekannt, können Sie den Wert Ihrer Stockwerkeigentumseinheit anhand zweier in der Praxis gebräuchlicher Methoden berechnen:

- Eine erste Variante beruht auf dem Verhältnis der Nettowohnfläche zur Nettowohnfläche der Gesamtüberbauung. Als Nettowohnfläche gilt die Summe sämtlicher begeh- und belegbarer Bodenflächen innerhalb der Wohnung, einschliesslich der Grundfläche von Einbauten und wohnungsinternen Treppen. Nicht inbegriffen sind Wandquerschnitte, Schächte, Kamine, Tür- und Fensternischen, Balkone, Sitzplätze sowie Räume oder Raumteile unterhalb von 1,5 Metern lichter Höhe. Abweichungen vom Normalstandard – etwa überdurchschnittliche Besonnung, besonders schöne Aussicht, luxuriöser Ausbau – müssen Sie separat berücksichtigen.

- Die zweite Möglichkeit besteht darin, die Wertquote mit dem Realwert der Gesamtliegenschaft zu multiplizieren.

Der Verkehrswert

Den Preis, der für eine Liegenschaft zum Zeitpunkt des Verkaufs tatsächlich gelöst werden kann, bezeichnet man als Verkehrswert. Er ist abhängig vom Realwert – ungewöhnliche Verhältnisse oder persönliche Vorlieben (Liebhaberpreise) werden nicht berücksichtigt.

BEISPIEL EINER REALWERTBERECHNUNG

1. Realwert der Gesamtliegenschaft
- Grundstückswert (unbebaut)
  1600 m² à Fr. 500.–   Fr.   800 000.–
- Gebäudewert (Baujahr 1994)
  Baukosten 2727 m³ à Fr. 550.–   Fr. 1 500 000.–
  Altersentwertung (1% pro Jahr)   – Fr.   150 000.–   Fr. 1 350 000.–
- Umgebungskosten   Fr.   70 000.–
- Baunebenkosten (inkl. Bauzinsen)   Fr.   180 000.–
  Total Realwert der Gesamtliegenschaft   Fr. 2 400 000.–

2. Realwert einer einzelnen Stockwerkeigentumseinheit
- Auf Basis des Nettowohnflächenverhältnisses
  Nettowohnfläche der Gesamtliegenschaft G = 700 m²
  Nettowohnfläche der Einheit X = 130 m²
  Nettowohnflächenverhältnis = X:G = 13:70
  Realwert der Einheit = 13/70 x Fr. 2 400 000.–   Fr.   445 714.–
- Auf Basis der Wertquote
  Wertquote der Einheit X = 185‰
  Realwert der Einheit = 0.185 x Fr. 2 400 000.–   Fr.   444 000.–

Da die Situation auf dem Immobilienmarkt einem raschen Wandel unterworfen ist, lässt sich der effektive Verkehrswert oft erst nach dem Kauf respektive Verkauf auf Basis des gelösten Preises ermitteln. Viele Faktoren – am wichtigsten wohl die Nachfrage, die Kaufkraft und der Umfang der frei überbaubaren Fläche – beeinflussen den Verkehrswert positiv oder negativ. Eine zuverlässige Einschätzung der aktuellen Verhältnisse ist nur Fachleuten möglich, die sich tagtäglich mit Grundstücken und Grundstückspreisen auseinandersetzen und die aktuellen Strömungen und Trends kennen.

Die hedonistische Bewertungsmethode

Die traditionellen Verfahren der Wohnraumbewertung beruhen auf dem Prinzip, den tatsächlichen Marktwert einer Liegenschaft anhand messbarer Grössen zu bestimmen. Anders verfährt man bei der hedonistischen Methode, die mittlerweile auch von grösseren Banken eingesetzt wird. Grundlage dieses Berechnungsverfahrens sind die effektiv gezahlten Marktpreise sowie zahlreiche Kriterien – Standort, Bauqualität und Ähnliches –, die den Marktwert einer Liegenschaft bestimmen. Ein Vorteil dieser neuen Art der Wohnraumbewertung liegt im Preis: Sie ist um einiges günstiger als eine Bewertung nach klassischer Real- und Verkehrswertmethode.

In der Schweiz erfasst das Informations- und Ausbildungszentrum für Immobilien (IAZI) seit 1996 die tatsächlich für Liegenschaften gezahlten Preise sowie rund 50 weitere Faktoren (zum Beispiel Wohnfläche, Anzahl Zimmer, Steuersatz, Nähe zu grösseren Städten, Mietzinsniveau, Ausländeranteil, Einfluss des Tourismus). Anhand dieses Datenmaterials lässt sich der Wert einer Immobilie in den meisten Schweizer Gemeinden zuverlässig schätzen.

> **TIPP** *Die hedonistische Beurteilung lässt sich auch online durchführen: Auf der Website des IAZI (www.iazi.ch) können Sie die Daten zu einem Objekt, das Sie interessiert, selber eingeben. Beachten Sie jedoch, dass das Resultat nur so gut sein kann wie Ihre – möglicherweise laienhafte – Einschätzung der Liegenschaft.*

3 ■ ■ ■ DAS RICHTIGE OBJEKT

Der Kaufvertrag

Sie haben sich nach gründlicher Prüfung für eine Eigentumswohnung entschieden. Nun gilt es, den Kauf vorzubereiten und den Kaufvertrag abzuschliessen – und zwar so, dass er Ihnen auch später die Freude am neuen Heim nicht vergällen kann.

Der Vorvertrag

Vor allem der Kauf ab Plan setzt häufig einen Vorvertrag voraus. Bei der Unterzeichnung ist allerdings Vorsicht angebracht – insbesondere dann, wenn damit eine Zahlung an den Verkäufer erbunden ist.

Verkäufer brauchen eine bestimmte Anzahl von Vorverträgen, um von den Banken die nötigen Gelder für eine neue Überbauung zu erhalten. Man spricht in diesem Zusammenhang von Reservationsvereinbarung oder Reservationsvertrag.

Ob ein solcher Vertrag für Sie als Käufer sinnvoll ist, hängt von der konkreten Situation ab. Sinnvoll ist er beispielsweise dann, wenn Sie sich eine Wohnung unbedingt sichern wollen, bevor das Stockwerkeigentum überhaupt begründet ist. Dann können Sie nämlich, weil die Stockwerkeigentumseinheit noch nicht im Grundbuch eingetragen ist, gar keinen Kaufvertrag abschliessen.

So vermeiden Sie Probleme

Ein Vorvertrag ist rechtlich nur gültig und im Streitfall durchsetzbar, wenn er öffentlich beurkundet ist. Der Einfachheit halber, aber auch, um Gebühren zu sparen, werden Vorverträge nicht selten ohne diese Beurkundung abgeschlossen. Was bedeutet das?

Jeder nicht öffentlich beurkundete Vorvertrag ist nichtig. Das hat für Sie als Käufer Vor- und Nachteile: Treten Sie vom Vertrag zurück, kann der Verkäufer nichts gegen den Rücktritt unternehmen, unter Umständen aber Schadenersatz für seine Aufwendungen verlangen (siehe Seite 70). Umgekehrt haben Sie selbst keine rechtliche Gewähr, dass der Kauf der Liegenschaft wirklich zustande kommt.

Der Vorvertrag muss alle wesentlichen Vertragsbestandteile des zukünftigen Kaufvertrags über die Stockwerkeigentumseinheit enthalten oder mindestens umschreiben – ansonsten ist er ebenfalls nichtig. In einen Vorvertrag gehören vor allem folgende Angaben:

- Bezeichnung der Vertragsparteien
- Kaufpreis
- Kaufobjekt
- Vereinbarung eines Reuegelds, sofern vorgesehen

Die Kosten für einen Vorvertrag sind von Kanton zu Kanton unterschiedlich. Werden Vorvertrag und Hauptvertrag bei demselben Notar beurkundet, reduziert sich in der Regel die Beurkundungsgebühr. Auskunft erhält man beim zuständigen Notariat.

 INFO *Da es in Kantonen mit Amtsnotariat schwierig sein kann, innert nützlicher Frist einen Beurkundungstermin zu erhalten, schlagen Verkäufer ab und zu vor, den Vorvertrag in einem anderen Kanton beurkunden zu lassen. Ob ein solcher Vorvertrag gültig ist, hängt vom kantonalen Beurkundungsgesetz ab. Erkundigen Sie sich auf dem für Ihr künftiges Grundstück zuständigen Grundbuchamt.*

Vorsicht in Sachen Reuegeld!
In der Regel zahlen Sie dem Verkäufer bei Abschluss des Vorvertrags einen bestimmten Betrag – das Haft- oder Reuegeld. Wenn Sie sich dann anders besinnen und vom Kauf zurücktreten, verfällt diese Summe.

Auch wenn in Ihrem Vertrag von einer «Anzahlung an den Kaufpreis» die Rede ist, heisst das noch nicht, dass Sie diesen Betrag bei Nichtkauf zurückerhalten. Oft wird zudem nicht exakt bestimmt, ob es sich bei dem Betrag um ein Haft- oder Reuegeld handelt. Das Gesetz vermutet für solche Fälle, dass ein Haftgeld vereinbart worden ist. Das ist für Sie als Käufer ungünstig, weil Sie der Verkäufer dann auch über die vereinbarte Summe hinaus für den Schaden verantwortlich machen kann, der ihm aus Ihrem Vertragsrücktritt entsteht. Das kann Ihnen beim Reuegeld nicht passieren. Hier schulden Sie ausschliesslich den vereinbarten Betrag. Achten Sie also darauf, dass die von Ihnen zu leistende Summe ausdrücklich als Reuegeld bezeichnet wird, und lassen Sie sich im Zweifelsfall beraten.

Wenn Sie ein Reuegeld oder eine Anzahlung vereinbart haben, sollten Sie den Betrag nicht auf ein Konto des Verkäufers überweise: Geht Ihr Vertragspartner in Konkurs, kommt Ihr Geld in die Konkursmasse und ist damit unter Umständen verloren.

ACHTUNG *Leisten Sie Ihre Zahlung nur auf ein Sperrkonto, das zu Ihren Gunsten verzinst wird, und halten Sie fest, dass das Geld dem Verkäufer erst nach Abschluss des Kaufvertrags oder bei Ihrem Rücktritt vom Vorvertrag ausgehändigt werden darf.*

Was gilt bei einem Rücktritt?
Treten Sie von einem Vorvertrag zurück, verfällt das Reuegeld und eventuell auch eine Anzahlung zugunsten des Verkäufers. Reicht das nicht aus, um seine Aufwendungen zu decken, kann er auch noch weitere Kosten geltend machen – beispielsweise für die Ausarbeitung des Kaufvertrags oder für Änderungen, die er auf Ihren Wunsch an der geplanten Stockwerkeigentumseinheit vorgenommen hat.

Wurde der Vorvertrag nicht beurkundet, können Sie beim Rücktritt die Anzahlung oder das Reuegeld zurückverlangen – der Vorvertrag ist ja ungültig. Ihr Rückforderungsanspruch verjährt allerdings bereits ein Jahr nachdem Sie Kenntnis davon erhalten haben, dass der Vorvertrag nichtig ist. Die absolute Verjährungsfrist beträgt zehn Jahre ab Leistung der Zahlung.

Erfüllt der Verkäufer den – gültig abgeschlossenen – Vorvertrag nicht und baut beispielsweise die Ihnen zugesagte Wohnung nicht, können Sie auf die Erfüllung des Hauptvertrags klagen. Das dürfte in der Regel allerdings sehr aufwendig sein. Meist lässt sich in einem solchen Fall die Erfüllung des Hauptvertrags nicht erstreiten; Sie können dann nur das Reuegeld zurückverlangen und Schadenersatz fordern, beispielsweise wenn Sie Ihre alte Wohnung bereits gekündigt haben und deshalb unnötige Umzugskosten anfallen.

Der Vertrag

Kaufverträge über Grundstücke – und dazu zählen Eigentumswohnungen – sind nur gültig mit Beurkundung. Sie schützt die Parteien vor übereilten Geschäften und dient als Beweismittel im Streitfall sowie als Basis für den Grundbucheintrag.

Das Eigentum an einem Grundstück geht erst vom Verkäufer auf die Käuferin über, wenn diese im Grundbuch eingetragen ist. Nicht oder unrichtig beurkundete Kaufverträge weist das Grundbuchamt zurück – und ohne Grundbucheintrag kann das Grundstück nicht an die Käuferin übergehen. Deshalb sollten Sie vor Abschluss des Kaufvertrags unbedingt prüfen, ob das Kaufobjekt mit allen vom Verkäufer zugesicherten Rechten im Grundbuch eingetragen ist. Wollen Sie absolute Sicherheit haben, müssen Sie beim Grundbuchamt direkt ins Grundbuch Einsicht nehmen. Auf Auszüge können Sie sich nicht hundertprozentig verlassen – wie folgender Fall zeigt:

URTEIL *An der Liegenschaft L. besteht Stockwerkeigentum. Die Autoeinstellhalle dazu ist in Miteigentum aufgeteilt. 18 Einstellplätze respektive Miteigentumsanteile sind untrennbar mit Stockwerkeinheiten verbunden: Zur Stockwerkeinheit 7 gehört der Einstellplatz 7, zur Stockwerkeinheit 10 der Einstellplatz 10 et cetera. Herr S. kaufte die Stockwerkeinheit 7 und den entsprechenden Miteigentumsanteil an der Autoeinstellhalle; die Ehegatten B. erwarben die Stockwerkeinheit 10 samt Einstellplatz. Dann verkaufte Herr S. seine Einheit und den damit verbundenen Einstellplatz «mit allen Rechten und Lasten» an Herrn K. Rund acht Jahre später teilte dieser den Ehegatten B. mit, dass er am Einstellplatz Nr. 10 ein Benutzungsrecht habe.*
   Das Ehepaar B. wollte von einem solchen Benutzungsrecht nichts wissen: Sie hätten den Einstellplatz 10 lastenfrei erworben; im Grundbuchauszug, der Bestandteil ihres Kaufvertrags sei, stehe nichts von einer Dienstbarkeit.
   Schliesslich landete der Fall vor Gericht. Das Bundesgericht gab Herrn K. Recht mit folgender Begründung: Zwar stand im Grundbuchauszug, auf den sich das Ehepaar berief, tatsächlich nichts über ein

Benutzungsrecht der Stockwerkeinheit 7 am Einstellplatz 10. Doch das hatte einen Grund: Die Dienstbarkeit war zwar zum Zeitpunkt des Kaufs durch das Ehepaar B. bereits angemeldet und im Tagebuch eingeschrieben, wurde aber erst später ins Hauptbuch eingetragen und war deshalb im Auszug nicht vermerkt. Einem Grundbuchauszug an sich kommt der öffentliche Glaube des Grundbuchs nicht zu, er hat lediglich Beweisfunktion, soweit er mit dem Grundbuch übereinstimmt. Das Ehepaar hätte sich also nicht auf den Auszug verlassen dürfen, es hätte Abklärungen im Grundbuch selbst vornehmen müssen. (BGE 130 III 306)

Der Kaufvertrag muss beurkundet werden

Meist wird ein Grundstückskaufvertrag von einem Notar ausgearbeitet, der ihn anschliessend auch beurkundet. Natürlich haben die Vertragsparteien auch die Möglichkeit, den Vertrag selbst zu formulieren. Dann hat der Notar lediglich die Aufgabe, den Kaufvertrag zu überprüfen und die Parteien auf allfällige Punkte aufmerksam zu machen, die sie nicht bedacht haben.

Ein Grundstückskaufvertrag ist ein komplexes Vertragswerk, und es empfiehlt sich deshalb auf jeden Fall, ihn durch einen ausgewiesenen Sachverständigen ausarbeiten zu lassen. Unterbreitet Ihnen der Verkäufer einen Vertrag, sollten Sie diesen unbedingt von einer unabhängigen Fachperson überprüfen lassen.

 INFO *Die Notarin, die den Kaufvertrag beurkundet, nimmt eine staatliche Aufgabe wahr. Für ihre Aufwendungen hat sie Anspruch auf eine Beurkundungsgebühr. Darin ist die Abgeltung für das Abfassen des Vertrags wie auch für die meisten anderen mit der Beurkundung verbundenen Tätigkeiten enthalten. Lassen Sie den Vertrag von einer anderen Person abfassen, die ja für ihre Arbeit auch ein Honorar verlangt, zahlen Sie unter Umständen für dieselbe Leistung doppelt, denn die Notarin muss eine Mindestgebühr gemäss Beurkundungsgesetz verrechnen.*

Was gehört in den Kaufvertrag?

Auch wenn Sachverständige Ihren Kaufvertrag ausarbeiten – für dessen Inhalt sind letztlich Sie und Ihr Vertragspartner verantwortlich. Sie sollten den Entwurf also kontrollieren und auch korrigieren, wenn er nicht den Vereinbarungen mit dem Verkäufer entspricht. Folgende Punkte gehören in den Kaufvertrag:

- Namen, Personalien und aktuelle Adressen der Parteien
- Beschreibung des Stammgrundstücks und der Stockwerkeigentumsliegenschaft (inkl. Sonderrechte, Wertquote, Dienstbarkeiten etc.)
- Kaufpreis
- Übergang von Nutzen und Gefahr, evtl. Konditionen eines früheren Besitzesantritts
- Zahlungsmodalitäten
- Sicherstellung des Kaufpreises
- Sicherstellung der Kaufpreiszahlung
- Sicherstellung der Grundstückgewinnsteuer
- Zustand, in dem das Kaufobjekt zu übergeben ist
- Bestimmungen über die Gewährleistung des Verkäufers (für Baumängel und Bauhandwerkerpfandrechte) oder Ausschluss einer Gewährleistung, soweit gesetzlich zulässig
- Abrechnung über die laufenden Kosten und Abgaben
- Anerkennung des Reglements und der bereits gefassten Beschlüsse der Stockwerkeigentümergemeinschaft durch die Käuferin
- Zustimmung des Ehegatten des Verkäufers, falls es sich beim Objekt um eine Familienwohnung handelt (Art. 169 ZGB)
- Vereinbarung über die Verteilung der Beurkundungs- und Grundbuchgebühren
- Vereinbarung darüber, wer die mit dem Geschäft anfallenden Steuern trägt, falls eine andere als die gesetzliche Verteilung vorgesehen ist
- Eintragungsantrag an das Grundbuchamt
- je nach Kanton: Erklärung der Parteien, dass die Urkunde ihrem Willen entspricht
- Datum und Unterschrift der Parteien
- Beurkundungsformel
- evtl. weitere Bestimmungen gemäss kantonalem Beurkundungsrecht

Die Beurkundung

Wie genau die öffentliche Beurkundung abzulaufen hat, bestimmt das kantonale Recht. Das Verfahren ist aber überall ähnlich: Die Notarin bringt den Vertragsparteien den Inhalt des Vertrags zur Kenntnis, erklärt ihn und nimmt von den Parteien die Bestätigung entgegen, dass dieser mit ihrem Willen übereinstimmt. Anschliessend unterzeichnen beide Parteien und die Notarin die Urkunde.

ACHTUNG *Gelegentlich wollen Verkäufer aus steuertechnischen Gründen im Kaufvertrag einen zu tiefen Kaufpreis festhalten und sich die Differenz schwarz auszahlen lassen. Gehen Sie auf keinen Fall darauf ein. Ein falsch beurkundeter Kaufpreis macht den ganzen Vertrag nichtig! Zudem kann ein solches Vorgehen auch strafrechtliche Folgen nach sich ziehen.*

Je nach Kanton sind für die Beurkundung nur Notare mit Sitz im Kanton zugelassen. In einigen Kantonen ist ein Amtsnotar oder eine Behörde zuständig, in anderen Kantonen haben Sie die Möglichkeit, Ihre Urkundsperson unter freiberuflichen Notaren zu wählen.

INFO *Welches System im Hinblick auf eine Beurkundung zur Anwendung kommt, erfahren Sie auf der Gemeindeverwaltung an dem Ort, wo sich Ihr neues Heim befindet.*

Sofern nichts anderes vereinbart wurde, trägt der Käufer die Beurkundungskosten. Einzelne kantonale Beurkundungsgesetze sehen eine andere Kostenverteilung vor. Häufig wird aber im Kaufvertrag festgehalten, dass die Parteien die Kosten der Beurkundung und der Eintragung im Grundbuch je zur Hälfte übernehmen.

Grundstückskauf und Eherecht

Wenn Ehepaare Wohneigentum erwerben, tun sie dies häufig gemeinsam. Dafür stehen ihnen zwei Möglichkeiten offen: Miteigentum oder Gesamteigentum (siehe Kasten Seite 15). Beide Möglichkeiten haben Vor- und Nachteile – welche die bessere ist, hängt vom ehelichen Güterstand und von der finanziellen Situation der Eheleute ab. Auch erbrechtliche Überlegungen können eine Rolle spielen. Zudem sollte man sich auch überlegen, welche Variante im Falle einer Scheidung die bessere wäre.

DAS EHEPAAR GÜNTER UND ANDREA L. kauft eine Eigentumswohnung. Frau L. hat in den letzten Jahren sehr gut verdient. Den Kaufpreis von 600 000 Franken kann sie deshalb mit ihrem Ersparten bestreiten; eine Hypothek muss das Paar nicht aufnehmen. Für die L.s, die eine Musterehe unter dem Güterstand der Errungenschaftsbeteiligung führen, ist es gar keine Frage, dass ihre Wohnung je zur Hälfte im Miteigentum stehen soll.

Zwei Jahre später ist es vorbei mit dem Eheglück – die beiden lassen sich scheiden. Andrea L. staunt nicht schlecht, als sie ein Schreiben des Anwalts ihres Nochehemanns erhält: Günter L. sei gemäss Grundbuch Miteigentümer zur Hälfte, also gehöre ihm die halbe Wohnung. Frau L. habe ihrem Mann, als sie die ganze Wohnung aus ihrer Errungenschaft finanziert und ihn zum Miteigentümer gemacht habe, die Hälfte geschenkt. Und Schenkungen gehörten bei der Errungenschaftsbeteiligung zum Eigengut, das jeder Ehegatte nach der Scheidung behalte.

Aber das Schreiben geht noch weiter: Frau L. habe ihre Hälfte der Wohnung aus ihrer Errungenschaft finanziert. Die Errungenschaften von Mann und Frau würden bei der güterrechtlichen Auseinandersetzung je hälftig geteilt. Günter L. habe deshalb auch Anspruch auf die Hälfte des Miteigentumsanteils seiner Frau. Insgesamt gehörten Herrn L. also drei Viertel der Wohnung. Andrea L. fällt aus allen Wolken und sucht ihren Anwalt auf. Doch zu ihrem Entsetzen bestätigt dieser die Ansicht von Herrn L.s Anwalt als richtig.

Das obige Beispiel schildert einen drastischen Fall, der sich in einer etwas anderen Konstellation tatsächlich so zugetragen hat. Besonders gravierend ist das Resultat auch deshalb, weil die Betroffenen die Wohnung ohne jegliches Fremdkapital gekauft haben und daher keine Schulden teilen müssen. Wollen Sie keine Überraschungen erleben, sollten Sie sich vor dem Kauf einer Stockwerkeigentumswohnung unbedingt beraten lassen.

Der Schutz der Familienwohnung
Gemäss Eherecht können Mann und Frau autonom über ihr eigenes Vermögen verfügen, also auch Grundstücke kaufen und verkaufen. Haben Sie und Ihr Partner respektive Ihre Partnerin eine Eigentumswohnung im Miteigentum gekauft und nichts anderes vereinbart, können Sie beide ohne Zustimmung des anderen über den je eigenen Anteil verfügen.

Anders sieht es aus, wenn die Einheit als Familienwohnung dient. Artikel 169 ZGB hält nämlich fest, dass eine verheiratete Person das Haus oder die Wohnung der Familie nur mit der ausdrücklichen Zustimmung der Ehefrau beziehungsweise des Ehemanns veräussern kann. Auch wenn ein Verheirateter das Haus oder die Wohnung weitervermieten oder jemandem ein Wohnrecht daran einräumen will, braucht er dazu das schriftliche Einverständnis seiner Partnerin. Als Familienwohnung gelten alle Räumlichkeiten, die nach dem Willen eines Ehepaars dauernd als gemeinsame Unterkunft dienen und das Zentrum des Ehe- und Familienlebens bilden. Eine Ferienwohnung beispielsweise fällt nicht darunter.

Hat ein Ehepaar in einem Ehevertrag Gütergemeinschaft vereinbart, ist eine gemeinsam erworbene Wohnung Gesamteigentum. Auch dann können Mann und Frau nur gemeinsam darüber verfügen (siehe Seite 14).

Heikle Punkte im Kaufvertrag

In der Regel ist es Aufgabe des Notars, die Parteien auf die rechtlichen Konsequenzen der vertraglichen Vereinbarungen aufmerksam zu machen. Dennoch lohnt es sich, die Sonderregelungen und -rechte sorgfältig anzuschauen.

Bauhandwerker, die für Bauten auf einem Grundstück Arbeit leisten oder Material liefern, können zur Sicherung ihrer Entlöhnung ein Pfandrecht auf diesem Grundstück errichten, unabhängig davon, ob ihr Auftraggeber der Grundeigentümer oder Verkäufer des Grundstücks ist und ob es sich um Arbeiten respektive Material für eine einzelne Einheit oder für die Gesamtliegenschaft handelt.

Das Bauhandwerkerpfandrecht

Dieses Recht wird als Bauhandwerkerpfandrecht bezeichnet und kann innert vier Monaten nach Beendigung der Arbeiten eingetragen werden.

Es gibt dem Handwerker die Möglichkeit, die Versteigerung des Grundstücks zu verlangen und aus dem Erlös seine Forderung zu decken. Was bedeutet das für Sie als Stockwerkeigentümer?

Besonders beim Erwerb von neu erstelltem Stockwerkeigentum kann es passieren, dass der Bauherr die Handwerker nicht bezahlt und diese ein Pfandrecht auf der Liegenschaft errichten, obwohl Sie den vollen Kaufpreis entrichtet haben. Ein solches Pfandrecht geht im Verhältnis der Wertquoten auf die einzelnen Einheiten über. Sie müssen also – wenn Sie nicht die Zwangsversteigerung Ihrer Einheit riskieren wollen – einen entsprechenden Anteil an der Forderung des Handwerkers übernehmen, auch wenn Sie mit dem Kaufpreis bereits Ihren Anteil beglichen haben.

GUT ZU WISSEN *Mit einer Klausel im Kaufvertrag können Sie den Verkäufer verpflichten, Pfandrechte, die nach dem Verkauf zulasten Ihrer Wohnung eingetragen werden, abzulösen. Kommt er seiner Pflicht nicht nach, stellt dies eine Vertragsverletzung dar, und Sie können auf dem ordentlichen Klageweg die Ablösung des Pfandrechts durch den Verkäufer verlangen. Eine solche Klausel hilft allerdings wenig, wenn der Verkäufer selbst in finanzielle Not gerät und seinen Verpflichtungen nicht nachkommen kann. Verlangen Sie deshalb eine Bank- oder Versicherungsgarantie von ihm. Mit einer solchen Garantie verpflichtet sich die Bank respektive der Versicherer, Pfandrechte anstelle des zahlungsunfähigen Verkäufers abzulösen.*

Möglich ist auch der Rückbehalt eines grossen Teils des Kaufpreises, bis zumindest die für Bauhandwerkerpfandrechte geltende Anmeldefrist von vier Monaten abgelaufen ist. Dies könnte aber einen zusätzlichen Zinsaufwand mit sich bringen. Eine weitere Möglichkeit besteht darin, sich vom Verkäufer eine Erfüllungsgarantie aushändigen zu lassen. Allerdings sind die wenigsten Verkäufer dazu bereit.

Der Übergang von Nutzen und Gefahr

Unter dem Begriff «Nutzen» versteht man die Befugnis des Käufers, das von ihm erworbene Grundstück ab einem bestimmten Zeitpunkt zu gebrauchen; der Begriff «Gefahr» meint den Übergang des Preisrisikos. In puncto

Grundstückskaufvertrag enthält das Gesetz eine spezielle Regelung, wonach Nutzen und Gefahr grundsätzlich mit der Übernahme des Grundstücks durch den Käufer auf diesen übergehen (Art. 220 OR). Den Begriff der Übernahme definiert das Gesetz hingegen nicht. Deshalb wird der Übergang von Nutzen und Gefahr üblicherweise im Kaufvertrag geregelt.

 TIPP *Achten Sie darauf, dass in Ihrem Vertrag eine entsprechende Klausel enthalten ist. Andernfalls gehen Nutzen und Gefahr bereits mit dem Eintrag des Kaufvertrags im Grundbuch auf Sie über.*

Ab dem Zeitpunkt des Übergangs dürfen Sie den Nutzen aus Ihrer Einheit ziehen. Das bedeutet aber keineswegs, dass Sie auf diesen Termin hin die Liegenschaft beziehen können. Dies ist bei neu erstellten Objekten erst dann der Fall, wenn die im öffentlichen Recht festgelegten Sicherheitsvorschriften für Bauten erfüllt sind.

Nach Übergang der Gefahr können Sie, auch wenn die Liegenschaft untergeht oder in einer anderen Weise beschädigt oder unbrauchbar wird, vom Verkäufer keinen Schadenersatz und auch keine Reduktion des Kaufpreises mehr fordern – es sei denn, er hat den Schaden selbst verursacht. Spätestens ab diesem Zeitpunkt sollten Sie deshalb Ihre Eigentumswohnung versichern.

Das Datum richtig festlegen

Um allfälligen Verantwortlichkeiten auch im Hinblick einer Bauverzögerung vorzubeugen, empfiehlt es sich, bei neu erstellten Liegenschaften den Übergang von Nutzen und Gefahr frühestens auf den Zeitpunkt der baupolizeilichen Abnahme der Wohnung zu vereinbaren. Sonst kann es Ihnen passieren, dass Nutzen und Gefahr auf Sie übergehen, bevor das Objekt überhaupt bezugsbereit ist.

Kaufen Sie ein bei der Beurkundung bereits fertiggestelltes und abgenommenes Objekt, sollte der Übergang von Nutzen und Gefahr der Klarheit halber auf ein bestimmtes Datum und nicht allgemein auf den «Zeitpunkt der Übernahme» fixiert werden. Wann die massgebende Übernahme und damit die Besitzübergabe stattgefunden hat, ist im Nachhinein nämlich oft nicht mehr eindeutig auszumachen. In einem Schadenfall aber kann es auf einen Tag mehr oder weniger ankommen.

Konventionalstrafe vereinbaren

Damit in gewissen Situationen – beispielsweise bei der verspäteten Fertigstellung der neuen Wohnung – Diskussionen um die Höhe des Schadenersatzes gar nicht erst aufkommen, sollten Sie mit dem Verkäufer eine Konventionalstrafe vereinbaren für jeden Tag, um den sich die Übergabe Ihrer Eigentumswohnung verzögert. Diese sollte so hoch bemessen sein, dass allfällige Hotelkosten, die Auslagen fürs Zwischenlagern Ihrer Habseligkeiten oder zusätzliche Umzugskosten gedeckt sind. Zudem sollten Sie festhalten, dass Ihnen trotz Konventionalstrafe die Geltendmachung weiteren Schadens und die Durchsetzung aller Ihrer Ansprüche vorbehalten bleibt.

Sonderrecht und ausschliessliches Benutzungsrecht

Beim Erwerb von Stockwerkeigentum sollten Sie erstens sicherstellen, dass die Gebäude- und Grundstücksteile, die Ihnen gemäss Kaufvertrag zu Sonderrecht zustehen, im Begründungsakt oder mit späterer Zustimmung aller Stockwerkeigentümer tatsächlich zu Sonderrecht ausgeschieden wurden. Zweitens sollten Sie sich vergewissern, dass die Ihnen gemäss Kaufvertrag zustehenden ausschliesslichen Benutzungsrechte im Begründungsakt oder Reglement als solche definiert und Ihnen zugeschrieben sind.

GUT ZU WISSEN *Seit 1. Januar 2012 kann eine Änderung der reglementarischen Zuteilung ausschliesslicher Benutzungsrechte nur mit Zustimmung des direkt betroffenen Stockwerkeigentümers erfolgen (siehe Seite 20).*

Nur unter diesen Voraussetzungen ist gewährleistet, dass Ihre Wohnung und beispielsweise ein dazugehörender Sitzplatz Ihnen tatsächlich zur ausschliesslichen Nutzung zustehen.

TIPP *Verlangen Sie nebst dem Begründungsakt und dem Reglement auch alle Protokolle der bisherigen Stockwerkeigentümerversammlungen vom Verkäufer. Die darin festgehaltenen Rechte und Pflichten gelten auch für Sie.*

> **SPEZIALFALL AUTOABSTELLPLATZ**
> Autoabstellplätze können auf ganz unterschiedliche Weise zu den einzelnen Stockwerkeigentumseinheiten gehören: als ausschliessliches Benutzungsrecht, als Miteigentumsanteil oder als Dienstbarkeit. Überprüfen Sie, ob diese Zuordnung für Sie auch in Zukunft zweckmässig ist. ■

Der Baubeschrieb

Erwerben Sie eine Eigentumswohnung in einer noch im Bau befindlichen Liegenschaft, ist der Baubeschrieb ein wichtiger Bestandteil Ihres Kaufvertrags. Darin sind die Leistungen, die der Verkäufer zu erbringen hat, exakt beschrieben. Der Verkäufer schuldet Ihnen nur das, was darin aufgeführt ist – und nur in der dort genannten Qualität. Was nicht Bestandteil des Baubeschriebs ist, muss er nur gegen zusätzliche Vergütung leisten.

> **TIPP** *Stellen Sie sicher, dass der Baubeschrieb einen integrierenden Bestandteil Ihres Kaufvertrags bildet und dass alle mit dem Verkäufer vereinbarten baulichen Ausführungen darin verzeichnet sind. Haben Sie ein Recht auf freie Materialwahl und Mitbestimmung beim Innenausbau, sollten Sie sich beraten lassen bei der Frage, welcher Standard mit den im Baubeschrieb definierten Budgetposten möglich ist. Andernfalls könnten Ihnen grosse zusätzliche Kosten entstehen.*

Die Gewährleistung

Der Verkäufer einer Stockwerkeigentumseinheit muss gegenüber dem Käufer von Gesetzes wegen für die Mängelfreiheit des verkauften Objekts einstehen. Weist die von Ihnen erworbene Einheit Mängel auf, haben Sie gegenüber dem Verkäufer je nach Vereinbarung im Kaufvertrag verschiedene Mängelrechte:

- ■ **Gemäss Obligationenrecht:** Wurde nichts anderes vereinbart, richtet sich die Mängelhaftung nach den Bestimmungen zum Grundstückskaufvertrag im Obligationenrecht (Art. 216 bis 221 OR). Beim Kauf einer Wohnung ab Plan oder einer Wohnung, die vom Verkäufer noch umgebaut werden muss, kommt unter Umständen auch das Werkvertragsrecht (Art. 363 bis 379 OR) zum Zug. In beiden Fällen hat der Käufer die Pflicht, seine Wohnung möglichst rasch auf Mängel zu überprüfen und entdeckte Mängel sofort beim Verkäufer zu rügen. Je nach Situation kann er dann eine Preisreduktion (Minderung) oder – zumindest bei Werkvertragsrecht – eine Nachbesserung verlangen. In ganz extremen Fällen kann der Käufer vom Vertrag zurücktreten (Wandlung; zum Thema Mängelrechte siehe Seite 91).

■ **Nach SIA-Norm 118:** Die Gewährleistungsregeln des Obligationenrechts sind für Käufer sehr ungünstig: Die Fristen, innert deren Sie Mängel rügen und anschliessend die Mängelrechte durchsetzen müssen, sind äusserst kurz bemessen, und seine Ansprüche können leicht untergehen. Deshalb sollte man immer darauf achten, dass im Kaufvertrag die günstigeren Bestimmungen der SIA-Norm 118 als verbindlich erklärt werden.

> **GUT ZU WISSEN** *Vor allem beim Kauf ab Plan bringen die Käufer häufig Änderungswünsche am Innenausbau an: eine bessere Küche, ein Cheminée im Wohnzimmer. Bezüglich solcher Leistungen gilt dann nicht Kaufvertrags-, sondern Werkvertragsrecht, was vor allem Auswirkungen hinsichtlich der Mängelrechte hat (siehe Seite 91). Oft hört man in diesem Zusammenhang auch den Begriff «Generalunternehmervertrag»; dieser enthält also sowohl Elemente eines Kaufvertrags als auch solche eines Werkvertrags.*

Fallstricke beim Kauf ab Plan oder kurz nach Fertigstellung

Da Ihre Wohnung bei Kauf ab Plan vor Abschluss des Kaufvertrags noch gar nicht fertig gebaut ist, kann sie auch nicht besichtigt und auf Mängel überprüft werden. Deshalb sollten Sie vom Verkäufer eine viel umfassendere Gewährleistung verlangen.

Dasselbe gilt für fertiggebaute Stockwerkeigentumseinheiten bis zu einem Alter von fünf Jahren, denn in der Regel zeigen sich Baumängel in den ersten Jahren. Das Risiko, eine mangelhafte Einheit zu erwerben, ist also bei einem Neubau besonders hoch. Kommt hinzu, dass der Verkäufer meist selbst noch Gewährleistungsrechte gegenüber den Bauhandwerkern besitzt. Er wird deshalb viel eher bereit und in der Lage sein, Ihnen eine grosszügigere Regelung einzuräumen.

> **TIPP** *Die Prüfungs- und Rügefrist nach Obligationenrecht ist sehr kurz. Aber auch die zwei Jahre nach SIA-Norm 118 sind nicht gerade lang, und zudem muss ein versteckter Mangel, der später entdeckt wird, ebenfalls sofort gerügt werden. Versuchen Sie, diese Fristen mit einer Vereinbarung im Kaufvertrag zu verlängern. Möglich ist aber nur eine Erstreckung auf maximal zehn Jahre. Achten Sie auch darauf, dass nicht nur die Frist für die Rüge des Mangels, sondern auch die Verjährungsfrist erstreckt wird – diese beträgt nämlich, sofern keine anders lautende Vereinbarung besteht, nur fünf Jahre (siehe Seite 95).*

DIE SIA-NORM 118

SIA-Normen sind private Regelwerke, die der Schweizerische Ingenieur- und Architektenverein herausgibt. Für die Regelung von allfälligen Mängeln eines Bauwerks etwa kennt die SIA-Norm 118 wesentlich käuferfreundlichere Bestimmungen als das Obligationenrecht:

- Der Käufer kann die von ihm festgestellten Mängel innert einer Frist von zwei Jahren ab der Übergabe rügen und braucht nicht sofort nach der Entdeckung aktiv zu werden. Damit wird das Risiko, dass man seine Mängelrechte verwirkt, deutlich kleiner.
- Das OR verlangt von der Käuferin, dass sie einen gerügten Mangel beweist. Diese Beweislast wird in der SIA-Norm während der zweijährigen Rügefrist für sichtbare Mängel umgedreht: Der Unternehmer muss beweisen, dass kein Mangel vorliegt.
- Die SIA-Norm 118 räumt dem Verkäufer oder Unternehmer ausdrücklich ein Recht zur Nachbesserung ein, was für beide Parteien häufig die beste Art der Mängelbehebung ist (mehr dazu auf Seite 91).

Eine weitere Möglichkeit, die eigene Position als Käufer zu stärken, besteht darin, sich vom Verkäufer vertraglich von der Prüfung der Wohnung entbinden und berechtigen zu lassen, jederzeit während der gesamten Verjährungsfrist – die auf maximal zehn Jahre ausgedehnt werden kann – die Mängelrüge zu erheben.

Ob ein Verkäufer Garantiearbeiten bereitwillig übernimmt, hängt auch von seiner finanziellen Situation ab. Deshalb sollte man diese vor Vertragsabschluss immer überprüfen und, um ganz sicher zu sein, eine Verkäufergarantie verlangen. Dabei verbürgt sich eine Bank oder eine Versicherungsgesellschaft, für die Durchführung der gemäss Kaufvertrag geschuldeten Garantiearbeiten aufzukommen, falls der Verkäufer aus irgendeinem Grund dazu nicht in der Lage ist. Die Verkäufergarantie ist in der Regel während der ersten zwei Jahre nach dem Verkauf gültig.

Eine für den Verkäufer nicht besonders attraktive Möglichkeit ist der Garantierückbehalt. Wurde im Kaufvertrag ein solcher Rückbehalt vereinbart, kann der Käufer eine gewisse Summe – meist rund fünf Prozent des Rechnungsbetrags – zurückbehalten, bis Mängel, die in der Garantiefrist zum Vorschein kommen, behoben sind. Lässt der Verkäufer die Mängel nicht beheben, kann der Käufer das zurückbehaltene Geld dafür einsetzen.

ACHTUND *Immer wieder versuchen Verkäufer auch bei neuen Objekten, die Gewährleistung im Kaufvertrag einzuschränken oder gar auszuschliessen. Wenn Sie überhaupt auf solche Klauseln eingehen wollen, sollten Sie sie unbedingt von einem Sachverständigen kontrollieren lassen. Ist ein Gebäude allerdings mehr als fünf Jahre alt, ist ein Ausschluss der Gewährleistung die Regel.*

Abtretung der Garantieansprüche: eine heikle Sache
In Kaufverträgen über neue Eigentumswohnungen findet sich häufig die Formulierung, der Verkäufer trete seine Mängelrechte, die ihm als Besteller gegenüber den einzelnen Handwerkern zustehen, an die Käuferin ab. Eine solche Regelung wirkt auf den ersten Blick sehr elegant und für die Käuferin äusserst interessant, doch sie birgt eine Reihe von Stolpersteinen:
- Gemäss der geltenden Rechtsprechung kann der Verkäufer seine Mängelrechte nur unvollständig auf den Käufer übertragen, das heisst, er kann ihm nur das Nachbesserungsrecht und das Recht auf den Ersatz von Mangelfolgeschäden abtreten, nicht aber die Minderungs- und Wandlungsrechte (mehr zu den einzelnen Rechten auf Seite 91).
- In der Regel kennen Käufer die zwischen den Handwerksfirmen und dem Verkäufer abgeschlossenen Verträge nicht. Folglich wissen sie auch nicht, welche Regelungen darin in puncto Mängel festgehalten wurden. Wenn sie sich diese Verträge oder die Garantiescheine der Handwerker nicht einzeln aushändigen lassen, kaufen sie die Katze im Sack. Daran ändert auch die Pflicht des Verkäufers nichts, den Käufer im Streitfall

mit einer Handwerksfirma zu unterstützen und ihm alle für die Durchsetzung seiner Ansprüche benötigten Unterlagen auszuhändigen.
- Käufer wissen meist nicht, wann die einzelnen Handwerker ihre Arbeit abgeschlossen und das Werk dem Verkäufer übergeben haben. Doch mit dieser Übergabe beginnt die Laufzeit der Gewährleistungsfristen. Und weil dieser Zeitpunkt bereits vor der Eigentumsübertragung liegt, werden die Fristen für den Käufer noch kürzer, als sie ohnehin schon sind.
- Der Käufer muss sich bei einer Abtretung der Garantieansprüche um jeden einzelnen Mangel selbst kümmern, allenfalls mit mehreren Handwerkern herumstreiten und sein Recht nötigenfalls gegenüber jedem von ihnen gerichtlich durchsetzen. Dies kann sehr zeitintensiv und kostspielig werden. Zudem haben Handwerksfirmen meistens wesentlich weniger Interesse, einer Privatperson einen perfekten Service zu bieten, als einem grösseren Unternehmer, von dem sie unter Umständen wieder einen Auftrag erwarten dürfen.
- Es besteht immer das Risiko, dass eine am Bau beteiligte Firma in Konkurs geht und Mängelrechte dadurch nicht mehr durchgesetzt werden können. Dieses Risiko trägt der Käufer im Falle einer Gewährleistungsabtretung selbst.
- Mit der Abtretung der Mängelrechte an die einzelnen Stockwerkeigentümer wird der einheitliche Werkvertrag für ein Werk – nämlich für das ganze Gebäude, das sich unter Umständen kaum unterteilen lässt – aufgespalten. Das kann den Käufer bei der Wahrnehmung seiner Mängelrechte behindern und diese Rechte unter Umständen auch schmälern. Ein undichtes Dach beispielsweise betrifft zwar alle, aber nicht alle gleich stark – wer streitet dann mit den Handwerkern?

Alles in allem ist die Abtretung der Gewährleistungsansprüche für Sie als Käufer wenig vorteilhaft. Wenn immer möglich sollten Sie deshalb einer solchen Klausel im Vertrag nicht zustimmen. Allerdings dürfen Sie sich keine Illusionen machen: Gerade bei gefragten Stockwerkeigentumswohnungen sind die Verkäufer in solchen Fragen oft nicht diskussionsbereit.

Die Gewährleistung beim Kauf einer älteren Wohnung
Beim Erwerb einer älteren Stockwerkeigentumseinheit sind die Gewährleistungsrechte – ähnlich wie beim Kauf eines Gebrauchtwagens – beschränkt.

Die Bezeichnung «älter» bezieht sich auf eine Wohnung, die vor mehr als fünf Jahren gebaut wurde und für die auch der Verkäufer gegenüber den Handwerkern keine Gewährleistungsansprüche mehr hat. In einem solchen Fall wird meist ein Kauf «wie besehen» vereinbart. Dann geht die Instandsetzung des abblätternden Türrahmens oder der alten, zu wenig abgesicherten Stromleitung in der Wohnung zu Ihren Lasten – Sie haben die Wohnung in dem Zustand gekauft, in dem sie bei der Besichtigung war. Der Verkäufer haftet nur noch für arglistig verschwiegene Mängel.

TIPP *Haben Sie mit dem Verkäufer die Ausbesserung einzelner Mängel vor der Übernahme vereinbart oder wurden kurz vor dem Kauf Renovationsarbeiten ausgeführt, sollten Sie dafür auf Ihren Gewährleistungsansprüchen bestehen.*

Die Übergabe der Stockwerkeinheit

Nachdem Sie sich während Monaten mit Besichtigungen, Berechnungen und rechtlichen Fragen auseinandergesetzt haben, ist es endlich so weit: Der Verkäufer übergibt Ihnen Ihre Wohnung. Doch trotz Champagnerstimmung und Feierlaune lohnt es sich, bei der Übergabe kritisch zu sein und ein Auge auf Mängel zu richten.

Die Wohnungsabnahme

Häufig gehen mit der Übergabe der Stockwerkeigentumseinheit auch Nutzen und Gefahr auf den Käufer über. Zudem beginnen mit der Übergabe möglicherweise die Mängelfristen zu laufen. Eine genaue Prüfung lohnt sich also.

Gehen mit der Wohnung auch Nutzen und Gefahr auf Sie als Käufer über, heisst das, dass Sie selbst aufkommen müssen für die Behebung aller Mängel oder deren Ursachen, die zu diesem Zeitpunkt noch nicht bestanden haben. Wurde dies im Kaufvertrag so vereinbart, beginnen mit der Übergabe auch die Gewährleistungsfristen im Hinblick auf Mängel.

Die Wohnung gründlich prüfen

Als Erstes müssen Sie Ihr neues Heim deshalb einer gründlichen Überprüfung auf Mängel unterziehen. Diese Prüfungspflicht bezieht sich nur auf Mängel, die einer durchschnittlichen, aufmerksamen Käuferin bei der Kontrolle auffallen müssen. Sie sind also nicht verpflichtet, Fachleute beizuziehen.

Wie viel Zeit Ihnen zur Verfügung steht, um Ihre Wohnung auf Mängel überprüfen zu können, hängt von den Vereinbarungen in Ihrem Kaufvertrag ab (siehe Seite 80):

- Finden die Bestimmungen des Obligationenrechts Anwendung, müssen Sie die Prüfung vornehmen, «sobald es nach dem üblichen Geschäftsgang tunlich ist». Diesen Zeitpunkt müsste im Streitfall das Gericht bestimmen. Wenn Sie nicht riskieren wollen, dass Sie Ihre Mängelrechte verlieren, sollten Sie Ihre Wohnung auf jeden Fall so schnell wie möglich kontrollieren. Entdecken Sie später noch einen Missstand, können Sie diesen nur geltend machen, wenn es sich um einen versteckten oder arglistig verschwiegenen Mangel handelt.
- Wurde die SIA-Norm 118 als verbindlich erklärt, haben Sie zwei Jahre Zeit. Vor Ablauf dieser Garantiefrist führen Käufer und Verkäufer in der Regel eine gemeinsame Begehung durch und protokollieren allfällige Mängel.

Ob nach zwei Jahren oder direkt bei der Übergabe – bestehen Sie darauf, dass eine eigentliche Wohnungs- respektive Garantieabnahme wie folgt durchgeführt wird: Sie gehen mit dem Verkäufer durch alle Räume und listen sämtliche Mängel in einem Protokoll auf. Dieses Protokoll wird von Ihnen und vom Verkäufer unterschrieben. Sind Sie sich in bestimmten Punkten nicht einig, ob es sich um Mängel handelt oder nicht, sollten Sie die Situation mit Notizen, Fotos und Ähnlichem möglichst detailliert dokumentieren. Auch Mängel, die nach Aussage des Verkäufers von selbst verschwinden – beispielsweise Feuchtigkeitsflecken in einem Neubau –, gehören mit einem entsprechenden Vermerk ins Protokoll.

ACHTUNG *Mängel, die Sie entdecken, aber nicht im Protokoll aufführen, gelten als von Ihnen genehmigt. Sie können nachträglich nicht mehr verlangen, dass der Verkäufer sie auf seine Kosten ausbessert.*

Mängel entdeckt – was nun?

Handelt es sich bei einem feinen Riss um einen Mangel? Kann man beanstanden, dass die Wände mit Raufasertapete statt Verputz verkleidet sind? Ein Mangel liegt dann vor, wenn die Wohnung nicht so gebaut wurde, wie es der Verkäufer zugesichert hat oder wie es zu erwarten wäre.

Kaufverträge sind komplexe Vertragswerke; es ist unmöglich, darin alle Eigenschaften, die eine Wohnung aufweisen sollte, exakt zu umschreiben. Lassen Sie sich deshalb nicht einfach abspeisen mit der Ausrede, das, was Sie beanstanden oder vermissen, sei laut Vertrag gar nicht geschuldet. Auch ohne spezielle vertragliche Regelung muss Ihre Wohnung so gebaut sein, dass sie sowohl bautechnischen Ansprüchen als auch den Erwartungen einer vernünftigen Drittperson entspricht. Was die Materialien und die handwerklichen Leistungen angeht, haben Sie, sofern nichts anderes vereinbart wurde, Anspruch auf durchschnittliche Qualität.

Die Mängelrüge

Haben Sie bei der Prüfung Ihrer Wohnung Mängel festgestellt, müssen Sie diese beim Verkäufer rügen. Damit bringen Sie zum Ausdruck, dass Sie den Verkäufer für den Mangel haftbar machen wollen. Die Dauer der Rügefrist hängt davon ab, welche Art von Gewährleistung Sie in Ihrem Kaufvertrag vereinbart haben (siehe Seite 80).

- Richtet sich die Gewährleistung nach OR, müssen Sie «sofort» rügen. Das bedeutet, dass Sie genug Zeit haben müssen, um den Kaufvertrag oder einen Baubeschrieb zu konsultieren und wenn nötig eine Fachperson beizuziehen, damit Sie sich vergewissern können, ob tatsächlich ein Mangel vorliegt. Um aber nicht wegen Verspätung Ihre Mängelrechte zu verlieren, sollten Sie die Rüge so schnell wie möglich abschicken.
- Gilt die SIA-Norm 118 und wird eine Begehung mit Mängelprotokoll durchgeführt, ist eine ausdrückliche Rüge der ins Protokoll aufgenommenen Mängel nicht mehr nötig. Sind sie dort nicht enthalten, müssen Sie einen Rügebrief verfassen und ihn vor Ablauf der zweijährigen Garantiefrist abschicken. Mängel, die danach auftreten, sind sofort zu rügen.

Nicht rechtzeitig gerügte Mängel sind verwirkt. Das heisst, der Verkäufer oder Handwerker haftet nicht mehr dafür – selbst wenn allen klar ist, dass nachlässig gearbeitet wurde.

 ACHTUNG *Sie müssen im Streitfall beweisen können, dass Sie Ihre Mängelrüge rechtzeitig erhoben haben. Deshalb sollten Sie die Rüge immer schriftlich verfassen und aus Beweisgründen entweder eingeschrieben verschicken oder ein Doppel davon vom Verkäufer unterschreiben lassen. Beschreiben Sie den gerügten Mangel so, dass der Empfänger erkennen kann, worum es geht und was Sie von ihm fordern (siehe Muster rechts).*

Findet sich im Kaufvertrag eine Klausel, dass der Verkäufer seine Gewährleistungsansprüche an den Käufer abgetreten habe, muss dieser die einzelnen Mängel bei den Handwerksfirmen rügen, die die entsprechenden Arbeiten durchgeführt haben (siehe auch Seite 83). Lässt sich nicht eindeutig feststellen, wen die Schuld an einem Mangel trifft, oder sind mehrere Firmen daran beteiligt, muss der Käufer alle möglichen Verursacher einzeln rügen.

MUSTER: MÄNGELRÜGE

Petra M.
Alte Landstrasse 20
4566 Kriegstetten

EINSCHREIBEN

Wohnbau & Verkauf AG
Postfach 234
4500 Solothurn

Kriegstetten, 11. März 2013

Mängelrüge

Sehr geehrte Damen und Herren

Bei der genauen Kontrolle meiner Wohnung (alte Landstrasse 20, erster Stock) habe ich festgestellt, dass der Fensterrahmen im Schlafzimmer nicht sauber ins Mauerwerk eingefugt ist. In der linken unteren Ecke klafft ein etwa zehn Zentimeter langer und bis zu fünf Zentimeter breiter Riss.

Da durch solche Risse Feuchtigkeit ins Mauerwerk dringt, kann ich diesen Mangel nicht akzeptieren. Ich bitte Sie, in den nächsten Tagen vorbeizukommen, sich die Sache anzusehen und den Mangel möglichst rasch beheben zu lassen. Bitte rufen Sie mich an, damit wir einen Termin ausmachen können.

Freundliche Grüsse

Petra M.

Die Mängelrechte

Haben Sie die Mängel rechtzeitig gerügt, können Sie beim Verkäufer Ihre Mängelrechte einfordern – es sei denn, in Ihrem Vertrag ist die Gewährleistung ausdrücklich ausgeschlossen. In der Regel haben Sie Anspruch auf Nachbesserung, Minderung oder Nachbesserung:

- **Nachbesserung:** Sie können vom Verkäufer verlangen, dass er nachbessert, den Mangel also behebt. Dieses Recht haben Sie auf jeden Fall dann, wenn in Ihrem Kaufvertrag die SIA-Norm 118 als verbindlich erklärt wurde (siehe Seite 82). In diesem Fall steht Ihnen zunächst sogar nur dieser Anspruch zu. Inwieweit Ihnen auch nach OR ein Nachbesserungsrecht zusteht, ist in der Rechtslehre umstritten und im Einzelfall zu prüfen. Die Nachbesserung ist für beide Seiten meist die befriedigendste und einfachste Lösung. Wenn Sie bei der Abnahme Ihrer Wohnung feststellen, dass an einigen Stellen die Übergänge von der Wand zur Decke nicht sauber gestrichen sind, besteht die einfachste Lösung zur Behebung dieses Mangels darin, sie nochmals vom Maler streichen zu lassen. Versuchen Sie, sich mit dem Verkäufer darauf zu einigen.

- **Minderung** respektive das Recht auf Minderung bedeutet, dass der Käufer Anspruch darauf hat, dass Verkäufer den Kaufpreises um den Minderwert der mangelhaften Sache reduziert. Die Höhe des Minderwerts entspricht im Normalfall den mutmasslichen Reparaturkosten. Die Minderung ist sowohl in der SIA-Norm 118 als auch im OR geregelt. Wurde die Anwendung der SIA-Norm vereinbart, steht Ihnen dieses Recht erst zu, wenn der Verkäufer den Mangel nicht nachgebessert hat. Minderung kommt zum Tragen, wenn eine Nachbesserung nicht möglich oder zu aufwendig wäre. Ein Kratzer im Chromstahl ist zwar hässlich, doch wird deswegen kaum die ganze Spülkombination herausgerissen und ersetzt. Die Preisreduktion fällt zudem häufig sehr gering aus. Deshalb ist Minderung oft keine befriedigende Lösung.
- **Wandlung** bedeutet Vertragsaufhebung und wird durch eine einseitige Willenserklärung des Käufers ausgelöst. Das Recht auf Wandlung – nach SIA-Norm 118 und nach OR – steht Ihnen nur dann zu, wenn es in Würdigung sämtlicher Umstände nicht zumutbar ist, dass Sie die Wohnung übernehmen oder behalten. In diesem Fall muss Ihnen der Verkäufer den bereits gezahlten Preis samt Zinsen zurückerstatten und das Grundstück fällt an ihn zurück: eine allerdings sehr seltene Situation.

Mangelfolgeschäden
Ein Mangel an Ihrer Eigentumswohnung kann Ihnen unter Umständen weiteren Schaden verursachen. Etwa wenn Sie während der Reparaturarbeiten im Hotel wohnen müssen oder wenn Ihr antiker Sekretär durch eindringendes Wasser beschädigt wird. Solche direkt mit dem Mangel in Zusammenhang stehenden Folgeschäden können Sie, sofern den Verkäufer ein Verschulden trifft, sowohl nach OR als auch nach SIA-Norm 118 zusätzlich geltend machen.

> **MUSTER: ANSETZUNG EINER NACHFRIST**
>
> Petra M.
> Alte Landstrasse 20
> 4566 Kriegstetten
>
> EINSCHREIBEN
>
> Wohnbau & Verkauf AG
> Postfach 234
> 4500 Solothurn
>
> Kriegstetten, 16. Mai 2013
>
> **Mängelrüge betreffend Fensterrahmen vom 11. März 2013**
>
> Sehr geehrte Damen und Herren
>
> Mit Mängelrüge vom 11. März 2013 habe ich Sie über die mangelhafte Einfugung des Fensterrahmens in meinem Schlafzimmer in Kenntnis gesetzt. Gleichzeitig habe ich Sie aufgefordert, den Mangel möglichst rasch zu beheben. Seither habe ich aber nichts von Ihnen gehört.
>
> Da durch den beschriebenen Spalt nunmehr Wasser in mein Schlafzimmer eindringt, setze ich Ihnen eine letzte Nachfrist von drei Wochen – das heisst bis spätestens am 6. Juni 2011 –, um den Mangel zu beheben. Sollten Sie auch dieser letzten Aufforderung nicht nachkommen, werde ich von meinem Recht auf Ersatzvornahme mit Kostenvorschusspflicht zu Ihren Lasten Gebrauch machen.
>
> Freundliche Grüsse
>
> Petra M.

Ersatzvornahme: wenn der Verkäufer den Mangel nicht behebt

Haben Sie Anspruch auf Nachbesserung eines Mangels und kommt der Unternehmer seiner Pflicht nicht nach, gelangt er «in Verzug». Vertröstet Sie also ein Unternehmer immer wieder, «vergisst» er Termine und zeigt er keine Bereitschaft, den Mangel zu beheben, können Sie ihm eine Nachfrist ansetzen und die sogenannte Ersatzvornahme androhen. Aus Beweisgründen sollten Sie Ihren Brief eingeschrieben verschicken.

Lässt der säumige Unternehmer auch diese Nachfrist ungenutzt verstreichen, können Sie die Behebung des Mangels – auf seine Kosten – von einer anderen Firma ausführen lassen. Das Bundesgericht hat zudem festgehalten, dass der Unternehmer, der die Nachbesserung verweigert, dem Drittunternehmer für die Ersatzvornahme einen Kostenvorschuss leisten muss (BGE 128 III 416).

Weigert sich der säumige Unternehmer, den Kostenvorschuss oder die Rechnung der Drittfirma zu begleichen, müssen Sie den Betrag auf dem Rechtsweg einfordern.

MUSTER: MITTEILUNG DER ERSATZVORNAHME

Petra M.
Alte Landstrasse 20
4566 Kriegstetten

EINSCHREIBEN

Wohnbau & Verkauf AG
Postfach 234
4500 Solothurn

Kriegstetten, 27. Juni 2013

Mängelrüge betreffend Fensterrahmen vom 11. März 2013
Meine Nachfristansetzung vom 16. Mai 2013
Ersatzvornahme und Aufforderung zur Vorschussleistung

Sehr geehrte Damen und Herren

Mit Mängelrüge vom 11. März 2013 habe ich Sie über die mangelhafte Einfugung des Fensterrahmens in meinem Schlafzimmer in Kenntnis gesetzt und Sie aufgefordert, den Mangel zu beheben. Am 16. Mai habe ich Ihnen sodann eine letzte Frist zur Vornahme der nötigen Arbeiten gesetzt und Ihnen die Ersatzvornahme angedroht.

Nachdem Sie auch diese letzte Frist unbenutzt haben verstreichen lassen, teile ich Ihnen mit, dass der Mangel durch die AAB Kundenmaurer AG behoben wird. Ich fordere Sie auf, dieser Firma einen Kostenvorschuss von 5000 Franken zu überweisen. Ein Einzahlungsschein liegt bei.

Freundliche Grüsse

Petra M.

Beilage: Einzahlungsschein der AAB Kundenmaurer AG

Achtung, Verjährung!

Macht der Verkäufer trotz rechtzeitiger Rüge keine Anstalten, einen Mangel zu beheben, und verstreicht immer mehr Zeit, sollten Sie dafür sorgen, dass Ihr Anspruch nicht verjährt. Denn wenn die Verjährungsfrist abgelaufen ist, kann der Verkäufer die Garantiearbeiten verweigern, obwohl er sie Ihnen eigentlich schuldet. Sie können Ihre Mängelrechte dann auch vor Gericht nicht mehr durchsetzen – selbst wenn Sie über alle nötigen Beweismittel verfügen.

 INFO *Die Verjährungsfrist für Mängelrechte aus dem Kauf von Grundstücken und damit auch von Stockwerkeigentum beträgt gemäss OR fünf Jahre. Dasselbe gilt, wenn die SIA-Norm 118 als verbindlich erklärt wurde. Im Kaufvertrag kann die Verjährungsfrist auf maximal zehn Jahre verlängert werden. Hat der Verkäufer Mängel absichtlich verschwiegen, beträgt die Verjährungsfrist dafür sowohl nach OR wie auch nach SIA-Norm 118 zehn Jahre.*

Wann eine Verjährungsfrist beginnt, hängt davon ab, welche Art Mängelhaftung vereinbart wurde:
- Wurde nichts Spezielles vereinbart und musste der Verkäufer auch keine speziellen Um- oder Ausbauten für Sie vornehmen, haftet er nach den Regeln des Kaufvertragsrechts im OR. Die Verjährungsfrist beginnt mit dem Übergang des Wohneigentums an Sie, das heisst ab dem Eintrag im Grundbuch.
- Hat der Verkäufer noch Um- oder Ausbauarbeiten ausgeführt und wurde dazu nichts Spezielles vereinbart, beginnt die Verjährung für diese Arbeiten dann, wenn der Verkäufer Ihnen den Umbau übergibt. Für den ganzen Rest der Wohnung läuft die Verjährung ab Eigentumsübergang, also ab Eintrag im Grundbuch.
- Wurde die SIA-Norm 118 vereinbart, beginnt die Verjährungsfrist mit der Abnahme der Wohnung durch Sie, also mit der Übergabe.
- Hat Ihnen der Verkäufer seine Mängelrechte gegenüber den Handwerkern abgetreten, setzt der Fristenlauf der Verjährung dann ein, wenn der Verkäufer oder Sie den von den einzelnen Bauhandwerkern erstellten Werkteil abnehmen.

Verjährung unterbrechen

Wird die Zeit knapp, müssen Sie die Verjährungsfristen unterbrechen. Ab dem Zeitpunkt der Unterbrechung beginnt dann wieder eine neue Frist. Wird also die fünfjährige Verjährungsfrist für einen Kauf vom August 2008 nach drei Jahren, am 22. August 2011, unterbrochen, beginnt die Frist zu diesem Zeitpunkt wieder neu, und die Verjährung tritt erst am 22. August 2016 ein.

 ACHTUNG Ein Mahnschreiben reicht für die Unterbrechung der Verjährung nicht aus. Dazu braucht es eine Schuldbetreibung, die Einreichung eines Gesuchs beim Friedensrichter, die Klage vor einem Gericht oder Schiedsgericht oder eine Eingabe im Konkurs.

Wenn es um Mängel beim Wohneigentum geht, werden vor allem zwei Wege eingeschlagen:

- **Verzicht auf Einrede der Verjährung:** Sie verlangen vom Verkäufer oder von den beteiligten Handwerkern eine schriftliche Bestätigung, die folgende Formulierung enthalten sollte: «Wir erklären gegenüber Frau Z., bei einer allfälligen Auseinandersetzung über den Mangel XY bis ... auf die Einrede der Verjährung zu verzichten. Dieser Verzicht beinhaltet aber weder eine grundsätzliche noch massliche Anerkennung einer Rechtspflicht und steht unter dem Vorbehalt, dass eine Verjährung bis zum heutigen Zeitpunkt nicht eingetreten ist. Sämtliche übrigen Einreden bleiben vorbehalten.» Damit hat der Verkäufer zwar nicht den Mangel anerkannt, aber er kann sich nicht mehr auf die Verjährung berufen.
- **Schlichtungsverfahren:** Weigert sich der Verkäufer, auf die Einrede der Verjährung zu verzichten, können Sie ihn vor den Friedensrichter ziehen und dort die Behebung der gerügten Mängel verlangen. Mit der Einleitung dieses Schlichtungsverfahrens wird die Verjährungsfrist unterbrochen.

INFO Gemäss einem Bundesgerichtsentscheid unterbricht eine Betreibung des Verkäufers die Verjährungsfrist für Baumängel zumindest bei der Nachbesserung nicht (unveröffentlichtes Urteil vom 5. September 2002, 4C.258/2001). Wird eine Verjährungsunterbrechung notwendig, lohnt es sich, eine Fachperson beizuziehen, um einschneidende Rechtsverluste zu vermeiden.

Wer haftet wofür?

Bis Sie die Stockwerkeigentumswohnung übernehmen können, haben viele Akteure ihre Hände im Spiel: der Verkäufer, Bauhandwerker und Architekten.

Wer hat für einen Mangel einzustehen? Können Sie den Verkäufer in die Verantwortung nehmen, oder muss der Handwerker dafür geradestehen? Und wie sieht es mit der Haftung des Architekten aus?

Die Haftung des Verkäufers

Hat der Verkäufer seine Gewährleistungsansprüche gegenüber den Handwerkerfirmen nicht an Sie abgetreten (siehe Seite 83) und ist im Kaufvertrag auch sonst nichts anderes festgehalten, ist er vollumfänglich für die Mängelfreiheit Ihrer Stockwerkeigentumswohnung verantwortlich. Zur Mängelfreiheit gehört nicht nur, dass die Handwerkerleistungen und die verwendeten Materialien von durchschnittlicher Qualität sind, sondern auch, dass die Wohnung nach den vorgelegten Plänen und den dort verzeichneten Massen gebaut wurde.

Ebenso haftet der Verkäufer dafür, dass Ihnen die versprochenen Rechte eingeräumt werden. Dazu gehört natürlich in erster Linie seine Pflicht, dafür zu sorgen, dass Sie als neuer Eigentümer der Wohnung im Grundbuch eingetragen werden. Zudem ist der Verkäufer dafür verantwortlich, dass Sie die übrigen «mitgekauften» Rechte – beispielsweise das ausschliessliche Benutzungsrecht an Ihrem Parkplatz – wirklich erhalten. Und schliesslich muss er Ihnen den Besitz, also die tatsächliche Herrschaft, über die Wohnung verschaffen. Ist die Wohnung beispielsweise ohne Ihr Wissen vermietet und zieht der Mieter auf den vereinbarten Bezugstermin nicht aus, haftet der Verkäufer für den daraus entstehenden Schaden.

INFO *Welche Haftungsnormen angerufen werden können und welche Ansprüche Ihnen zustehen, hängt sehr von den Formulierungen in Ihrem Kaufvertrag ab. Besonders schwierig wird es dann, wenn* *der Verkäufer Ihnen im Kaufvertrag seine Gewährleistungsansprüche abgetreten hat (siehe Seite 83). Je nach Formulierung dieser Klausel und je nach Mangel können Sie ihn aber unter Umständen dennoch belangen. Lassen Sie sich unbedingt von einem Baujuristen beraten.*

Die Haftung der Bauhandwerker

Wurde nichts anderes vereinbart, sind die Handwerker verpflichtet, mindestens eine durchschnittliche Handwerksleistung zu erbringen und dabei Materialien von durchschnittlicher Qualität zu verwenden. Als Massstab werden häufig die Normen des Schweizer Ingenieur- und Architektenvereins SIA herangezogen.

Mit einzelnen Bauhandwerkern haben Sie dann zu tun, wenn Ihnen der Verkäufer seine Gewährleistungsansprüche im Kaufvertrag abgetreten hat (siehe Seite 83) oder wenn Sie beispielsweise den Küchenbauer direkt beauftragen, weil Sie eine andere Küche als die vom Verkäufer vorgesehene eingebaut haben wollen. Auch ein vom Verkäufer beauftragter Handwerker, der bei seiner Arbeit einen Schaden anrichtet – beispielsweise der Maler, der einen Eimer Farbe auf Ihrem teuren Perserteppich ausschüttet –, haftet Ihnen gegenüber direkt. In all diesen Fällen müssen Sie Ihre Mängelrechte selbst durchsetzen.

Handwerker haften in der Regel nach Werkvertragsrecht oder nach den SIA-Normen. Erste Hinweise, wie Sie vorgehen können, finden Sie auf Seite 89.

Hat Ihnen der Verkäufer seine Gewährleistungsansprüche abgetreten, müssen Sie sich den Vertrag mit den Handwerksfirmen von ihm aushändigen lassen und darin nachsehen, welche Mängelrechte vereinbart wurden.

Die Haftung des Architekten

Dem Architekten kommt beim Bauen eine zentrale Bedeutung zu. Er verfasst in Regel nicht nur die Pläne, sondern kümmert sich auch um den Kostenvoranschlag, die Auswahl der Handwerker und die Terminierung. Ausserdem berät er die Bauherrschaft bei Vertragsabschlüssen. Angesichts dieser vielfältigen Aufgaben hat der Architekt nicht nur für die Richtigkeit der Pläne einzustehen; seine Verantwortung geht viel weiter als landläufig angenommen wird. Das kann für Sie vor allem dann wichtig werden, wenn Sie den Bau Ihrer Eigentumswohnung massgebend mitbestimmen oder den Innenausbau gar auf eigene Rechnung vornehmen.

In der Praxis sind folgende von Architekten verursachte Fehler Anlass für Streitigkeiten:
- falsche Schätzung der Baukosten
- falsche Beratung beispielsweise bei der Erstellung von Bauausschreibungen, Baudokumentationen oder Bauverträgen
- mangelhafte Kontrolle der Bauausführung und der Bauabrechnung
- mangelhafte Vergabe der Aufträge für den Bauherrn
- Planungsfehler bei der Erstellung der Planunterlagen und bei der Bauausführung

Haftung gemäss SIA-Norm 102

Meist wird in einem Architektenvertrag die SIA-Norm 102 als verbindlich erklärt. Sie regelt die Aufgaben des Architekten und seine Stellung gegenüber dem Bauherrn. Bezüglich Haftung sagt die SIA-Norm 102 lediglich, dass der Architekt für die verschuldet fehlerhafte Auftragserfüllung einzustehen hat. Nach welchen Bestimmungen er haftet und welche Ansprüche der Auftraggeber geltend machen kann, regelt die Norm hingegen nicht. Dafür muss auf das Obligationenrecht zurückgegriffen werden. Das ist deshalb unglücklich, weil es sich beim Architektenvertrag um ein gemischtes Vertragsverhältnis handelt. Je nach Art der Leistung, die der Architekt erbringt, kommen entweder die Bestimmungen über den Werkvertrag oder diejenigen über den Auftrag zum Zug. Damit nicht genug: Auch die Frage, welche Architektenleistungen zum Werkvertrags- und welche zum Auftragsrecht gehören, wird von den Juristen unterschiedlich beantwortet.

Wie und wann Sie bei der Entdeckung von Fehlern des Architekten zu reagieren haben, hängt also einerseits vom Vertrag ab, den Sie mit dem Architekten abgeschlossen haben (bzw. den der Verkäufer abgeschlossen hat), anderseits von der Architektenleistung.

> **TIPP** *Angesichts der äusserst komplexen rechtlichen Situation sollten Sie sich, wenn es um Fragen der Architektenhaftung geht, unbedingt von einer Fachperson beraten lassen. Rügen Sie einen entdeckten Mangel aber auf jeden Fall sofort.*

Leben in der Gemeinschaft

Die wichtigste Basis für das Zusammenleben innerhalb einer Stockwerkeigentümergemeinschaft bildet das Reglement. Es präzisiert die Rechte und Pflichten der Eigentümer, die im Gesetz vorgesehen sind. Einen grossen Einfluss hat aber auch der Verwalter, der einiges zum reibungslosen Ablauf beitragen kann.

Grundlagen des Zusammenlebens

Leben als Stockwerkeigentümer heisst Leben in einer Gemeinschaft. Und wie in jeder Gemeinschaft müssen sich die Mitglieder an gewisse Regeln halten.

Die Regeln des Zusammenlebens in der Stockwerkeigentümergemeinschaft finden sich erstens im Reglement über die Verwaltung und Benutzung der Liegenschaft, zweitens in der Hausordnung und schliesslich im Gesetz.

Wie das folgende Beispiel zeigt, ist es wichtig, dass Sie Ihre Rechte und Pflichten innerhalb der Stockwerkeigentümergemeinschaft kennen.

SVEN O. UND CLAUDIA M. besitzen je eine Eigentumswohnung in der Stockwerkeigentümergemeinschaft «Hochstrasse 10». Herr O., der aus dem kühlen Schweden stammt, empfindet die Schweizer Temperaturen im Sommer als schrecklich heiss. Er beschliesst, zumindest für seine Wohnung Abhilfe zu schaffen, und installiert auf dem Balkon ein Klimagerät. Dabei durchbohrt er die Aussenwand, damit die Kühle in die Räume und die Wärme nach draussen gelangen kann. Mit diesem Vorgehen ist Frau M. jedoch gar nicht einverstanden: Erstens sieht sie als Sizilianerin den Sinn und Zweck einer Klimaanlage in der kühlen Schweiz nicht ein, zweitens findet sie das Gerät, das sie nun jeden Tag anschauen muss, absolut hässlich, und drittens stört sie das Surren der Anlage, wenn sie auf ihrem Balkon sitzt. Trotz mehrerer Gespräche finden Frau M. und Herr O. keine Lösung. Die übrigen Stockwerkeigentümer halten sich dezent zurück. Einige sind zwar der Meinung, Frau M. sei sehr kleinlich, vor allem wenn man bedenke, dass ihre Kinder auch nicht gerade die ruhigsten seien – andere empfinden es als eine Frechheit, dass Herr O., ohne Rücksprache ein lärmiges und energiefressendes Gerät installiert hat. Die Situation droht zu eskalieren.

Das Reglement

Die wichtigste Grundlage des Zusammenlebens im Stockwerkeigentum ist das Reglement. Die Bestimmungen darin haben Vorrang vor den gesetzlichen Vorschriften – mit Ausnahme der zwingenden gesetzlichen Bestimmungen, die auch im Reglement nicht geändert werden dürfen (siehe Kasten).

Zudem besteht kein direkter Anspruch darauf, dass das Reglement eingehalten wird. Daher können Sie auch nicht direkt auf Einhaltung des Reglementes klagen (Bundesgerichtsurteil vom 13.11.2012, 5A_640/2012). Vielmehr setzt eine Klage voraus, dass Rechte aus Ihrem Eigentum oder Ihrem Besitz infolge Nichteinhaltens des Reglements verletzt werden. Die Stockwerkeigentümerversammlung als oberstes Organ der Gemeinschaft hat die Aufgabe, dafür zu sorgen, dass es nicht so weit kommt.

> **DAS REGLEMENT: ZWINGENDE GESETZLICHE BESTIMMUNGEN**
> - Definition der Gebäudeteile, an denen kein Stockwerkeigentum begründet werden darf (Art. 712b Abs. 2 ZGB)
> - Kostenverteilung für gemeinschaftliche Bauteile, Anlagen und Einrichtungen, die einzelnen Stockwerkeigentümern nicht oder nur in geringem Ausmass dienen (Art. 712h Abs. 3 ZGB)
> - Protokollierungs- und Aufbewahrungspflicht (Art. 712n Abs. 2 ZGB)
> - Vorgehen bei ungenügender Beteiligung an einer Stockwerkeigentümerversammlung (Art. 712p Abs. 2 ZGB)
> - Recht jedes Stockwerkeigentümers, dringliche Massnahmen durchführen zu lassen, solange kein Verwalter eingesetzt ist (Art. 647 Abs. 2 ZGB)
> - Recht jedes Stockwerkeigentümers, gewöhnliche Verwaltungshandlungen vorzunehmen, solange kein Verwalter eingesetzt ist (Art. 647a Abs. 1 ZGB)
> - Recht jedes Stockwerkeigentümers, einen Verwalter gerichtlich einsetzen zu lassen (Art. 712q Abs. 1 ZGB)
> - Bestimmungen zum erforderlichen Minimum für einen Mehrheitsbeschluss (Art. 647b Abs. 1, Art. 647d Abs. 1 und Art. 712g Abs. 3 ZGB); da diese Bestimmungen den Schutz der Minderheiten bezwecken, sind strengere Anforderungen an die Mindestquoren zulässig.
> - Recht jedes Stockwerkeigentümers, dem im Reglement ein ausschliessliches Benutzungsrecht zugeteilt wurde, sich gegen eine Änderung dieses Benutzungsrechts zu wehren (Art. 712g Abs. 4 ZGB).

Was gehört ins Reglement?

In das Reglement der Stockwerkeigentümergemeinschaft gehören in jedem Fall Bestimmungen über die gemeinschaftliche Verwaltung und Benutzung der gesamten Liegenschaft sowie eine mehr oder weniger detaillierte Aufzählung der Rechte und Pflichten der Stockwerkeigentümer. Obwohl es eigentlich nicht notwendig ist, im Reglement gesetzliche Vorschriften zu wiederholen, empfiehlt sich die Aufnahme wenigstens der wichtigsten Gesetzesbestimmungen. Dadurch finden Sie sich mit Ihren Rechten und Pflichten viel besser zurecht, als wenn Sie jeweils für jede Frage auch noch das Gesetz und verschiedene Stellen darin konsultieren müssen. Ein vollständiges Reglement sollte folgende Punkte enthalten:

- Beschreibung der Sonderrechte
- Definition der ausschliesslichen Benutzungsrechte
- Ausschluss von Tätigkeiten, die mit Lärm oder anderen Immissionen verbunden sind
- Verteilung der gemeinschaftlichen Kosten und Lasten im Allgemeinen
- Aufteilung der Unterhaltskosten für Bauteile, die das Sonderrecht vom gemeinschaftlichen Eigentum abgrenzen (Fenster, Wohnungstüren, Storen etc.)
- Kostentragung für die ausschliesslichen Benutzungsrechte
- Regeln über die Verwendung des Erneuerungsfonds und die Verfügung darüber
- Regeln über die Einladung zur Stockwerkeigentümerversammlung
- Regeln zur Beschlussfassung der Stockwerkeigentümergemeinschaft, insbesondere zur Beschlussfassung beim qualifizierten Mehr und zum Vorgehen bei Stimmengleichheit
- Aufgaben des Verwalters
- Streitbeilegungsklausel (Mediationsstelle, Schiedsgerichts- oder Gerichtsstandsvereinbarung)

IM STREIT UM DIE KLIMAANLAGE soll endlich eine Lösung her. Herr O. konsultiert deshalb das Reglement der Gemeinschaft «Hochstrasse 10»: Artikel 6 hält fest, dass die Stockwerkeigentümer in der Ausgestaltung und Nutzung der zu ihrem Sonderrecht gehörenden Gebäudeteile frei seien. Gemäss Artikel 4 des Reglements gehören in der Gemeinschaft «Hochstrasse 10» auch die Innenbereiche der Balkone zum Sonderrecht. Herr O. fühlt sich daher bestätigt in seiner

Meinung, dass ihm niemand reinzureden habe, wenn es um seinen Balkon geht.

Aber auch Frau M. sieht im Reglement nach. Sie findet Artikel 12: Dieser sagt, dass jeder Stockwerkeigentümer alles zu unterlassen habe, was die anderen Eigentümer in der Nutzung ihres Sonderrechts stören könnte. Frau M. findet, dieser Artikel gebe ihr gleich zweimal Recht: Erstens sei die Klimaanlage hässlich und zweitens der durch das Gerät verursachte Lärm unerträglich. Beides störe sie in der Nutzung ihrer Wohnung. Ob das Gerät nun wirklich hässlich und der Lärm der Klimaanlage so viel «unerträglicher» sei als das Geschrei der Kinder M., darüber scheiden sich die Geister in der Gemeinschaft. Das Reglement hilft also nicht viel weiter.

Erlass und Änderung des Reglements
Das Gesetz verlangt nicht, dass jede Stockwerkeigentümergemeinschaft ein Reglement erlässt. Es gibt also durchaus – wenn auch selten – Gemeinschaften, die über kein Reglement verfügen. In diesem Fall kann jeder Eigentümer verlangen, dass ein solches aufgestellt wird. Weigert sich die Gemeinschaft, ein Reglement zu erstellen, kann er seinen Anspruch gerichtlich durchsetzen.

Das Reglement kann im Grundbuch angemerkt werden. Auch ohne diese Anmerkung ist es aber für Rechtsnachfolger der Stockwerkeigentümer und für Nutzniessungs- oder Wohnberechtigte an einer Einheit verbindlich. Dennoch ist die Anmerkung des Reglements empfehlenswert, weil es dann beim Grundbuchamt eingesehen werden kann.

ACHTUNG Da das Reglement auch ohne Anmerkung im Grundbuch gültig ist, hat eine Reglementsänderung, die nicht im Grundbuch angemerkt wurde, ebenfalls Gültigkeit (Bundesgerichtsentscheid vom 20.12.2010, 5A_499/2010). Kaufen Sie Stockwerkeigentum neu, sollten Sie also beim Verkäufer nach Änderungen des Reglements fragen. Verlangen Sie zudem auch die Protokolle der letzten Stockwerkeigentümerversammlungen und prüfen Sie, ob keine Reglementsänderungen stattgefunden haben. Ohne besondere Regelung gelten Reglementsänderungen für alle Tatsachen, die nach der Reglementsänderung eingetreten sind (Bundesgerichtsentscheid vom 10.1.2012, 5A_690/2011).

Dem Erlass – und einer Abänderung – des Reglements muss die Mehrheit der Stockwerkeigentümer zustimmen, die auch über das Mehr an Wertquoten verfügt (siehe Seite 142). Einstimmigkeit ist dann nötig, wenn das Reglement selbst für die Änderung Einstimmigkeit vorsieht oder wenn Bestimmungen über Verwaltungshandlungen und bauliche Massnahmen abgeändert werden sollen (siehe Seite 144 und 160). Dabei spielt es keine Rolle, ob es sich um eine erstmalige Abänderung der gesetzlichen Bestimmungen handelt oder ob bereits bestehende Reglementsbestimmungen geändert werden sollen.

DIE GEMEINSCHAFT «QUELLENHOF» will künftig Unterhaltsarbeiten nur durchführen lassen, wenn zwei Drittel der Eigentümer zustimmen. Das Gesetz sieht vor, dass Unterhaltsarbeiten am Gebäude mit der Mehrheit nach Köpfen beschlossen werden können (Art. 647c ZGB). Eine entsprechende Änderung des Reglements ist möglich, bedingt aber einen einstimmigen Versammlungsbeschluss. Die Eigentümer der Gemeinschaft sind sich einig und fassen diesen Beschluss. Ein paar Jahre später möchten einige von ihnen zur gesetzlichen Lösung zurückkehren und die geänderte Reglementsbestimmung wieder aufheben. Dazu ist abermals ein einstimmiger Beschluss nötig, obwohl das Reglement des «Quellenhof» ansonsten Änderungen mit einem tieferen Quorum erlaubt.

Oft werden bei Änderungen einzelner Bestimmungen nicht die gesamten Reglemente neu gedruckt, sondern lediglich Anhänge erstellt oder die geänderten Bestimmungen einzeln abgegeben. Stockwerkeigentümer müssen dann selber dafür sorgen, dass ihr Exemplar alle Nachträge und Ergänzungen enthält.

TIPP *Wenn Sie nicht sicher sind, ob Sie über ein aktuelles Reglement verfügen, finden Sie die Änderungen oder Ergänzungen auch beim Grundbuchamt – sofern Ihr Reglement inklusive Nachträge dort angemerkt wurde. Stets über ein aktuelles Exemplar verfügen sollte die Verwaltung. Erkundigen Sie sich also bei Unsicherheiten am besten dort.*

Die Hausordnung

Neben dem Reglement sind für das Zusammenleben im Stockwerkeigentum auch die Vorschriften der Hausordnung von Bedeutung – falls eine solche besteht. Vor allem in grösseren Gemeinschaften empfiehlt sich eine Hausordnung, denn darin können Details zu den gesetzlichen und reglementarischen Bestimmungen festgehalten werden.

In der Hausordnung finden sich vor allem Vorschriften in Bezug auf die Nutzung der gemeinschaftlichen Teile der Liegenschaft – beispielsweise Anforderungen an die äussere Gestaltung der Balkone, Regelungen zu den Reinigungsarbeiten, zu den Schliesszeiten, zur Liftbenutzung und Beleuchtung oder auch Richtlinien bezüglich Musizieren, Grillieren oder Tierhaltung. Wie das Reglement ist auch die Hausordnung für einen Rechtsnachfolger verbindlich. Im Grundbuch kann sie allerdings nicht angemerkt werden.

AUCH SVEN O. beruft sich bei seinem Streit mit Claudia M. auf die Hausordnung. Er hat darin zwar keine Bestimmung gefunden, die ihm die Installation und den Betrieb des Klimageräts erlauben würde, doch immerhin einen Passus, mit dem er seiner Gegnerin eins auswischen kann: Sie solle endlich dafür sorgen, dass ihre Kinder über Mittag und abends draussen keinen Lärm mehr veranstalteten. Gemäss Hausordnung sei nämlich zwischen 12 und 14 Uhr Mittagsruhe und ab 20 Uhr Nachtruhe einzuhalten. Während dieser Zeiten müssten die gemeinschaftlichen Anlagen ruhig benutzt werden, und das Spielen sei untersagt. Angesichts dieser klaren Regeln bleibt Frau M. nichts anderes übrig, als ihren Kindern – trotz lautstarker Proteste – das Spielen draussen über Mittag und nach 20 Uhr zu verbieten.

Eine Hausordnung wird mit dem absoluten Mehr in der Stockwerkeigentümerversammlung beschlossen. Im Reglement kann aber auch eine qualifizierte Beschlussfassung vorgesehen oder der Erlass an den Verwalter oder einen Ausschuss delegiert werden. Für die Abänderung der Hausordnung gilt dasselbe Quorum wie für den Erlass.

Das sagt das Gesetz

Enthalten Reglement und Hausordnung keine Antwort auf eine bestimmte Frage, müssen Sie prüfen, ob diese im Zivilgesetzbuch (ZGB) geregelt ist. Konsultieren Sie zuerst die wenigen Vorschriften betreffend Stockwerkeigentum in den Artikeln 712a bis 712t.

DIE STOCKWERKEIGENTÜMER der Liegenschaft «Hochstrasse 10» unterbreiten das Thema Klimaanlage der Verwaltung. Dort erhalten sie folgende Auskunft: «Obwohl gemäss Artikel 6 des Reglements jeder Stockwerkeigentümer in der Ausgestaltung und Nutzung der zu seinem Sonderrecht gehörenden Gebäudeteile frei ist, darf er darin nicht alles tun und lassen, was er will. Artikel 712a ZGB besagt nämlich, dass Stockwerkeigentümer trotz dieser Freiheit die gemeinschaftlichen Bauteile in keiner Weise beschädigen oder in ihrer Funktion und äusseren Erscheinung beeinträchtigen dürfen. Zu den gemeinschaftlichen Teilen gehören gemäss Artikel 712b ZGB unter anderem alle Bauteile, die für den Bestand des Gebäudes von Bedeutung sind und die äussere Gestalt und das Aussehen bestimmen. Die Installation eines Klimageräts an der Aussenfassade verändert das Aussehen der Liegenschaft. Zudem wurde für die Leitungen die Aussenfassade durchbohrt, also ein Bauteil, der für den Bestand des Gebäudes von Bedeutung ist. Mit der Installation des Klimageräts hat Herr O. einen gesetzlich zwingend gemeinschaftlichen Teil verändert. Dazu ist er ohne Zustimmung der Gemeinschaft nicht befugt.» Sven O. muss sein Klimagerät entfernen.

GESETZLICHE BESTIMMUNGEN BEZÜGLICH STOCKWERKEIGENTUM
- Artikel 712a bis 712t ZGB enthalten die speziellen Vorschriften betreffend Stockwerkeigentum.
- Findet sich in den speziellen Stockwerkeigentumsartikeln keine passende Bestimmung, sind bei Fragen bezüglich Verwaltung oder baulicher Massnahmen auch die Bestimmungen des Miteigentumsrechts in den Artikel 647 bis 651 ZGB zu beachten (Verweis in Art. 712g Abs. 1 ZGB).
- Bei Fragen zum Thema Stockwerkeigentümerversammlung sind auch die Vereinsvorschriften in den Artikeln 64 bis 68 und 75 ZGB relevant (Verweis in Art. 712m Abs. 2 ZGB).

Die Stockwerkeigentümergemeinschaft

Mit der Begründung von Stockwerkeigentum entsteht auch die Gemeinschaft der Stockwerkeigentümer. Ihre Aufgabe ist es, die gemeinschaftlichen Teile zu verwalten; sie bestimmt über Nutzung, Unterhalt und Erneuerungsmassnahmen.

Erwerben Sie eine Eigentumswohnung, werden Sie ohne weiteres Zutun Mitglied der Stockwerkeigentümergemeinschaft und bleiben es, solange Sie Eigentümer oder Eigentümerin Ihrer Einheit sind. Sie können – ohne Ihre Wohnung zu verkaufen – nicht aus der Gemeinschaft austreten.

Das Gesetz gewährt der Gemeinschaft jedoch einen breiten Spielraum, wenn es darum geht, sich zu organisieren. Als einziges zwingendes Organ ist die Stockwerkeigentümerversammlung vorgesehen, die in Form von Abstimmungen wichtige gemeinsame Anliegen regelt. Damit die Gemeinschaft im rechtlichen Verkehr handlungsfähig ist, kann sie im eigenen Namen klagen und betreiben, aber auch eingeklagt und betrieben werden. Um ihren Verpflichtungen nachkommen zu können, verfügt die Gemeinschaft auch über ein eigenes Vermögen. Jeder Stockwerkeigentümer muss bestimmte Beiträge an dieses gemeinsame Vermögen beisteuern.

Trotz dieser Rechte ist die Stockwerkeigentümergemeinschaft keine juristische Person, denn sie ist nicht Rechtsträgerin, sondern erhält ihre Rechte von den einzelnen Stockwerkeigentümern verliehen. Auch handelt es sich bei der Gemeinschaft nicht um eine einfache Gesellschaft (Art. 530 ff. OR).

Ihre Rechte gegenüber der Gemeinschaft

Als Stockwerkeigentümer verfügen Sie von Gesetzes wegen über Rechte und Ansprüche gegenüber der Gemeinschaft. Möglicherweise räumt Ihnen zudem das Reglement weitere Rechte ein. Einige der gesetzlichen Rechte sind von derart elementarer Bedeutung, dass sie Ihnen nicht entzogen werden können – auch nicht in einem Reglement.

- **Das Recht auf Nutzung der Räume im Sonderrecht:** Sie haben das ausschliessliche Recht, Ihre Stockwerkeigentumswohnung zu nutzen, zu verwalten und innen auszubauen (Art. 712a ZGB). Dadurch erhalten Sie eine ähnliche Stellung wie ein Alleineigentümer (siehe auch Seite 15). In der Art der Nutzung können Sie allerdings durch das Reglement der Gemeinschaft eingeschränkt sein. Es kann beispielsweise vorsehen, dass die Stockwerkeinheiten nur zu Wohnzwecken oder für stilles Gewerbe benutzt werden dürfen.
- **Das Recht, gewöhnliche Verwaltungshandlungen vorzunehmen:** Wenn das undichte Dach nicht repariert wird, die Versicherungsprämien nicht rechtzeitig gezahlt werden, betrifft das alle im Haus. Solche gewöhnlichen Verwaltungshandlungen sind an sich Aufgabe des Verwalters. Wenn aber kein Verwalter bestellt ist, haben Sie als Stockwerkeigentümer von Gesetzes wegen das Recht, das Dach reparieren zu lassen, sofern das für den Erhalt des Wertes der Liegenschaft notwendig ist (zu den Verwaltungshandlungen siehe Seite 150).
- **Das Recht, dringliche Massnahmen zu ergreifen:** Deckt ein Sturm das Dach ab und ist die Verwalterin nicht innert nützlicher Frist zu erreichen, dürfen Sie als Stockwerkeigentümer die Errichtung eines Notdachs in Auftrag geben. Denn Sie sind berechtigt, sämtliche Massnahmen zu ergreifen, die sofort getroffen werden müssen, um die gemeinschaftliche Sache vor drohendem Schaden zu bewahren (Art. 647 Abs. 2 Ziff. 2 ZGB). Ist allerdings eine Verwalterin eingesetzt, dürfen Sie dringliche Verwaltungsmassnahmen nur vornehmen, wenn die Verwalterin nicht handelt oder nicht handeln kann (mehr dazu auf Seite 152).
- **Der Anspruch auf Bestellung und Abberufung eines Verwalters:** Wurde kein Verwalter gewählt, kann jeder Stockwerkeigentümer die gerichtliche Einsetzung eines Verwalters verlangen (Art. 712q Abs. 1 ZGB). Kommt ein Verwalter seinen Aufgaben und Pflichten nicht nach, hat jede Eigentümerin das Recht, seine gerichtliche Abberufung zu fordern (Art. 712r ZGB). Dabei ist zu beachten, dass die gerichtliche Abberufung des Verwalters nur möglich ist, wenn sie vorher an der Stockwerkeigentümerversammlung beantragt wurde. Als wichtiger Grund für eine Abberrufung gilt etwa die Tatsache, dass der Verwalter seinen Aufgaben nicht nachkommt, die ihm anvertrauten Gelder nicht sorgfältig verwaltet, sich eigenmächtig über Beschlüsse der Stockwerkeigentümerversammlung hinwegsetzt, Stockwerkeigentümer schikaniert

oder beschimpft, unerlaubterweise Hilfspersonen oder Substituten beizieht oder sich eines unehrenhaften Verhaltens schuldig macht (BGE vom 9.11.2009, 5A_616/2009). Leichte Verstösse genügen nicht, es sei denn, sie hätten sich kumuliert.

👁 **EIN ARCHITEKT** baut ein Mehrfamilienhaus im Stockwerkeigentum. Er erstellt ein Reglement und bestimmt, dass jedem Stockwerkeigentümer pro Einheit eine Kopfstimme zukommt. Zudem setzt er sich für die Dauer von fünf Jahre als Verwalter ein. Er verkauft zwei Wohnungen ab Plan, die auch fertiggestellt und bezogen werden können. Dann aber geht ihm das Geld aus und er kann die restlichen fünf Einheiten weder ausbauen noch verkaufen. Als Verwalter kümmert er sich nun auch nicht mehr um die Liegenschaft. Wann immer die beiden anderen Stockwerkeigentümer etwas unternehmen wollen, stellt er sich quer. Weil er als Eigentümer von fünf Wohnungen in den Versammlungen fünf Kopfstimmen und die Mehrheit der Wertquoten hat, läuft gar nichts mehr. Selbst den Vorschlag, auf Kosten der anderen Eigentümer einen neuen Verwalter zu bestimmen, boykottiert er. Schliesslich bleibt den beiden nichts anderes übrig, als das Gericht zu bitten, den Architekten als Verwalter abzuberufen und eine neue Verwaltung zu bestellen.

- **Das Recht, Versammlungsbeschlüsse anzufechten:** Fällt die Stockwerkeigentümerversammlung einen Beschluss, der das Reglement oder das Gesetz verletzt, und haben Sie diesem Beschluss nicht zugestimmt, können Sie ihn innert eines Monats, seit Sie davon Kenntnis haben, anfechten (mehr dazu auf Seite 145).
- **Das Stimmrecht in der Versammlung:** Sie haben das Recht, in der Stockwerkeigentümerversammlung Ihre Stimme abzugeben. Wie viel Gewicht Ihre Stimme hat, hängt davon ab, welche Quoren für einen bestimmten Beschluss erforderlich sind (siehe Seite 142).

   Auf das Stimmrecht können Sie weder verzichten noch kann es Ihnen entzogen werden. Allerdings gibt es eine Einschränkung: Wenn ein bestimmtes Geschäft zur Abstimmung kommt, bei dem Sie in einem Interessenkonflikt stehen, dürfen Sie nicht darüber abstimmen (Art. 68 ZGB). Dazu gehört beispielsweise Ihre eigene Entlöhnung oder Entlastung, wenn Sie die Verwaltung besorgen (BGE 134 III 481), aber auch eine Auftragsvergabe an Sie selbst oder an eine Ihnen nahe verwandte Person. Sind Sie vom Stimmrecht ausgeschlossen, können Sie auch keinen anderen Stockwerkeigentümer vertreten, selbst wenn Letzterer stimmberechtigt sein sollte.

- **Das Recht auf Gleichbehandlung:** Als Stockwerkeigentümer haben Sie einen Anspruch darauf, gleich behandelt zu werden wie jeder andere Stockwerkeigentümer. Eine ungleiche Behandlung ist allerdings dann zulässig, wenn es dafür einen sachlichen Grund gibt. Selbst ohne einen solchen sachlichen Grund könnte eine Ungleichbehandlung nur dann beanstandet werden, wenn sie ein gewisses erhebliches Mindestmass erreicht. Die Freiheit der für einen Beschluss zuständigen Mehrheit darf nicht leichthin beschränkt werden (BGE 131 III 459).

> **URTEIL** *Die Stockwerkeigentümerversammlung K. sprach allen Stockwerkeigentümern das Recht zu, an der Aussenfassade gegen die Entrichtung eines Mietzinses Werbung anzubringen. Den Eigentümer der Parterreeinheit – die gemäss Reglement als einzige gewerblich, als Restaurant oder Ladenlokal, genutzt werden darf – entband sie von der Mietzinspflicht. Eine Anfechtung wegen Ungleichbehandlung verneinte das Bundesgericht, da die unterschiedliche Zwecksetzung und Lage der Stockwerkeinheiten Grund genug für die Regelung der Fassadennutzung sei (BGE 131 III 459).*

- **Kein Recht auf eine zweckmässige Verwaltung:** Wenn die Eigentümerversammlung beschliesst, das Treppenhaus neu streichen zu lassen, obwohl im nächsten Jahr eine Totalsanierung ansteht, oder wenn der Heizkessel ersetzt werden soll, obwohl er noch lange funktionstüchtig wäre – dann können Sie zwar in der Versammlung dagegen stimmen, doch wenn Sie unterliegen, können Sie sich dem Beschluss nicht widersetzen. Einen Anspruch auf objektiv zweckmässige Beschlüsse und eine objektiv zweckmässige Verwaltung haben Sie nämlich nicht. Den gesetzes- und reglementskonformen Beschlüssen der Versammlung, die Ihnen nicht genehm sind, können Sie sich nur dann widersetzen, wenn diese gegen allgemeine Rechtsgrundsätze verstossen, beispielsweise gegen Treu und Glauben.

Ihre Pflichten gegenüber der Gemeinschaft

Stockwerkeigentümer haben gegenüber der Gemeinschaft nicht nur Rechte und Ansprüche, sondern auch Pflichten. Diese Pflichten können sich sowohl aus dem Gesetz, dem Reglement, dem Begründungsakt, aus geschlossenen Verträgen wie auch aus dem Grundsatz von Treu und Glauben ergeben.

- **Die Beitragspflicht:** An die Kosten und Lasten des gemeinschaftlichen Eigentums und der gemeinschaftlichen Verwaltung müssen Sie Beiträge im Verhältnis Ihrer Wertquote zahlen (siehe Seite 174). Das ist die einzige Pflicht, die sich für Sie direkt aus dem Gesetz ergibt (Art. 712h Abs. 1 ZGB).
- **Duldungs- und Unterlassungspflichten:** Als Stockwerkeigentümer müssen Sie die Ausübung der Rechte der anderen Mitglieder der Gemeinschaft so weit dulden, als Sie dabei nicht in Ihren eigenen, gleichen Rechten eingeschränkt werden. Geräusche, Kochgerüche im Treppenhaus und Ähnliches müssen Sie also hinnehmen, wenn das übliche Mass nicht überschritten wird. Aus der Duldungspflicht ergibt sich im Übrigen auch, dass Sie sich mit Beschlüssen der Gemeinschaft, die gegen Ihren Willen gefasst wurden, abzufinden haben, solange diese weder gegen das Gesetz noch gegen das Reglement verstossen.
- **Die Pflicht, bei drohendem Schaden zu handeln:** Hat ein Sturm das Dach abgedeckt und ist weder eine andere Stockwerkeigentümerin noch der Verwalter zur Stelle, müssen Sie selbst handeln. Sie haben nämlich nicht nur das Recht (siehe Seite 110), sondern auch die Pflicht, dringende Massnahmen zu ergreifen, die zur Abwendung eines Schadens an der gemeinsamen Liegenschaft notwendig sind.
- **Mitverwaltungspflicht?** Eine Pflicht, bei der Verwaltung der gemeinschaftlichen Sache mitzuwirken, trifft Sie nicht. Hingegen könnte eine dauernde und hartnäckige Weigerung, an der Verwaltung teilzunehmen, unter Umständen als Verstoss gegen den Grundsatz von Treu und Glauben betrachtet werden. Das wäre beispielsweise der Fall, wenn Sie sich hartnäckig weigerten, an einer Eigentümerversammlung teilzunehmen, obwohl Sie wissen, dass dort ein Beschluss gefasst werden muss, der Einstimmigkeit erfordert.

Die Haftung der Stockwerkeigentümergemeinschaft

Für gemeinschaftliche Verpflichtungen haftet die Gemeinschaft mit ihrem Vermögen, das alle Eigentümer mit ihren Beiträgen speisen. Als Stockwerkeigentümer sind Sie deshalb gut beraten, wenn Sie sich auch mit Sachverhalten auseinandersetzen, die Sie zwar nicht direkt betreffen, die aber zu Forderungen gegenüber der Gemeinschaft führen könnten.

Forderungen gegenüber der Gemeinschaft entstehen einerseits aus Rechtsgeschäften, anderseits aus Schädigungen. Der Gärtner, der den Auftrag erhalten hat, die gemeinschaftliche Anlage zu pflegen, hat eine Forderung gegenüber der Gemeinschaft; fällt ein Ziegel vom Dach der Liegenschaft und verletzt eine Passantin, muss die Gemeinschaft für den Schaden aufkommen; verliert die Föhre im Garten übermässig viele Nadeln und verstopft damit Jahr für Jahr die Wasserabflussrohre der Nachbarliegenschaft, muss die Gemeinschaft als Grundeigentümerin unter Umständen für den daraus entstehenden Schaden aufkommen.

DIE HAFTUNG ALS WERK- ODER GRUNDEIGENTÜMER

Haftung des Werkeigentümers
Die Eigentümerin eines Gebäudes – oder eines anderen Werks – haftet für den Schaden, der infolge eines Mangels an diesem Gebäude entsteht. Dabei handelt es sich um eine Kausalhaftung (Art. 58 OR). Der Geschädigte braucht also kein Verschulden der Eigentümerin nachzuweisen. Allein die Tatsache, dass der Schaden durch das Gebäude verursacht wurde, löst die Schadenersatzpflicht aus. Wird jemand von einem mangelhaften Gebäude mit Schaden bedroht, muss er nicht abwarten, bis der Schaden eintritt, um gegen die Eigentümerin etwas zu unternehmen. Er kann verlangen, dass sie alles tut, um einen drohenden Schaden abzuwenden (Art. 59 OR).

Haftung des Grundeigentümers
Auch Grundeigentümer müssen für drohenden oder bereits eingetretenen Schaden einstehen. Die Geschädigten können auf Beseitigung der Schädigung bzw. auf Schutz gegen drohenden Schaden klagen und Schadenersatz verlangen. Auch dabei handelt es sich um eine Kausalhaftung; der Geschädigte muss also kein Verschulden des Grundeigentümers nachweisen (Art. 679 ZGB).

Versicherungen abschliessen

Die Gefahren, für die Ihre Gemeinschaft aufgrund der Werk- oder Grundeigentümerhaftung einstehen muss, lassen sich grösstenteils versichern. Zwei Versicherungen mit ausreichender Deckung für Personen- und Sachschäden sind ein absolutes Muss:
- Gebäudeversicherung
- Gebäude- oder Grundeigentümerhaftpflichtversicherung

Bei grobem Selbstverschulden erbringen die Versicherer keine oder nur reduzierte Versicherungsleistungen. Die Gemeinschaft muss deshalb stets für einen ausreichenden Unterhalt der gemeinschaftlichen Bauteile und eine vollständige Absicherung gefährlicher Stellen auf dem Grundstück sorgen. Andernfalls müssten die Stockwerkeigentümer im Rahmen ihrer Wertquote für die vom Versicherer nicht übernommene Summe aufkommen.

TIPP *Stellen Sie sicher, dass Ihre Gemeinschaft die nötigen Versicherungen mit ausreichender Deckung für Personen- und Sachschäden abgeschlossen hat. Und achten Sie darauf, dass der Unterhalt der Liegenschaft nicht vernachlässigt wird.*

Neubauten, aber auch An-, Um- und Ausbauten, für die Sie eine Baubewilligung benötigen, sind in Kantonen mit obligatorischer Gebäudeversicherung in der Regel ab Baubeginn automatisch versichert. Eine besondere Meldung ist nur bei Investitionen erforderlich, für die keine Baubewilligung notwendig ist. Die Gebäude werden grundsätzlich zum Neuwert versichert. Schätzer ermitteln die Versicherungswerte nach Abschluss der Bauarbeiten. Eine Überprüfung der Werte erfolgt in der Regel alle 10 bis 15 Jahre oder auf Antrag der Versicherten. Keine Haftung der Gemeinschaft besteht für Schäden, die durch Gebäudeteile in Ihrem Sonderrecht verursacht werden. Vermuten Sie hier Risiken, müssen Sie diese selbst versichern.

Schadenersatzansprüche gegenüber der Gemeinschaft

Ein Dritter kann Ansprüche, die er gegenüber der Gemeinschaft hat, nicht direkt bei den einzelnen Stockwerkeigentümern einfordern. Genauso wenig kann er seine Forderung gegenüber allen Stockwerkeigentümern im Verhältnis ihrer Wertquoten geltend machen. Für solche Ansprüche haftet einzig die Gemeinschaft; nur gegen sie kann er vorgehen.

DIE WICHTIGSTEN VERSICHERUNGEN

Gebäudeversicherung

Mit Ausnahme der Kantone Genf, Tessin und Wallis ist die Gebäudeversicherung in allen Kantonen obligatorisch. In Obwalden, Schwyz und Uri kann sie bei einem beliebigen Versicherer abgeschlossen werden, in allen anderen Kantonen läuft sie über die kantonalen Gebäudeversicherungen. Gedeckt sind Elementar- und Feuerschäden. Als Elementarschäden gelten Schäden durch Sturmwinde, Hagel, Hochwasser, Sturmfluten, Überschwemmungen, Blitzschlag, Lawinen, Schneedruck, Schnee- und Erdrutsch, Steinschlag und Felssturz. Nicht gedeckt sind Schäden infolge Abnutzung, ausfliessenden Leitungswassers oder überlaufender Lavabos und Badewannen, infolge Eindringens von Schmelzwasser, Frosteinwirkungen, Baumängeln oder mangelhaften Unterhalts sowie Rückstaus aus Abwasserkanalisationen oder Grundwasser sowie Erdbebenschäden.

Gebäudehaftpflichtversicherung

Schadenersatzansprüche aus Personen- und Sachschäden, für die die Stockwerkeigentümergemeinschaft als Werk- oder Grundeigentümerin einzustehen hat und die im Zusammenhang mit dem Zustand oder dem Unterhalt des Gebäudes oder Grundstücks stehen, deckt die Gebäudehaftpflichtversicherung. Mitversichert sind in der Regel auch alle zum Gebäude gehörenden Anlagen und Einrichtungen wie Personenaufzüge, Kinderspielplätze, Swimmingpools, Teiche etc.

Zusätzliche Feuer-, Wasser- und Glasbruchversicherung

Ob diese Zusatzversicherungen nötig sind, lässt sich nur von Fall zu Fall entscheiden. Eine zusätzliche Feuerversicherung deckt Bereiche ab, die in der Gebäudeversicherung nicht versichert sind, beispielsweise den Erdölvorrat oder die Geräte für den Liegenschaftsunterhalt. Die Wasserversicherung deckt Schäden, die durch ausfliessendes Wasser aus Leitungen, Lavabos oder Badewannen entstehen. Mit der Glasbruchversicherung schliesslich lassen sich Schäden an der Gebäudeverglasung, an Sanitäreinrichtungen sowie Kosten für Notverglasungen versichern.

Bauherrenhaftpflicht-, Bauwesen- und Bauzeitversicherung

Soll das Gebäude oder eine einzelne Eigentumswohnung renoviert werden, empfiehlt sich unter Umständen der Abschluss einer Bauherrenhaftpflicht-, Bauwesen- bzw. Bauzeitversicherung (mehr dazu auf Seite 211).

> **ARCHITEKTIN D.** hat im Auftrag der Stockwerkeigentümergemeinschaft «Wiesenweg» die Pläne für den Umbau des Eingangsbereichs erstellt und stellt dafür eine Rechnung über 5000 Franken aus. Der Verwalter der Gemeinschaft überweist ihr aber bloss 4000 Franken mit der Begründung, Stockwerkeigentümer B. habe seinen Anteil von 1000 Franken nicht gezahlt. Ein paar Tage später erhalten die anderen beiden Eigentümer eine Rechnung von Architektin D. mit der Aufforderung, entsprechend ihrer Wertquote je 500 Franken an den noch ausstehenden Betrag zu leisten. Sind sie zur Zahlung verpflichtet?

Begleicht die Gemeinschaft eine berechtigte Forderung nicht, kann sie der Gläubiger auf Pfändung betreiben. Ist die Gemeinschaft der Ansicht, sie schulde das eingeforderte Geld nicht, erhebt sie im Betreibungsverfahren Rechtsvorschlag. Diesen kann der Gläubiger beseitigen, indem er einen sogenannten Rechtsöffnungstitel vorlegt und – in letzter Konsequenz – die Gemeinschaft pfändet.

> **GUT ZU WISSEN** *Hat ein Bauhandwerker für das gemeinschaftliche Grundstück Arbeit geleistet oder Material geliefert und wird er nicht bezahlt, kann er das Bauhandwerkerpfandrecht geltend machen. Dieses wird im Grundbuch im Verhältnis der Wertquoten auf die einzelnen Einheiten eingetragen. Der Bauhandwerker kann sich also an jeden Eigentümer direkt halten (siehe Seite 76).*

Was gepfändet wird, entscheidet nicht der Gläubiger, sondern der Betreibungsbeamte. Pfändbar sind alle Objekte des Verwaltungsvermögens, nicht pfändbar ist jedoch das gemeinschaftliche Grundstück. Zum Verwaltungsvermögen gehören auch die Beitragsforderungen gegenüber den einzelnen Stockwerkeigentümern. Diese kann sich der Gläubiger nach der Pfändung durch das Betreibungsamt abtreten lassen. Erst dann hat er die Möglichkeit, die Begleichung seiner Forderung im Verhältnis der Wertquoten direkt von den einzelnen Eigentümern zu verlangen.

> **DIE STOCKWERKEIGENTÜMER** weigern sich, Herrn B.s Beitrag zu zahlen – Architektin D. wendet sich ans Betreibungsamt. Da die Gemeinschaft ihre Forderung bereits unterschriftlich anerkannt hat, verzichtet der Verwalter darauf, Rechtsvorschlag zu erheben. Die

Betreibung läuft also weiter: Der Betreibungsbeamte pfändet die Beitragsforderung der Gemeinschaft gegenüber Eigentümer B. in der Höhe von 1000 Franken – das ist sein wertquotenmässiger Anteil am Architektenhonorar. Anderes pfändbares Vermögen ist nicht vorhanden. Die gepfändete Beitragsforderung lässt sich Architektin D. vom Betreibungsamt abtreten. Dann erhebt sie gegenüber Herrn B. die Betreibung, beseitigt dessen Rechtsvorschlag und lässt ihn schliesslich pfänden. Der Betreibungsbeamte beschlagnahmt in Herrn B.s Wohnung Möbel und andere Gegenstände im Wert von 7000 Franken. Vom Verwertungserlös gehen zunächst 1500 Franken ans Betreibungsamt für die aufgelaufenen Kosten. Die restlichen 5500 Franken erhält Architektin D. und deckt damit ihre Forderung von 1000 Franken sowie die Inkassokosten von 4500 Franken. Das ganze Verfahren hat zwei Jahre gedauert und einiges an Nerven gekostet.

WAS IST EIN RECHTSÖFFNUNGSTITEL?

- Vollstreckbares Gerichtsurteil, gerichtlicher Vergleich oder gerichtliche Schuldanerkennung
- Verfügungen oder Entscheide einer Verwaltungsbehörde des Bundes oder eines Kantons, beispielsweise eine rechtskräftige Steuerveranlagungsverfügung
- Durch öffentliche Urkunde festgestellte oder durch Unterschrift bekräftigte Schuldanerkennung

Was, wenn ein Eigentümer sich nicht fügt?

Nicht selten kommt es vor, dass sich Einzelne dem Gemeinschaftswillen widersetzen und sich nicht so verhalten, wie das die Gemeinschaft von ihnen erwartet. Welche rechtlichen Mittel stehen der Gemeinschaft zur Verfügung?

Zwar kann die Gemeinschaft oder der Verwalter über einen Stockwerkeigentümer keine Strafsanktionen verhängen. Doch wenn sich ein Eigentümer den Beschlüssen nicht fügt, verletzt er reglementarische oder Gesetzesbestimmungen – deshalb kann die Gemeinschaft gerichtlich gegen ihn vorgehen. Am einfachsten geschieht dies im Verfahren betreffend Rechtsschutz in klaren Fällen (früher Befehlsverfahren). Ein solches Verfahren setzt jedoch voraus, dass die Situation klar und sofort beweisbar ist. Dann kann das Gericht dem widerspenstigen Stockwerkeigentümer befehlen, sich künftig an die Beschlüsse der Gemeinschaft respektive an die Gesetzes- oder Reglementsbestimmungen zu halten. Auf Antrag können zusätzlich auch Strafsanktionen – Haft oder Busse – angedroht werden.

Ausschluss aus der Gemeinschaft

Bei besonders drastischen oder wiederholten Verstössen gegen das Gesetz, den Gemeinschaftswillen oder das Reglement kann das Gericht eine Stockwerkeigentümerin sogar aus der Gemeinschaft ausschliessen. Allerdings ist dies nur unter ganz bestimmten Voraussetzungen möglich.

Ausschluss gerechtfertigt oder nicht?
Eine Stockwerkeigentümerin kann aus der Gemeinschaft ausgeschlossen werden, wenn allen oder einzelnen Eigentümern ein Zusammenleben mit ihr unter demselben Dach nicht mehr zuzumuten ist – beispielsweise wegen anstössigen Verhaltens oder grober Verletzung der Pflichten bei der Benutzung der Einheit durch die Stockwerkeigentümerin selbst oder durch

eine Person, der sie die Wohnung überlassen hat. Dass eine Partei ihre Beiträge nicht zahlt, stellt für sich allein jedoch noch keinen Ausschlussgrund dar.

Solange sich durch weniger schwerwiegende Massnahmen ein für die belästigten Stockwerkeigentümer zumutbarer Zustand schaffen lässt, ist ein Ausschluss aus der Gemeinschaft keine Option. Der Ausschluss gilt also nur als letzte Möglichkeit. Und solche Fälle sind äusserst selten.

URTEIL *Im ersten Fall, in dem das Bundesgericht den Ausschluss eines Stockwerkeigentümers bestätigte, ging es um einen Mann, der sich während Jahren über berechtigte Mahnungen hinwegsetzte, behördliche Anordnungen missachtete, die Behebung von Schäden unterliess oder verzögerte, übermässige Lärmimmissionen verursachte, andere Eigentümer beschimpfte und sich in einmal sogar eine Tätlichkeit zuschulden kommen liess. Als Verwalter erstellte er zudem Jahresrechnungen zu seinem eigenen Vorteil und zuungunsten der anderen Eigentümer, er wandelte seine Einheiten eigenmächtig in einen Hotelbetrieb um und liess sich vieles mehr zu Schulden kommen. Kurz, der Betreffende konzentrierte sich – so das erstinstanzliche Bezirksgericht – sachschädigend und egoistisch nur auf seine eigenen Interessen und setzte sich bedenkenlos über die Interessen der anderen Eigentümer hinweg. Auch das Bundesgericht war der Meinung, den anderen Eigentümern könne eine Gemeinschaft mit diesem Querschläger nicht mehr zugemutet werden. (Urteil vom 5.2.1979, in ZBGR 63, S. 370)*

Ein Stockwerkeigentümer, der sich dauernd unverträglich zeigt, immer wieder streitsüchtig, gewalttätig und arglistig handelt, verstösst gegen seine Verpflichtungen gegenüber den andern Eigentümern. Denn er verunmöglicht das friedliche Zusammenleben und den nachbarlichen Verkehr, wie er unter Hausgenossen Brauch und gute Sitte ist. Unter diesen Umständen ist der Ausschluss gerechtfertigt. Daran ändert auch eine vorübergehende Besserung im Verhalten des Betroffenen nichts, ebenso wenig die finanzielle Einbusse, die er durch den Ausschluss erleidet.

URTEILE *Das Bundesgericht stützte auch den Ausschluss eines Stockwerkeigentümers Zwei-Parteien-Stockwerkeigentümergemeinschaft, da der fragliche Stockwerkeigentümer aufgrund seines* *faktischen Vetorechts lange Zeit die Funktionsfähigkeit der Gemeinschaft praktisch lahmlegte, indem er den Versammlungen fernblieb, alle Versammlungsbeschlüsse anfocht und keine Beiträge leistete (BGE vom 23.10.2008, 5A_577/2008). Aus dem Urteil des Bundesgerichts folgt, dass ein Stockwerkeigentümer aus der Stockwerkeigentümergemeinschaft ausgeschlossen werden kann, wenn dieser durch sein Verhalten die Gemeinschaft in ihrer Existenz bedroht. Im besagten Fall konnte die Gemeinschaft während mehrerer Jahre teils zentrale für das Funktionieren der Gemeinschaft unerlässliche Entscheide nicht mehr fällen.*

Ausgeschlossen hat das Bundesgericht auch einen Stockwerkeigentümer, der seine Einheit zum Betrieb eines Erotik-Etablissements vermietet hatte. Trotz wiederholter Aufforderungen der Stockwerkeigentümergemeinschaft, dem Mieter zu kündigen, kam der fehlbare Stockwerkeigentümer dem Begehren der Gemeinschaft nicht nach. Das Bundesgericht schloss ihn deshalb wegen Verletzung der Persönlichkeitsrechte der klagenden Stockwerkeigentümer wie auch infolge Verursachung übermässiger ideeller Immissionen aus (BGE vom 1.7.1999, 5C.81/1999).

Nicht ausgeschlossen werden durfte hingegen die Familie Z. in einem anderen Fall: Die klagenden Stockwerkeigentümer warfen ihr vor, dass sie über Mittag und am Abend zwischen 20 und 22 Uhr wiederholt Lärm verursacht habe, der das übliche und unvermeidbare Mass eindeutig überschreite. Zudem hätten die Z.s sich nicht an die Ordnung zur Benutzung des Gartens gehalten, sondern auf der Spielwiese Fussball gespielt und Feuerwerk abgebrannt. Auch hätten sie verschiedentlich die Haustür nicht abgeschlossen und im Treppenhaus eine Kindergarderobe angebracht. Im Übrigen sei es zu verschiedenen Provokationen der anderen Stockwerkeigentümer gekommen. Das Bundesgericht, das sich 1987 mit dem Fall zu befassen hatte, wies die Klage auf Ausschluss ab, obwohl die «Hemmschwelle» angesichts der Uneinsichtigkeit der Z.s beinahe erreicht worden sei (BGE 113 II 15).

Im Fall einer Zwei-Parteien-Stockwerkeigentümergemeinschaft, in der es aufgrund von Provokationen, Körperverletzungen, Tätlichkeiten unter den Beteiligten und infolge von Beschlüssen der Stockwerkeigentümergemeinschaft zu unzähligen Prozessverfahren zwischen den

Beteiligten gekommen war, wies das Bundesgericht die Klage des einen Stockwerkeigentümers auf Ausschluss des anderen ab (BGE 137 III 534). Es kam zum Schluss, dass ein Mitglied der Stockwerkeigentümergemeinschaft, das selbst in grober Weise rechtliche und moralische Regeln des Gemeinschaftsverhältnisses missachtet, nicht geltend machen könne, dass die Fortsetzung der Gemeinschaft mit einem anderen, sich gemeinschaftswidrig verhaltenden Mitglied unzumutbar sei.

Die Argumentation des Bundesgerichts zeigt exemplarisch, worauf es im Zusammenleben von Stockwerkeigentümern ankommt: Aufgabe der Gemeinschaft ist es, mit ihrem Reglement, mit der Hausordnung und den Versammlungsbeschlüssen einen Rahmen zu schaffen, in dem sich das Zusammenleben von Menschen mit unterschiedlichen Bedürfnissen und verschiedener Lebensart möglichst reibungslos abspielen kann. Jedes Mitglied der Gemeinschaft ist verpflichtet, sich so zu verhalten, dass ein ungestörtes, friedliches Zusammenleben möglich ist. Alle müssen das Ihre dazu beitragen, dass Konflikte gar nicht erst entstehen oder in einer Art und Weise behoben werden können, wie das für vernünftige, wohlerzogene und rechtsbewusste Menschen selbstverständlich ist. Das Zusammenleben in einer Stockwerkeigentümergemeinschaft läuft im Grunde nach ähnlichen Spielregeln ab wie in einer Demokratie. Hier wie dort gilt es, sich bei allen Unterschieden in Lebensauffassung und Bedürfnissen gegenseitig zu achten und Toleranz zu üben, aber auch, sich den Beschlüssen zu fügen.

Der Ausschluss eines Mitglieds aus der Gemeinschaft ist eine Radikallösung und als solche nur gerechtfertigt, wenn die Pflichtverletzung so schwerwiegend ist, dass den übrigen Eigentümern das weitere Zusammenleben nicht mehr zugemutet werden kann. Zunächst aber müssen die Betroffenen versuchen, mit weniger gravierenden Mitteln zu einem Modus Vivendi zu gelangen, etwa durch Aussprachen, eine neutrale Vermittlung oder allenfalls auch weniger weit reichende rechtliche Massnahmen. Erst wenn sich zeigt, dass die störende Partei offenkundig nicht bereit ist, sich an einen für alle erträglichen Rahmen zu halten, wenn sie sich dauernd über berechtigte Mahnungen, Vermittlungsversuche und Versammlungsbeschlüsse hinwegsetzt, ist als letztes Mittel ein Ausschluss anzuordnen.

Wie läuft ein Ausschluss ab?

Die Stockwerkeigentümerversammlung kann zwar den Beschluss fassen, ein Mitglied aus der Gemeinschaft auszuschliessen – dies allein führt aber noch nicht zum Ausschluss. Den wirksamen Entscheid muss das Gericht fällen. Zuständig ist das Gericht am Ort des Stockwerkeigentums.

Gegen den Störenfried klagen müssen die beeinträchtigten Stockwerkeigentümer selbst; im Namen der Gemeinschaft kann eine solche Klage nicht eingereicht werden. Sind einmal die Ausschlussgründe im ordentlichen Verfahren in zuverlässiger und objektiver Weise festgestellt worden, befiehlt das Gericht dem Betroffenen, seine Stockwerkeinheit zu veräussern, und setzt ihm dafür eine Frist. Bis zum Verkauf der Einheit bleibt der Ausgeschlossene Mitglied der Gemeinschaft, wobei das Gericht aber eine Spezialregelung für das Stimmrecht und die Kostentragung erlässt. Verkauft der Ausgeschlossene seine Stockwerkeinheit nicht innerhalb der angesetzten Frist, wird sie öffentlich versteigert.

Die Rolle des Verwalters

Wohneigentum bedeutet Arbeit: Garten, Heizung und Waschküche im Schuss halten, Versicherungen abschliessen, Rechnungen zahlen. Ein guter Verwalter entlastet die Stockwerkeigentümer und trägt wesentlich zum guten Einvernehmen in der Gemeinschaft bei.

Von der Arbeit der Verwalterin hängt es massgeblich ab, ob in der Gemeinschaft Frieden herrscht. Zu Streitereien kommt es nämlich oft dann, wenn Sach- und finanzielle Geschäfte nicht rechtzeitig oder fachgerecht erledigt werden. Es lohnt sich deshalb, bei der Wahl einer Verwalterin und beim Abschluss des Vertrags mit ihr sorgfältig vorzugehen.

Offenbar war sich auch der Gesetzgeber der Bedeutung des Verwalters bewusst; im sonst eher knapp gehaltenen Stockwerkeigentumsrecht sind ihm vier umfassende Artikel gewidmet (Art. 712q bis 712t ZGB). Zudem haben Stockwerkeigentümer und alle interessierten Drittpersonen den gesetzlichen Anspruch, einen Verwalter gerichtlich ernennen zu lassen (siehe Seite 110).

Der Verwaltungsvertrag

Die Verwalterin wird von der Gemeinschaft gewählt. Ist im Reglement nichts anderes vorgesehen, braucht es dazu einen Mehrheitsbeschluss der in der Versammlung anwesenden Eigentümer. Der Verwalter kann auf eigenes Begehren respektive auf Begehren der Stockwerkeigentümersammlung oder des Gerichts im Grundbuch angemerkt werden (Art. 962a Ziff. 5 ZGB).

ACHTUNG *Findet eine Anmerkung zur Person des Verwalters im Grundbuch statt, muss sie unbedingt nachgeführt werden. Wird eine Anmerkung nicht gelöscht respektive korrigiert, kann die Gemeinschaft nämlich durch Handlungen eines abberufenen Verwalters verpflichtet werden.*

Zwischen der Verwalterin und der Gemeinschaft wird ein Verwaltungsvertrag abgeschlossen. Dieser ist rechtlich gesehen ein Auftrag, der an sich auch formlos entstehen kann. Trotzdem empfiehlt es sich, den Vertrag schriftlich aufzusetzen und die gesetzlichen Aufgaben zu ergänzen und zu präzisieren. Folgende Punkte gehören in den Vertrag:
- umfassendes Pflichtenheft
- Pauschalhonorar für die im Pflichtenheft aufgeführten Aufgaben
- Summe, bis zu der die Verwalterin in eigener Kompetenz und ohne Beschluss der Gemeinschaft Aufträge erteilen darf
- spezielle Anforderungen an die Buchführung
- Kündigungsfrist

Die Aufgaben des Verwalters

Sieht das Reglement keine Einschränkungen vor, hat der Verwalter einen sehr breiten Aufgabenbereich. Dieser reicht von der gemeinschaftlichen Verwaltung bis zur Vertretung der Gemeinschaft gegenüber Dritten, Behörden oder auch Gerichten.

INFO *Die gesetzlichen Aufgaben des Verwalters sind in den Artikeln 712s und 712t ZGB aufgeführt.*

Die Gemeinschaft kann diesen Aufgabenkatalog einschränken oder auch ausdehnen. Das kann per Verwaltungsvertrag, via Reglement oder durch einen Versammlungsbeschluss geschehen oder auch bloss in der Art und Weise, wie das Vertragsverhältnis zwischen der Gemeinschaft und dem Verwalter gelebt wird (zum üblichen Pflichtenheft eines Verwalters siehe Seite 129).

 GUT ZU WISSEN *Als Schlichter bei Streitigkeiten unter den Stockwerkeigentümern ist ein Verwalter in der Regel nicht geeignet. Erstens wird er dafür kaum die nötige Ausbildung haben. Zweitens besteht die Gefahr, dass seine Art der Streitschlichtung von der einen oder anderen Partei als nicht objektiv betrachtet wird, was das generelle Vertrauen in ihn nachhaltig erschüttern kann.*

Wichtig: die finanziellen Aufgaben

Die korrekte Erledigung der finanziellen Angelegenheiten der Gemeinschaft durch den Verwalter ist für den Frieden in der Gemeinschaft sowie zwischen der Gemeinschaft und dem Verwalter von besonderer Bedeutung. Er muss auf die finanziellen Aufgaben deshalb ein besonderes Augenmerk richten:

- für die Gemeinschaft Rechnungen, Steuern, Versicherungsprämien etc. zahlen
- für die Gemeinschaft Forderungen gegenüber Drittpersonen und einzelnen säumigen Stockwerkeigentümern eintreiben
- Buch führen über die Einnahmen und Ausgaben der Gemeinschaft sowie die Jahresrechnung erstellen

Wie der Verwalter die finanziellen Angelegenheiten zu organisieren hat, schreibt ihm das Gesetz nicht vor. In der Praxis ist man sich aber darüber einig, dass für eine ordnungsgemässe Verwaltung mindestens eine Buchführung erforderlich ist. Stellt eine Stockwerkeigentümergemeinschaft spezielle Anforderungen an die Buchführung, sollte sie diese im Verwaltungsvertrag exakt definieren.

Zur Erledigung der finanziellen Angelegenheiten gehört auch, dass der Verwalter jährlich ein Budget unterbreitet und es von der Versammlung genehmigen lässt. Auf Basis dieses Budgets kann die Versammlung über Akontozahlungen entscheiden, die dann der Verwalter in Rechnung stellen und einkassieren muss. Leisten einzelne Stockwerkeigentümer die beschlossenen Zahlungen nicht, kann und muss der Verwalter auch betreibungsrechtliche oder gerichtliche Schritte einleiten (siehe Seite 185). Akontozahlungen muss er wie die anderen finanziellen Mittel der Gemeinschaft möglichst sicher und von seinen eigenen Konten getrennt anlegen.

Auch der Erneuerungsfonds wird vom Verwalter gehortet. Dieses Geld ist auf einem vom übrigen Verwaltungsfonds getrennten Konto anzulegen. Das ermöglicht eine bessere Übersicht und verhindert, dass der Erneuerungsfonds aus Unachtsamkeit mit Auslagen belastet wird, für die er nicht gedacht ist (zum Thema Erneuerungsfonds siehe Seite 181).

Die Vertretung der Gemeinschaft durch den Verwalter
Die Verwalterin ist das Bindeglied zwischen Aussenstehenden und der Stockwerkeigentümergemeinschaft. Sie hat deshalb von Gesetzes wegen eine Vertretungsmacht, die in Artikel 712t ZGB ausführlich geregelt ist.

Die Vertretungsmacht bezieht sich auf alle Geschäfte, die die Verwalterin im Zusammenhang mit der gemeinschaftlichen Verwaltung wahrzunehmen hat. Dazu zählen alle Aufgaben, die ihr durch das Gesetz sowie durch das Reglement und die Beschlüsse der Stockwerkeigentümerversammlung eingeräumt werden. Hat die Gemeinschaft die Kompetenzen der Verwalterin gegenüber den gesetzlichen Vorgaben eingeschränkt, gilt dies für aussenstehende Dritte nur, wenn sie davon Kenntnis erhalten haben.

Vor Gericht darf die Verwalterin die Gemeinschaft nur in zivilrechtlichen Summarverfahren vertreten. Zur Einleitung und Durchführung von ordentlichen Zivilprozessen braucht sie eine zusätzliche Bevollmächtigung durch die Versammlung. Gleiches gilt für die Führung von nicht zivilrechtlichen Gerichtsverfahren, beispielsweise für eine Einsprache gegen ein Bauprojekt. Hat die Verwalterin keine solche Zusatzvollmacht, kann das in einzelnen Kantonen zur Abweisung der Klage und zum Verlust des Prozesses führen.

Die Haftung des Verwalters
Bei dem zwischen der Gemeinschaft und dem Verwalter abgeschlossenen Vertrag handelt es sich um einen Auftrag. Der Verwalter haftet gegenüber der Gemeinschaft deshalb für eine getreue und sorgfältige Ausführung der ihm übertragenen Geschäfte (Art. 398 OR). Zu den Grundsätzen einer sorgfältigen Auftragsausführung zählt vor allem Folgendes:

- Der Verwalter muss die Aufgaben und Arbeiten so planen, dass er sie rechtzeitig und fachgerecht erledigen kann.
- Die Stockwerkeigentümergemeinschaft darf vom Verwalter einen hohen fachlichen Standard erwarten. Sie darf davon ausgehen, dass er über die nötigen Sach- und Fachkenntnisse zur Erfüllung der ordentlichen Verwaltungshandlungen verfügt. Tut er dies nicht und nimmt er den Auftrag trotzdem an, ist er für Fehler, die aus seinem Unvermögen entstehen, verantwortlich und muss der Gemeinschaft bei einem Schaden Ersatz leisten.
- Arbeitsüberlastung oder Zeitnot entlasten den Verwalter nicht von einer sorgfältigen Erfüllung seines Verwaltungsmandats.
- Der Verwalter muss die Liegenschaft regelmässig besuchen, um Mängel rechtzeitig entdecken zu können. Er hat alle Anordnungen zu treffen, die nötig sind, um solche Mängel zu beheben und weiteren Schaden zu verhindern – wenn nötig auch gegenüber einem der Eigentümer.

Die richtige Person finden

Die Aufgaben und Kompetenzen des Verwalters und die dazu notwendigen Kenntnisse sind sehr vielfältig. Es empfiehlt sich deshalb dringend, ihn mit grösster Sorgfalt auszuwählen – und erst in zweiter Linie auf das Honorar zu achten. Der billigste Verwalter ist nicht immer der günstigste. Auf dem Markt finden sich heutzutage verschiedene Anbieter, die nicht davor zurückschrecken, die Verwaltung von Stockwerkeigentum zu Preisen zu offerieren, die es ihnen gar nicht erlauben, den nötigen zeitlichen Aufwand zu erbringen. Das hat unweigerlich Auswirkungen auf die Qualität und damit den Wert der Liegenschaft.

Einer Aufsicht unterstehen die Verwalter nicht. Es ist deshalb besonders wichtig, die fachlichen und menschlichen Fähigkeiten der zukünftigen Verwalterin vor der Auftragsvergabe zu prüfen.

TIPP *Holen Sie mehrere Offerten ein und vergleichen Sie sie sorgfältig. Prüfen Sie vor allem, welche Dienstleistungen im Pauschalhonorar enthalten sind und welche Arbeiten zu welchen Konditionen extra in Rechnung gestellt werden. Die Dienstleistung «Verwaltung von Stockwerkeigentum» kann von jedermann angeboten* *werden. Erkundigen Sie sich nach Aus- und Weiterbildung, nach der beruflichen Erfahrung und lassen Sie sich Referenzen geben.*

Manchmal muss ein Verwalter schnell reagieren können. Deshalb sollte auch die Stellvertretung bei Ferienabwesenheiten oder Krankheit sichergestellt sein.

Das kostet ein guter Verwalter
In der Regel wird mit der Verwalterin ein Pauschalhonorar vereinbart. Doch darin sind nicht alle Aufgaben enthalten, die sie im Laufe eines Jahres möglicherweise erfüllen wird. Was zum Pauschalhonorar gehört, hat der Schweizerische Verband der Immobilienwirtschaft (SVIT) in einem Leistungsbeschrieb zusammengestellt (siehe Kasten).

Das Honorar für eine seriöse Verwaltung beträgt laut den Richtlinien des SVIT 350 bis 500 Franken pro Einheit und Jahr plus ein jährliches Grundhonorar von 2500 Franken. Sind die Ansätze tiefer, lassen sich die anfallenden Arbeiten nicht mehr kostendeckend erledigen – und das hat unweigerlich Auswirkungen auf die Qualität der Verwaltungstätigkeit. Nicht im Pauschalhonorar inbegriffen sind gemäss SVIT folgende Aufgaben:
- Erhöhter Aufwand bei der Übernahme des Verwaltungsmandats
- Aufnahme und Erledigung von Schadenfällen
- Ausführung grösserer Arbeiten, die im Verwaltungsvertrag nicht enthalten sind, beispielsweise Sanierungen

Solche Arbeiten werden nach Aufwand verrechnet; der mittlere Ansatz liegt bei 150 Franken pro Stunde. Für Arbeiten bei grösseren Umbauten wird häufig die SIA-Honorarordnung beigezogen.

 ACHTUNG *Getreu der Devise «Erledigen wir das doch selbst, das ist günstiger» machen viele Stockwerkeigentümer einen der Ihren zum Verwalter; allenfalls wird ein Turnus vereinbart. Davon ist jedoch abzuraten. Nicht nur fehlt den Eigentümern in vielen Fragen die nötige Unabhängigkeit, oft verfügen sie auch nicht über die fachlichen Kenntnisse in professioneller Verwaltung und über ein Netzwerk an Beratern in den verschiedenen Bereichen. Die Kostenersparnis ist deshalb oft gering. Kommt hinzu, dass der Vorwurf laut werden könnte, der Eigentümer/Verwalter verfolge zu sehr die eigenen Interessen.*

VERWALTERPFLICHTENHEFT: DAS IST IM HONORAR ENTHALTEN

Administratives
- Einberufung und Leitung der Stockwerkeigentümerversammlung
- Führen der Beschlussprotokolle, Ausführen und Koordinieren der Beschlüsse und Erstellen eines Rechenschaftsberichts
- Fakturieren und Inkasso der Verwaltungsbeiträge, der Erneuerungs- und anderen Fondsbeiträge, der Mietzinse und Nebenkosten für Gemeinschaftsanlagen
- Buchführung über sämtliche Einnahmen und Ausgaben
- Vornahme aller Zahlungen und Verbindlichkeiten
- Erstellung der Jahresrechnung und des Budgets
- Vertretung der Gemeinschaft nach aussen
- Ausarbeitung des Hauswartvertrags und Entlöhnung des Hauswarts

Technisches
- Ausführen der Beschlüsse der Gemeinschaft
- Erstellen und Überwachen der Hausordnung, der Waschküchenordnung und des Waschplans
- Anstellung und Einführung des Hauswarts in den Aufgabenbereich anhand eines Pflichtenhefts und regelmässige Kontrolle der Hauswartsarbeiten
- Regelmässige Kontrollbesuche der Liegenschaft zur Überprüfung des Gesamtzustands
- Auftragserteilung für vorsorgliche und notwendige Reparaturen und Instandstellungen, Einkauf der Brennstoffe, Überwachung und Kontrolle der erteilten Aufträge
- Abschluss von Versicherungsverträgen, Kündigung und Erweiterung des Deckungsumfangs, jeweils in Absprache mit der Gemeinschaft
- Abschluss von Serviceverträgen für Anlagen und Einrichtungen, die gewartet und kontrolliert werden müssen

Unzufrieden mit dem Verwalter?

Das Stockwerkeigentumsrecht besagt, dass die Eigentümergemeinschaft den Verwalter jederzeit abberufen kann. Das heisst aber nicht, dass mit der Abberufung auch der Verwaltungsvertrag und damit die Honorarzahlungspflicht enden.

DIE STOCKWERKEIGENTÜMERGEMEINSCHAFT

«Wiesenweg» ärgert sich über den Verwalter: Nachdem auch eine Aussprache in der Versammlung nur eine kurzfristige Verbesserung gebracht hat, beschliessen die Stockwerkeigentümer, den Verwaltungsvertrag sofort zu kündigen. Der Verwalter bestätigt den Stockwerkeigentümern die Kündigung auf Ende November. Er stellt sich aber auf den Standpunkt, der Verwaltungsvertrag sei nicht auf einen beliebigen Zeitpunkt kündbar; vereinbart sei eine Kündigungsfrist von sechs Monaten. Die Stockwerkeigentümer dagegen sind der Ansicht, gemäss Artikel 712r ZGB könne der Vertrag mit dem Verwalter jederzeit gekündigt werden.

Aus rechtlicher Sicht ist umstritten, ob ein Verwaltungsvertrag, wie es das Auftragsrecht in Artikel 404 OR vorsieht, jederzeit aufgelöst werden kann oder ob im Vertrag eine Kündigungsfrist vereinbart werden darf – die dann auch eingehalten werden muss, da andernfalls eine Kündigung zur Unzeit vorläge, die eine Schadenersatzpflicht nach sich zöge. Das Bundesgericht musste sich dazu bisher nicht äussern; die neuere Rechtslehre hält aber die Vereinbarung einer Kündigungsfrist im Verwaltungsvertrag für zulässig.

Wie auch immer: Ist im Verwaltungsvertrag keine Kündigungsfrist vereinbart, kann die Eigentümergemeinschaft diesen jederzeit widerrufen. Tut sie das allerdings zur Unzeit – zur Unzeit aufgelöst ist der Vertrag immer dann, wenn die Gemeinschaft dem Verwalter den Auftrag in einem für ihn ungünstigen Moment und ohne sachliche Rechtfertigung entzieht –, muss sie dem Verwalter den dadurch entstandenen Schaden ersetzen. Hat der Verwalter aber durch die Art und Weise seiner Arbeit Anlass zur Vertragsauflösung gegeben, kann er nicht von Unzeit sprechen.

GUT ZU WISSEN *Wurde ein Verwalter vom Gericht eingesetzt (Art. 712q ZGB), darf ihn die Gemeinschaft nicht selbst abberufen (Art. 712r Abs. 3 ZGB). Ein solcher Verwalter kann während der Zeit, für die er eingesetzt wurde, nur mit gerichtlicher Bewilligung seines Amtes enthoben werden.*

6 ■ ■ ■ LEBEN IN DER GEMEINSCHAFT

7

Die Stockwerkeigentümerversammlung

Die Stockwerkeigentümerversammlung ist das oberste Organ der Gemeinschaft und entscheidet in allen wichtigen Fragen. Deshalb ist es besonders wichtig, ihre Spielregeln zu kennen.

Die oberste Instanz der Gemeinschaft

Die Stockwerkeigentümerversammlung ist das einzige vom Gesetz zwingend vorgeschriebene Verwaltungsorgan der Gemeinschaft.
Sie trifft alle Entscheide in Bezug auf die Aufgaben, die nicht an den Verwalter delegiert sind.

Als oberstes Organ verfügt die Versammlung über alle Kompetenzen, die nicht durch das Gesetz, das Reglement, den Begründungsakt oder eine andere Vereinbarung einem anderen Organ zugewiesen wurden. In Artikel 712m ZGB findet sich eine beispielhafte Aufzählung ihrer Kompetenzen: Die Stockwerkeigentümerversammlung hat die Befugnis,
- in allen Verwaltungsangelegenheiten sowie über bauliche Massnahmen zu entscheiden;
- einen Verwalter zu bestellen und diesen zu beaufsichtigen;
- einen Ausschuss oder einen Abgeordneten zu wählen;

EIGENTÜMERVERSAMMLUNG: DIE GESETZLICHEN BESTIMMUNGEN

Trotz der grossen Bedeutung der Stockwerkeigentümerversammlung für das Funktionieren der Gemeinschaft enthält das ZGB nur einige wenige Bestimmungen zu ihrer Organisation und Durchführung:
- Gemäss Artikel 712g Absatz 1 richtet sich die Zuständigkeit für Verwaltungshandlungen und bauliche Massnahmen nach den Bestimmungen des Miteigentumsrechts (Art. 647 bis 647e ZGB). Das gilt insbesondere für die Quoren, mit denen die Beschlüsse in der Stockwerkeigentümerversammlung gefasst werden.
- Artikel 712m Absatz 2 besagt, dass auf die Versammlung ergänzend die Bestimmungen über die Organe des Vereins (Art. 64 bis 68 ZGB) und die Anfechtung von Vereinsbeschlüssen (Art. 75 ZGB) zur Anwendung gelangen.
- Artikel 712n regelt die Einberufung und Leitung der Versammlung.
- Artikel 712o beschreibt die Ausübung des Stimmrechts.
- Artikel 712p regelt die Beschlussfähigkeit.

- den jährlichen Kostenvoranschlag, die Rechnung und die Verteilung der Kosten zu genehmigen;
- über die Schaffung eines Erneuerungsfonds zu befinden;
- die für die Gemeinschaft erforderlichen Versicherungen abzuschliessen.

Wer darf an der Versammlung teilnehmen?

Oft treten Diskussionen darüber auf, wer an einer Stockwerkeigentümerversammlung überhaupt teilnehmen darf. Das Gesetz enthält dazu keine direkte Antwort. Es gibt zwei Möglichkeiten, teilzunehmen: als Partei oder als Stellvertreterin eines Stockwerkeigentümers.

Die Teilnahme als Partei
Klar ist, dass jeder Stockwerkeigentümer, jede Stockwerkeigentümerin an der Versammlung teilnehmen kann. Wie aber sieht es aus, wenn eine Einheit mehreren Personen gehört? Und was gilt für eine Nutzniesserin oder einen Mieter?
- Gehört eine Wohnung mehreren Personen, können alle diese Personen an der Versammlung teilnehmen. Sie haben allerdings nur eine Stimme, die sie durch einen von ihnen bestimmten Vertreter ausüben müssen. Das gilt auch für die Miteigentümer einer Autoeinstellhalle, die eine eigene Stockwerkeinheit bildet und in Miteigentum aufgeteilt ist.
- Nutzniesser und Wohnberechtigte dürfen von Gesetzes wegen an der Stockwerkeigentümerversammlung teilnehmen und sind in allen Verwaltungsfragen stimmberechtigt. Ausgenommen sind Beschlussfassungen über nützliche und luxuriöse bauliche Massnahmen, bei denen laut Gesetz nur der Stockwerkeigentümer selbst stimmberechtigt ist. Selbstverständlich dürfen die Eigentümerin und ein Wohnberechtigter aber auch andere Vereinbarungen treffen und beispielsweise festhalten, dass der Wohnberechtigte in allen Fragen entscheiden kann.
- Mieter oder Pächter einer Stockwerkeinheit haben keinen Anspruch darauf, an der Versammlung teilzunehmen. Der Stockwerkeigentümer kann sie jedoch zur Teilnahme und Stimmabgabe an seiner Stelle bevollmächtigen, sofern sich eine solche Vertretung mit den Bestimmungen im Reglement verträgt.

Die Teilnahme als Stellvertreter

Stockwerkeigentümer können, statt selbst an die Versammlung zu gehen, eine Stellvertreterin bestimmen, die sie bei der Wahrnehmung ihrer Interessen und bei der Stimmabgabe in der Versammlung vertritt. Es empfiehlt sich, im Reglement festzuhalten, welche Personen als Vertreter zulässig sind und in welcher Form sie bevollmächtigt werden müssen.

Eine Beschränkung der möglichen Vertreter, beispielsweise auf Familienangehörige oder andere Stockwerkeigentümer, ist zulässig. Sie muss aber mit dem Begründungsakt oder später mit einstimmigem Beschluss Aufnahme ins Reglement finden. Nicht zulässig wäre eine Reglementsbestimmung, die es grundsätzlich verbietet, einen Stellvertreter an die Versammlung zu entsenden.

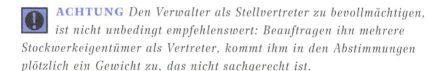

ACHTUNG *Den Verwalter als Stellvertreter zu bevollmächtigen, ist nicht unbedingt empfehlenswert: Beauftragen ihn mehrere Stockwerkeigentümer als Vertreter, kommt ihm in den Abstimmungen plötzlich ein Gewicht zu, das nicht sachgerecht ist.*

Schicken Sie einen Stellvertreter an die Versammlung, muss die Versammlungsleitung prüfen, ob er rechtsgültig bevollmächtigt ist. Obwohl vom Gesetz nicht vorgeschrieben, sollten Sie Ihrem Stellvertreter immer eine schriftliche Vollmacht mitgeben (siehe Muster).

Wenn Sie der Verwaltung die schriftliche Vollmacht nicht vorab zukommen lassen, sollte Ihr Stellvertreter diese mit an die Versammlung bringen. Verlangt Ihr Reglement keine schriftliche Vollmacht, muss die Versammlungsleitung einen Stellvertreter auf jeden Fall zulassen – sogar dann, wenn die Überprüfung der Bevollmächtigung an der Versammlung selbst gar nicht möglich ist. Weil aber Unsicherheiten hinsichtlich der Rechtmässigkeit von Vertretungen die Versammlung ungemein verkomplizieren können, empfiehlt sich die schriftliche Bevollmächtigung in jedem Fall.

INFO *Dürfen weitere Personen als Besucher ohne Stimmrecht an der Versammlung teilnehmen? Diese Frage stellt sich etwa für Ehe- oder Konkubinatspaare, wenn nur eine Seite Stockwerkeigentümerin ist. Solange die anderen Mitglieder der Gemeinschaft einverstanden sind, ist eine solche informelle Teilnahme durchaus möglich. Möchten sie aber unter sich sein, müssen die Besucher draussen bleiben.*

MUSTER: VOLLMACHT FÜR DIE STOCKWERKEIGENTÜMERVERSAMMLUNG

Vollmacht

Ich, Paul S.,
Eigentümer des Grundstücks Nr. 3487, Grundbuch Hinterthal, Hochstrasse 10,
6436 Hinterthal,

beauftrage und bevollmächtige

Frau Claudia M., Hochstrasse 10, 6436 Hinterthal,

mich an der ordentlichen Versammlung der Stockwerkeigentümergemeinschaft «Hochstrasse 10» vom 25. Januar 2013 zu vertreten.

Im Einzelnen bevollmächtige ich Frau M.:
- mich in allen zur Diskussion stehenden Fragen zu vertreten;
- die Kopf- und Anteilsstimme abzugeben im Rahmen von Abstimmungen anlässlich der genannten Versammlung;
- mich anlässlich der genannten Versammlung in allen übrigen Belangen zu vertreten.

Hinterthal, 14. Januar 2013   Paul S.

Richtig einberufen, korrekt durchführen

Soll eine Stockwerkeigentümerversammlung einberufen und abgehalten werden, gilt es, bestimmte gesetzliche und reglementarische Anforderungen einzuhalten.

Richtlinien in Bezug auf Stockwerkeigentümerversammlungen sind wichtig, um Ungerechtigkeiten und Ungleichbehandlungen der Stockwerkeigentümer vorzubeugen, vor allem aber, um langwierige, kostenintensive Auseinandersetzungen zu vermeiden, wenn ein Eigentümer mit einem Beschluss nicht einverstanden ist.

Die Einladung zur Versammlung

Mindestens einmal jährlich muss der Verwalter eine Versammlung der Stockwerkeigentümer einberufen (Art. 712m Abs. 1 Ziff. 4 ZGB), wenn er es für notwendig hält, auch öfter.

Solange ein Verwalter bestellt ist, kann nur er zur Versammlung einladen. Ist die Stockwerkeigentümergemeinschaft jedoch zu mindestens einem Fünftel vertreten (das Reglement kann auch eine kleinere Anzahl vorsehen), ist sie berechtigt, die Einberufung einer Versammlung von ihm zu verlangen. Hat eine Gemeinschaft keinen Verwalter, kann jeder Stockwerkeigentümer eine Versammlung einberufen, sofern das Reglement keine anders lautende Bestimmung enthält.

Eine Mindestfrist zwischen dem Versand der Einladung und der Durchführung der Versammlung schreibt das Gesetz nicht vor. Um Diskussionen zu vermeiden, sollte diese Frist deshalb im Reglement definiert werden. Empfehlenswert sind mindestens zehn Tage.

Von Gesetzes wegen gilt der Zeitpunkt des Eingangs beim einzelnen Stockwerkeigentümer als massgebend für den Fristbeginn. Weil dies aber manchmal schwer zu beweisen ist, sollte im Reglement festhalten werden, dass die Frist dann beginnt, wenn der Verwalter die Einladungen an die Post übergibt.

Das Recht, die Traktandierung zu verlangen

Auch bezüglich der Frage, wer die Traktandierung von Geschäften für die Versammlung verlangen darf, enthält das Gesetz keine Vorschriften. Ist eine Verwalterin eingesetzt und sieht das Reglement nichts anderes vor, kann die Stockwerkeigentümerschaft die Traktandierung eines Geschäfts verlangen, wenn sie zu einem Fünftel vertreten ist. Ob auch ein einzelner Eigentümer ein Geschäft auf die Traktandenliste setzen lassen darf, hat das Bundesgericht bisher nicht geregelt. Nach herrschender Lehre ist aber von einem solchen Anspruch auszugehen. Wurde keine Verwalterin bestimmt, hat jeder einzelne Stockwerkeigentümer Anspruch auf die Traktandierung eines Geschäfts.

Damit die Eigentümer die Möglichkeit erhalten, Geschäfte auf die Traktandenliste setzen zu lassen, muss die Verwalterin die Versammlung rechtzeitig ankündigen und einen Termin zur Einreichung der Traktanden setzen. Ist diese Frist verstrichen, kann sie die Einladung zur Versammlung mit ihren und den eingegangen Traktanden erstellen.

Selbstverständlich wäre es auch denkbar, den Termin für die Einreichung von Traktanden im Reglement festzuhalten. Eine solche Bestimmung schränkt die zeitliche Flexibilität der Gemeinschaft jedoch stark ein; ab und zu muss man ja auch in der Lage sein, eine Versammlung aus aktuellem Anlass rasch einzuberufen.

 DAS REGLEMENT der Stockwerkeigentümergemeinschaft «Hochstrasse 10» enthält betreffend Einladung zur Versammlung zwei Bestimmungen.

1. Die Versammlung der Stockwerkeigentümer findet mindestens einmal jährlich im ersten Quartal des Kalenderjahrs statt. Die Einladung zur Versammlung muss mindestens 14 Tage vor dem Versammlungstag verschickt werden. Massgebend ist der Zeitpunkt der Postaufgabe.
2. Jeder Stockwerkeigentümer kann Anträge an die Versammlung stellen und die Traktandierung von Geschäften verlangen.
Solche Begehren sind bis 31. Dezember des Jahres vor der Versammlung an die Verwaltung zu richten. Massgebend ist die Postaufgabe.

Die Traktandenliste
Mit der Einladung zur Versammlung muss Ihnen der Verwalter auch die Traktanden bekannt geben, die er zu behandeln beabsichtigt. Die Traktandenliste sollte dabei so klar formuliert sein, dass Sie erkennen können, über welche Sachfragen gegebenenfalls entschieden wird. Der Zweck dieser Traktandenliste ist ein doppelter:

- Die Eigentümer erhalten Aufschluss darüber, ob ihre Teilnahme an der Versammlung überhaupt zweckmässig oder notwendig ist.
- Anhand der Traktandenliste können sie sich – vor allem, wenn auch Unterlagen wie Offerten oder Budgets mitgeliefert werden – auf die Versammlung vorbereiten. Dadurch sinkt das Risiko übereilter und unüberlegter Beschlüsse, die eventuell mühsam rückgängig gemacht werden müssen.

UNTER DEM TRAKTANDUM «Diverses» will Verwalter F. darüber abstimmen lassen, ob die Tanne vor dem Haus gefällt werden soll. Herr W., der erst seit einer Woche zur Gemeinschaft gehört, ist überrascht. Er habe von diesem Ansinnen nichts gewusst und sich darüber keine Gedanken gemacht. Verwalter F. entgegnet: «Allen anderen Stockwerkeigentümern war bekannt, dass über diese Frage abgestimmt werden soll. Sie konnten das nicht wissen. Wir können deshalb heute über das Fällen der Tanne nicht beschliessen.»

BASIS DER STOCKWERKEIGENTÜMERVERSAMMLUNG: DAS REGLEMENT
Um einen möglichst reibungslosen Ablauf der Versammlung zu gewährleisten, sollte das Reglement folgende Punkte enthalten:
- die Bestimmung, dass jeder Stockwerkeigentümer berechtigt ist, Anträge zu stellen und die Traktandierung von Geschäften zu verlangen (siehe nebenstehendes Beispiel, Absatz 2)
- eine Bestimmung, die regelt, wie die Stockwerkeigentümer Anträge stellen und die Traktandierung von Geschäften verlangen können und bis wann sie das zu tun haben (Beispiel, Absatz 2)
- eine Bestimmung, die definiert, bis zu welchem Zeitpunkt die Einladung zur Versammlung erfolgen muss und ob die Postaufgabe durch die Verwaltung oder der Posteingang beim Stockwerkeigentümer massgebend ist (Beispiel, Absatz 1)

Die Traktanden müssen so formuliert sein, dass jeder Stockwerkeigentümer daraus ersehen kann, worüber Beschluss gefasst werden soll.

Über Traktanden, die nicht gehörig angekündigt sind, darf nur dann entschieden werden, wenn die Beschlussfassung im Rahmen einer Urabstimmung stattfindet (siehe Seite 149).

 TIPP *Fasst die Stockwerkeigentümerversammlung einen Beschluss über ein ungenügend oder gar nicht traktandiertes Geschäft, ist dieser anfechtbar (siehe Seite 145). Verstösst der Beschluss gegen elementare gesetzliche oder reglementarische Bestimmungen, ist er unter Umständen sogar nichtig, das heisst auch ohne Anfechtung ungültig (siehe Seite 148). Wenn Ihnen ein Beschluss über ein nicht traktandiertes Geschäft missfällt, sollten Sie sich aber nicht auf solche juristische Spitzfindigkeiten einlassen, sondern ihn auf jeden Fall anfechten.*

Ist die Versammlung beschlussfähig?

Damit die Eigentümerversammlung überhaupt über die traktandierten Geschäfte entscheiden kann, muss sie beschlussfähig sein. Das Gesetz verlangt dazu eine Mehrheit sowohl nach Köpfen als auch nach Quoren. Die Versammlung ist beschlussfähig, wenn:
- die Hälfte aller Stockwerkeigentümer anwesend oder vertreten ist und
- diese mindestens über die Hälfte der Anteile, also über 500/1000 Wertquoten, verfügen.

Sinn und Zweck der gesetzlichen Bestimmungen zur Beschlussfähigkeit ist der Schutz der Minderheiten. Deshalb können sie im Reglement zwar geändert werden, aber nur im Sinne einer Erschwerung. Eine reglementarische Erleichterung des Quorums ist nicht zulässig.

Ist an der Versammlung nicht die nötige Mindestzahl von Stockwerkeigentümern vertreten, muss eine zweite Versammlung einberufen werden. Diese darf frühestens zehn Tage nach der ersten stattfinden. Sie ist beschlussfähig, wenn mindestens ein Drittel aller Stockwerkeigentümer – mindestens aber deren zwei – anwesend oder vertreten sind (Art. 712p ZGB).

Sind auch bei der zweiten Versammlung nicht genug Stockwerkeigentümer anwesend, muss keine dritte Versammlung einberufen werden; dann darf eine einzelne Stockwerkeigentümerin in den vom Gesetz oder Reglement vorgesehenen Fällen die notwendigen und dringlichen Verwaltungshandlungen selbst vornehmen (siehe Seite 150) oder durch das Gericht anordnen lassen.

Stimmrecht und Quoren für die Beschlussfassung

Die Versammlung fasst ihre Beschlüsse mittels Abstimmungen. Sehen Gesetz und Reglement nichts anderes vor, gilt das absolute Mehr der Kopfstimmen. Dabei hat jeder Stockwerkeigentümer nur eine Stimme – selbst als Eigentümer mehrerer Wohnungen. Mehrere Personen, denen eine Stockwerkeinheit im Mit- oder Gesamteigentum gehört, haben gemeinsam ebenfalls nur eine Stimme (siehe auch Anhang).

> **INFO** *Ist ein Stockwerkeigentümer befangen, muss er bei der Beschlussfassung in den Ausstand treten. Weigert er sich, muss ein anderer Stockwerkeigentümer eine solche Ausstandspflicht unverzüglich nach Bekanntwerden der Gründe geltend machen, andernfalls ist der Anspruch verwirkt (BGE vom 5.5.2006, 5C.239/2005, und vom 1.3.2011, 5A_709/2010).*

Für wichtigere Geschäfte sieht das Gesetz die qualifizierte Beschlussfassung vor. Neben den Kopfstimmen ist die Wertquote jeder Stockwerkeinheit mitentscheidend: Hat eine Eigentümerin mehrere Einheiten, werden deren Wertquoten für die Berechnung der Stimmkraft zusammengezählt.

> **GUT ZU WISSEN** *Die Bemessung des Stimmrechts nach Köpfen ist nicht zwingend; im Begründungsakt oder später mit einstimmigem Beschluss der Versammlung kann eine andere Regelung festgelegt respektive ins Reglement aufgenommen werden, etwa Stimmrecht nach Stockwerkeinheiten (pro Einheit eine Stimme) oder nach Anteilsgrösse (Wertquotenzähler). Bei vom Gesetz abweichenden Stimmrechtsregelungen ist darauf zu achten, dass ein einzelner Eigentümer die Bestrebungen der anderen nicht verhindern und ihnen seinen Willen aufzwingen kann.*

Bei besonders wichtigen Geschäften schliesslich ist Einstimmigkeit notwendig. Welcher Beschluss aber mit welchem Quorum zu fassen ist, bestimmt das Stockwerkeigentumsrecht in nur wenigen Ausnahmefällen. Zur Frage, wie die Quoren zu berechnen sind, schweigt es sich völlig aus.

Normalfall: absolutes Mehr nach Köpfen

Ob ein neuer Rasenmäher angeschafft, ein Gärtner mit dem Schneiden der Hecke beauftragt oder die Jahresrechnung genehmigt und der Verwaltung Décharge erteilt werden soll, entscheidet die Versammlung durch das absolute Mehr. Das gilt auch für alle anderen Beschlüsse, für die das Gesetz oder das Reglement kein anderes Quorum vorsieht.

Das absolute Mehr berechnet sich immer anhand der anwesenden und vertretenen Stimmen. Stockwerkeigentümer, die sich der Stimme enthalten, sprechen sich also de facto gegen den zur Abstimmung stehenden Antrag aus.

INFO *Wie das absolute Mehr bei Abstimmungen über bauliche Massnahmen berechnet werden soll, ist umstritten. Teilweise vetritt man die Auffassung, für einen Beschluss sei das absolute Mehr aller Stockwerkeigentümer erforderlich. Zur Sicherheit sollten Sie bei Beschlüssen über bauliche Massnahmen dieses strengere Quorum einhalten.*

Bei wichtigeren Entscheiden: qualifiziertes Mehr

Ob für die Pflege des Gartens dauernd ein Gärtner angestellt, ob ein Hauswart engagiert oder die noch voll funktionstüchtige Waschküche neu gefliest werden soll, bestimmt die Gemeinschaft durch das qualifizierte Mehr. Denn dabei handelt es sich um wichtigere Verwaltungshandlungen beziehungsweise nützliche bauliche Massnahmen (siehe Seite 153 respektive 155). Auch über die Änderung des Reglements entscheidet die Gemeinschaft mit qualifizierter Mehrheit.

Ein Antrag, der gemäss Gesetz oder Reglement das qualifizierte Mehr erfordert, ist angenommen, wenn

- ihm die Mehrheit der anwesenden und vertretenen Stockwerkeigentümer zustimmen und
- die Zustimmenden zugleich über mehr als die Hälfte aller Wertquoten, also beispielsweise mindestens 501/1000, verfügen.

Bei sehr wichtigen Entscheiden: Einstimmigkeit
Soll ein Teil des gemeinschaftlichen Grundstücks verkauft werden, der bisherige Veloraum neu einer einzigen Eigentümerin als Weinkeller zur Verfügung stehen oder soll das Stockwerkeigentum gar aufgehoben werden, braucht es dazu die Zustimmung aller – also nicht bloss aller in der Versammlung anwesenden oder vertretenen, sondern sämtlicher stimmberechtigter Eigentümer der Gemeinschaft. Dies muss im Rahmen der Versammlung geschehen; fehlende Stimmen können nicht durch spätere schriftliche Erklärungen beigebracht werden. Es ist jedoch möglich, einen einstimmigen Beschluss auf dem Zirkularweg zu fassen (siehe Seite 149).

Folgende Geschäfte müssen gemäss Gesetz einstimmig beschlossen werden:
- räumliche Ausscheidung von gemeinsamen Teilen (Art. 712b Abs. 3 ZGB)
- Aufhebung des Stockwerkeigentums (Art. 712f Abs. 2 ZGB)
- Verkauf oder Belastung des gemeinsamen Grundstücks (Art. 648 Abs. 2 ZGB)
- Änderung der Zuständigkeit zu Verwaltungshandlungen und baulichen Massnahmen (Art. 712g Abs. 2 ZGB)
- Änderung des Verwendungszwecks (Art. 648 Abs. 2 ZGB)

INFO Abweichungen von den gesetzlich vorgesehenen Beschlussfassungsquoren sind zulässig. Solche Bestimmungen können im Begründungsakt oder später durch einen einstimmig gefassten Beschluss erlassen werden. So kann beispielsweise statt des absoluten das einfache Mehr vereinbart werden, was bedeutet, dass ein Beschluss dann zustande kommt, wenn mehr Ja- als Neinstimmen vorliegen, wobei die Stimmenthaltungen nicht mitgezählt werden.

Stimmengleichheit – was nun?
Manchmal kommt es bei den Abstimmungen zu einer Pattsituation. Braucht es für einen Beschluss eine Mehrheit nach Köpfen oder eine Mehrheit nach Köpfen und Wertquoten, kommt er bei Stimmengleichheit nicht zustande. Im Reglement kann jedoch festgehalten werden, dass bei Stimmengleichheit eine Person – beispielsweise der Verwalter oder die Vorsitzende der Versammlung – den Stichentscheid fällt. Vor allem in kleineren Gemeinschaften mit einer geraden Anzahl stimmberechtigter Eigentümer kann eine solche Bestimmung sinnvoll sein.

Das Protokoll: eine wichtige Rechtsgrundlage

Die in der Stockwerkeigentümerversammlung gefällten Beschlüsse sind nicht nur für die Stockwerkeigentümer, sondern auch für Rechtsnachfolger – beispielsweise für eine Käuferin oder für die Erben – verbindlich. Deshalb ist es Pflicht, über die Versammlung ein Protokoll zu führen und dieses aufzubewahren (Art. 712n Abs. 2 ZGB). Im Protokoll ist mindestens festzuhalten, welche Stockwerkeigentümer anwesend oder vertreten waren, welche Wertquoten sie auf sich vereinigten und welche Beschlüsse gefasst wurden.

Obwohl das Gesetz hierzu keine Vorschrift enthält, werden die Protokolle regelmässig durch den Verwalter oder eine von ihm beauftragte Person verfasst. Das Protokoll sollte innert nützlicher Frist – längstens innerhalb eines Monats – erstellt werden. Hat nämlich eine Eigentümerin nicht an der Versammlung teilgenommen und auch nicht auf anderem Weg von den Beschlüssen erfahren, beginnt für sie die Frist für eine Anfechtung der Beschlüsse mit der Zustellung des Protokolls. Je länger das Protokoll auf sich warten lässt, desto länger besteht Unsicherheit darüber, ob ein gefasster Beschluss tatsächlich Bestand hat.

TIPP *Achten Sie darauf, dass dem Protokoll eine besondere, sogenannte konstitutive Wirkung zukommt. Das bedeutet, dass Beschlüsse der Stockwerkeigentümerversammlung, die nicht protokolliert werden, als nie gefasst gelten (BGE 127 III 506; BGE vom 8.11.2007, 5C.254/2006).*

Die Anfechtung eines Beschlusses

Beschlüsse, denen Sie nicht zugestimmt haben, können Sie innert Monatsfrist beim Gericht anfechten. Haben Sie einem Beschluss jedoch – direkt oder durch einen Vertreter – zugestimmt, können Sie sich nicht mehr dagegen zur Wehr setzen. Aussichten auf Erfolg hat eine Anfechtung nur, wenn ein Beschluss oder das Vorgehen in der Versammlung gegen eine gesetzliche oder reglementarische Bestimmung verstösst; dass Sie mit einem Beschluss nicht einverstanden sind, reicht nicht. Eine zusätzliche Einschränkung besteht in Bezug auf Verfahrensfehler: Wurden beispielsweise die Einladungen zur Versammlung nicht in der gemäss Reglement vorgeschriebenen Form verschickt, müssen Sie diesen Mangel sofort beanstanden. Ansonsten verlieren Sie Ihr Recht, einen Beschluss wegen eines solchen Verfahrensfehlers anzufechten (BGE 136 III 174 ff.).

URTEIL *Anlässlich einer Stockwerkeigentümerversammlung galt es, den Antrag eines Eigentümers zu behandeln. Aufgrund einer Äusserung des Verwalters wurde die Diskussion ohne Abstimmung geschlossen. Der Eigentümer erhob daraufhin Anfechtungsklage. Das Bundesgericht kam zum Schluss, dass die Stockwerkeigentümer stillschweigend auf die Behandlung des Antrags verzichtet hatten. Der Eigentümer hätte an der Versammlung intervenieren und eine Abstimmung verlangen müssen. Indem er dies nicht tat und stattdessen Anfechtungsklage erhob, hat er sich laut Gericht rechtsmissbräuchlich verhalten (BGE vom 23.1.2012, 5A_537/2011).*

Die Anfechtungsfrist

Wollen Sie einen Versammlungsbeschluss anfechten, müssen Sie dies innert eines Monats seit Kenntnisnahme bei der zuständigen kantonalen Instanz tun. Haben Sie an der Versammlung teilgenommen oder sich dort vertreten lassen, beginnt diese Frist mit dem Datum der Versammlung. Sind Sie der Versammlung ferngeblieben, beginnt der Fristenlauf in der Regel, sobald Sie das Protokoll erhalten haben. Ausnahmen gelten, wenn ein in der Versammlung nicht anwesender Stockwerkeigentümer nachweislich schon früher – etwa durch Nachbarn – vom gefassten Beschluss Kenntnis erhalten hat.

TIPP *Da das Zustellungsdatum so bedeutungsvoll ist, tut die Verwaltung gut daran, das Protokoll – zumindest dann, wenn mit einer Anfechtung zu rechnen ist – eingeschrieben zu verschicken oder sich das Empfangsdatum von den einzelnen Eigentümern schriftlich bestätigen zu lassen.*

Gemäss Schweizerischer Zivilprozessordnung ist die Anfechtungsklage in der Regel bei der Schlichtungsbehörde (beim Friedensrichter) einzureichen. Welche Stelle für die Anfechtungsklage konkret, das heisst sachlich, zuständig ist, bestimmt das jeweils anwendbare Gerichtsgesetz.

Die Klage muss am Ort der Sache eingereicht werden, also bei der Gerichtsstelle desjenigen Ortes, an dem sich das Stockwerkeigentum befindet.

ACHTUNG *Aus Beweisgründen ist die Anfechtungsklage unbedingt eingeschrieben zu verschicken. Halten Sie zudem die einmonatige Frist nicht ein, verwirken Sie das Recht auf Anfechtung und können nichts mehr gegen den Beschluss unternehmen – selbst wenn Ihre Chancen gut wären.*

SO WIRD DIE ANFECHTUNGSFRIST BERECHNET

- Eine Frist beginnt immer an dem Tag, der auf die fristauslösende Dokumentzustellung folgt – unabhängig davon, ob es sich dabei um einen Samstag, Sonn- oder Feiertag handelt.
- Ist eine Frist in Tagen angegeben, endet sie am letzten Tag. Handelt es sich dabei um einen Samstag, Sonntag oder kantonal anerkannten Feiertag, erstreckt sich die Frist bis zum nächsten Werktag.
- Bestimmt sich die Frist nach Monaten, endet sie an dem Tag (des letzten Monats), der dem Tag entspricht, an dem die fristauslösende Handlung vorgenommen wurde. Fällt das Ende auf einen Samstag, Sonn- oder Feiertag, verlängert sich die Frist ebenfalls bis zum folgenden Werktag.
- Eingehalten ist die Frist, wenn die Anfechtung am letzten Tag an das zuständige Gericht oder an eine schweizerische Poststelle übergeben wird.

Beispiel: Findet die Stockwerkeigentümerversammlung am 1. Oktober statt und nehmen Sie an der Versammlung teil, endet die Monatsfrist zur Anfechtung eines Beschlusses am 1. November. Handelt es sich dabei um einen Samstag oder Sonntag oder befindet sich die Eigentumswohnung in einem Kanton, in dem der 1. November (Allerheiligen) ein anerkannter Feiertag ist, erstreckt sich die Frist bis zum nächsten Werktag.

Die korrekte Adresse

Immer wieder richten Stockwerkeigentümer ihre Reklamationen zu Versammlungsbeschlüssen an den Verwalter. Das reicht aber zur Fristenwahrung nicht aus; eine Anfechtung muss immer bei der vom jeweiligen Kanton als zuständig bezeichneten Stelle deponiert werden. Das gilt auch dann, wenn das Reglement vorsieht, dass zuerst der Versuch einer aussergerichtlichen Schlichtung des Streits unternommen werden muss.

ACHTUNG *Vereinzelt finden sich in Reglementen Bestimmungen, wonach sich die Anfechtungsfrist verlängert oder verkürzt. Solche Bestimmungen sind ungültig und ändern nichts daran, dass Sie Ihre Anfechtung innert Monatsfrist beim Gericht einreichen müssen.*

Nichtige Beschlüsse

Beschlüsse können nicht nur anfechtbar, sondern auch nichtig sein – und zwar dann, wenn sie gegen elementare Gesetzes- oder Reglementsvorschriften verstossen. Nichtig wäre beispielsweise ein Beschluss, wenn nicht alle Stockwerkeigentümer zur Versammlung eingeladen wurden, oder ein Beschluss, der ohne die nötigen Quoren erfolgt ist, etwa eine nicht einstimmig beschlossene Änderung der Verwaltungsordnung.

Eine Anfechtung innert einer bestimmten Frist ist bei einem nichtigen Beschluss nicht nötig. Die Nichtigkeit kann jederzeit geltend gemacht werden; der Beschluss wird dann so behandelt, als wäre er gar nie gefasst worden.

TIPP *Da die Abgrenzung zwischen nichtigen und «bloss» anfechtbaren Beschlüssen in der Praxis schwierig und die Nichtigkeit eher die Ausnahme ist, sind Sie gut beraten, einen Ihnen nicht genehmen Beschluss auch dann rechtzeitig anzufechten, wenn Sie der Meinung sind, er sei eigentlich nichtig.*

Falsch protokollierte Wortmeldungen

Die Beschlüsse der Stockwerkeigentümerversammlung müssen von Gesetzes wegen zwingend im Protokoll festgehalten werden. Daneben darf das Protokoll aber auch Wortmeldungen einzelner Versammlungsteilnehmer oder andere wichtige Informationen enthalten. Was aber, wenn solche Diskussionsbeiträge falsch protokolliert wurden?

- Kleinigkeiten lassen Sie mit Vorteil auf sich beruhen. Der Zweck des Protokolls besteht nicht darin, jede Nuance der oft wortreichen Ausführungen wiederzugeben.
- Geht es um einen wichtigen Punkt, können Sie eine Berichtigung des Protokolls bis zur nächsten Versammlung verlangen. Setzen Sie Ihre Version schriftlich auf und schicken Sie sie an den Verwalter bzw. an den Verfasser des Protokolls. Eine Protokollierung, die ungenau oder unvollständig ist, den Inhalt des gefassten Beschlusses jedoch klar erkennen lässt, kann zwar jederzeit berichtigt oder innert Frist angefoch-

ten werden, der betreffende Beschluss ist dadurch aber nicht ungültig (BGE vom 8.7.2011, 5A_364/2011).
- Wenn nötig können Sie an der nächsten Versammlung beim Punkt «Abnahme des Protokolls» Ihre Vorbehalte nochmals anbringen und verlangen, dass diese protokolliert werden.

Beschlüsse ausserhalb der Versammlung

Die meisten Beschlüsse einer Stockwerkeigentümergemeinschaft werden in der Versammlung gefasst. Daneben gibt es zwei weitere Möglichkeiten:
- **Zirkularbeschluss:** kommt auf dem Schriftweg zustande. Der Verwalter – oder auch eine einzelne Stockwerkeigentümerin – verschickt an alle Mitglieder der Gemeinschaft einen Brief mit dem Antrag, den jeder mit einem schriftlichen Ja oder Nein beantwortet. Für einen Beschluss auf dem Zirkularweg ist die Zustimmung aller Stockwerkeigentümer erforderlich; lehnt auch nur eine einzige Person den Antrag ab – oder schickt sie einfach keine schriftliche Antwort –, gilt der Beschluss als nicht zustande gekommen. Der Zirkularweg ist ein geeignetes Vorgehen, wenn ein an sich unbestrittenes Traktandum erledigt werden muss, für das es sich nicht «lohnt», alle Eigentümer zu einer Versammlung zusammenzurufen. Im Reglement kann diese Art der Beschlussfassung zwar ausgeschlossen werden, doch das ist wenig praktikabel.
- **Urabstimmung:** ist nur zulässig, wenn sie im Begründungsakt oder im Reglement der Gemeinschaft vorgesehen ist. Auch die Urabstimmung findet auf dem schriftlichen Weg statt; im Unterschied zum Zirkularbeschluss reicht für die Annahme eines Antrags aber die Zustimmung der Mehrheit aller Eigentümer aus. In der Praxis hat die Urabstimmung nur wenig Bedeutung, da sie den Bedürfnissen der Stockwerkeigentümergemeinschaft kaum gerecht wird. Themen, die nicht völlig unbestritten sind, sollten wenn immer möglich in der Versammlung ausdiskutiert werden. Sonst stehen die gefassten Beschlüsse auf unsicherem Grund.

 GUT ZU WISSEN *Die Beschlussfassung durch eine Delegiertenversammlung ist im Stockwerkeigentumsrecht nicht zulässig. Auch in grösseren Gemeinschaften ist es also nicht erlaubt, beispielsweise einen Delegierten pro Haus zu bestimmen und die Delegierten*

die Geschäfte der Stockwerkeigentümerversammlung erledigen zu lassen. Eine Delegiertenversammlung darf nicht mit einem Ausschuss (siehe Seite 164) verwechselt werden.

Darüber entscheidet die Versammlung

Die Traktanden, über die Stockwerkeigentümer an der Versammlung befinden, sind vielfältig. Spezielle Bestimmungen gelten dabei in Bezug auf die sogenannten Verwaltungshandlungen und deren Sonderform, die baulichen Massnahmen.

Über die Aufgaben der Versammlung und die dafür nötigen Quoren verrät das eigentliche Stockwerkeigentumsrecht nur wenig. Vielmehr verweist es auf das Miteigentumsrecht: Dieses beschreibt die verschiedenen Geschäfte samt Quoren, über die Stockwerkeigentümer in ihrer Versammlung entscheiden. Eine Traktandenliste könnte etwa folgendermassen aussehen:

 TRAKTANDENLISTE der 12. Versammlung der Stockwerkeigentümergemeinschaft «Wiesenweg»:
1. Genehmigung des Protokolls der letzten Versammlung
2. Genehmigung der Jahresrechnung
3. Beschlussfassung Erneuerungsfonds: Soll er aufgefüllt werden?
4. Beschlussfassung Gartenbeet beim Eingang: neu gestalten?
5. Beschlussfassung Abfälle im Keller: Entsorgung
6. Varia zur Diskussion

Was sind Verwaltungshandlungen?

Die Reparatur der Gartenmauer, ein Umbau oder die Vermietung eines gemeinschaftlichen Teils der Liegenschaft – all das sind Verwaltungshandlungen. Unter diesen Begriff fällt jede Art von Geschäft, die im gemeinschaftlichen Interesse liegt. Eine Spezialform der Verwaltungshandlungen sind die baulichen Massnahmen (siehe Seite 154). Je nachdem, zu welcher Art von Verwaltungshandlungen ein Geschäft gehört, gelten unterschiedliche Regeln.

AUFGABEN DER VERSAMMLUNG GEMÄSS GESETZ

Stockwerkeigentumsrecht
- Änderung der Zuständigkeit für Verwaltungshandlungen und bauliche Massnahmen (Art. 712g ZGB)
- Annahme und Änderung des Reglements (Art. 712g ZGB)
- Ermächtigung eines Stockwerkeigentümers zur Eintragung des Gemeinschaftspfandrechts (Art. 712i ZGB)

Miteigentumsrecht
- Notwendige Verwaltungshandlungen (Art. 647 Abs. 2 Ziff. 1. ZGB)
- Dringende Verwaltungshandlungen (Art. 647 Abs. 2 Ziff. 2. ZGB)
- Gewöhnliche Verwaltungshandlungen (Art. 647a ZGB)
- Wichtigere Verwaltungshandlungen (Art. 647b ZGB)
- Notwendige bauliche Massnahmen (Art. 647c ZGB)
- Nützliche bauliche Massnahmen (Art. 647d ZGB)
- Luxuriöse Massnahmen (Art. 647e ZGB)
- Verfügung über die Sache (Art. 648 ZGB)

Notwendige Verwaltungshandlungen

Als Stockwerkeigentümerin haben Sie ein Recht darauf, dass notwendige Verwaltungshandlungen vorgenommen werden. Dass also die defekte Haustür repariert und die Heizung gewartet wird, dass Rechnungen und Versicherungsprämien gezahlt werden – kurz, dass alles Notwendige erledigt wird, damit die gemeinsame Liegenschaft genutzt werden kann und ihr Wert erhalten bleibt. Die Kosten für notwendige Verwaltungshandlungen gehen zulasten der Gemeinschaft (siehe Seite 174).

> **GUT ZU WISSEN** *Obwohl Sie ein Recht darauf haben, dass die notwendigen Arbeiten im und ums Haus erledigt werden, können Sie nicht einfach auf eigene Faust Handwerker bestellen oder*

Zahlungen veranlassen. In erster Linie ist dies Sache des Verwalters. Hat Ihre Gemeinschaft keinen Verwalter oder kommt dieser seinen Pflichten nicht nach, müssen Sie zuerst in der Versammlung die Zustimmung der anderen Stockwerkeigentümer einholen. Kommen Sie dort nicht durch, können Sie Ihr Recht gerichtlich durchsetzen.

Dringliche Verwaltungshandlungen

Wenn kein Verwalter eingesetzt ist, dürfen Sie dringliche Massnahmen selbständig, das heisst ohne Ermächtigung durch die Versammlung, in die Wege leiten. Zerbersten die Fenster infolge Hagels oder läuft im Keller die Abwasserleitung über, dürfen Sie also sofort handeln und entweder selbst Abhilfe schaffen oder Aufträge vergeben.

INFO *Dringlich ist eine Massnahme dann, wenn sie – objektiv gesehen – sofort ergriffen werden muss, um einen Schaden nicht schlimmer werden zu lassen oder einen drohenden Schaden abzuwenden. Deckt etwa ein Gewittersturm das Dach ab, dürfen Sie also lediglich ein Notdach in Auftrag geben, nicht aber die Erneuerung des Dachs anordnen. Die Kosten für dringliche Massnahmen gehen ebenfalls zulasten der Gemeinschaft.*

Für Massnahmen, die über das dringend Notwendige hinausgehen, müssen Sie unter Umständen selbst aufkommen. Zurückhaltung ist deshalb angebracht.

Wurde ein Verwalter eingesetzt und ist dieser rechtzeitig erreichbar, dürfen Sie nicht selbst eingreifen; sie sind verpflichtet, den Verwalter unverzüglich zu informieren.

Gewöhnliche Verwaltungshandlungen

Die Versammlung entscheidet über alle gewöhnlichen Verwaltungshandlungen, die sie nicht an die Verwalterin oder an einen Ausschuss delegiert hat. Dazu zählt beispielsweise der Abschluss von Service-Abonnementen oder die Anordnung kleinerer Reparaturen, aber auch das Inkasso des Mietzinses für einen vermieteten gemeinschaftlichen Parkplatz.

INFO *Gewöhnliche Geschäfte sind Geschäfte, die der Erhaltung der Liegenschaft dienen, zweckmässig erscheinen, im Interesse*

aller Eigentümer sind und keine besonders hohen Kosten verursachen. Nicht zu den gewöhnlichen Verwaltungshandlungen gehören hingegen grössere bauliche Massnahmen (siehe Seite 154).

Hat die Gemeinschaft eine Verwalterin bestimmt, gehört das Erledigen der gewöhnlichen Verwaltungshandlungen regelmässig zu ihrem Aufgabenbereich. Als einzelner Stockwerkeigentümer dürfen Sie in diesem Fall gewöhnliche Verwaltungshandlungen nicht selbst anordnen. Ist keine Verwalterin bestellt, kommt Ihnen dieses Recht hingegen zu. Allerdings haben Sie darauf – anders als bei den notwendigen Massnahmen – keinen Anspruch; die Versammlung kann es Ihnen mit absolutem Mehr verbieten. Holen Sie also auf jeden Fall zuerst die Zustimmung der Versammlung ein. Sonst müssen Sie am Ende selbst für die Kosten aufkommen.

Wichtigere Verwaltungshandlungen

Der Abschluss und die Auflösung von Miet- und Pachtverträgen, die Anschaffung von teuren Maschinen für den Unterhalt der Liegenschaft, die Anstellung eines Hauswarts oder Gärtners – all dies sind wichtigere Verwaltungshandlungen, die Sie nicht allein vornehmen dürfen. Über solche Massnahmen kann nur die Stockwerkeigentümerversammlung durch das qualifizierte Mehr entscheiden – es braucht also eine Mehrheit nach Köpfen und nach Wertquoten.

Nicht zu den wichtigeren Verwaltungshandlungen gehören Massnahmen, die eine Veräusserung oder Belastung der gemeinschaftlichen Liegenschaft zur Folge haben. Soll beispielsweise ein Streifen Land an einen Nachbarn abgetreten werden, braucht es dazu Einstimmigkeit (Art. 648 Abs. 2 ZGB). Ebenso ist für die Änderung des Verwendungszwecks die Zustimmung aller Stockwerkeigentümer erforderlich – immer vorausgesetzt, dass im Reglement nichts anderes festgelegt wurde. Zwei Fälle aus der Praxis:

> **URTEILE** *Die Umnutzung von Wohnungen in Hotelzimmer bedeutet eine Änderung des Zwecks und nicht bloss der Benutzungsweise der Liegenschaft, wie er durch die Gemeinschaftsordnung bestimmt ist. Ohne die Zustimmung der Stockwerkeigentümer darf deshalb keine Umwandlung von Wohnungen zu Hotelzimmern erfolgen (BGE vom 8.11.2011, 5A_632/2011 und 5A_648/2011).*

Das Verbot einer Kinderkrippe war nach bundesgerichtlicher Auffassung hingegen eine Änderung der Benutzungsweise, die von der Mehrheit der Stockwerkeigentümer, die zugleich die Mehrheit der Sache vertreten, auch gegen den betreffenden Stockwerkeigentümer beschlossen werden konnte (BGE vom 27.11.2012, 5A_352/2012).

DRINGLICH ODER NOTWENDIG, GEWÖHNLICH ODER WICHTIGER?

- **Dringliche Verwaltungshandlungen** dürfen Sie nur anordnen, wenn der Verwalter dazu nicht in der Lage ist oder wenn es gar keinen Verwalter gibt. Dringlich ist eine Massnahme nur insofern, als sie zur Abwehr eines unmittelbar drohenden Schadens notwendig ist; **notwendige Verwaltungshandlungen** dürfen Sie nur dann von sich aus anordnen, wenn keine Verwalterin bestellt ist und die Versammlung sich nicht dagegen ausgesprochen hat.
- Gehen Sie im Zweifelsfall davon aus, dass es sich eher um eine **wichtigere** denn um eine **gewöhnliche Verwaltungshandlung** handelt, und halten Sie sich an das strengere Quorum. So laufen Sie nicht Gefahr, Ihre Kompetenzen zu überschreiten und schliesslich für die daraus entstehenden Kosten selbst aufkommen zu müssen.

TIPP *Die Grenze zwischen gewöhnlichen und wichtigeren Verwaltungshandlungen ist fliessend und manchmal auch für Fachleute nicht einfach zu ziehen. Wenn Sie ein Geschäft nicht zweifelsfrei zuordnen können, sollten Sie besser von einer wichtigeren Verwaltungshandlung ausgehen. Dann sind Sie sicher, dass hinter einem Beschluss eine ausreichende Mehrheit steht. Wird nämlich ein Geschäft bloss mit dem absoluten Mehr beschlossen und stellt sich im Nachhinein heraus, dass das qualifizierte Mehr nötig gewesen wäre, ist der Beschluss für die Minderheit der Eigentümer nicht verbindlich. Das bedeutet unter anderem, dass diese Eigentümer an die mit dem Geschäft verbundenen Kosten keine Beiträge leisten müssen.*

Speziell geregelt: die baulichen Massnahmen

Bauliche Massnahmen sind Arbeiten, die die bestehende Bausubstanz der gemeinschaftlichen Liegenschaft verändern, erneuern oder erweitern – etwa der Umbau der Eingangshalle, das Verlegen eines neuen Bodenbelags im Treppenhaus oder die Verschiebung von Erdreich im Garten.

Auch Neubauten auf dem gemeinschaftlichen Grundstück gehören dazu. Nicht als bauliche Massnahmen gelten hingegen einfache, kleinere Reparaturen, die keine hohen Kosten verursachen. Sie gehören zu den gewöhnlichen Verwaltungshandlungen (siehe Seite 152).

Je nach Bedeutung und Höhe der Kosten braucht es für einen Beschluss über bauliche Massnahmen unterschiedliche Quoren. Der Verwalter darf über bauliche Massnahmen entscheiden, wenn ihm diese Kompetenz im Reglement eingeräumt wurde – oder wenn eine Massnahme dringend nötig ist, um einen Schaden abzuwenden. Zur Abwendung eines drohenden Schadens darf auch eine einzelne Stockwerkeigentümerin bauliche Massnahmen anordnen, wenn der Verwalter nicht innert nützlicher Frist handeln kann (siehe Seite 152).

Notwendige bauliche Massnahmen
Unterhalts-, Instandstellungs- und Erneuerungsarbeiten, die für die Erhaltung des Wertes und der Gebrauchsfähigkeit der gemeinschaftlichen Liegenschaft nötig sind – zum Beispiel die Reparatur des beschädigten Dachs oder die Errichtung einer Stützmauer, um das Abrutschen des Hangs zu verhindern –, gelten als notwendige bauliche Massnahmen. Die Notwendigkeit einer Massnahme kann sich auch aus öffentlich-rechtlichen Auflagen ergeben, beispielsweise wenn die Gemeinschaft verpflichtet wird, den Lift, der die aktuellen Sicherheitsvorschriften nicht mehr erfüllt, zu erneuern. Über notwendige bauliche Massnahmen entscheidet die Versammlung der Stockwerkeigentümer mit Mehrheitsbeschluss (siehe Seite 143).

Nicht notwendig – und deshalb auch nicht nur mit dem absoluten Mehr zu beschliessen – sind hingegen bauliche Massnahmen, bei denen es bloss um die Anpassung an einen zeitgemässen Standard geht oder darum, der Gemeinschaft oder einzelnen Eigentümern neue Nutzungsmöglichkeiten zu eröffnen. Auch die Tatsache, dass eine Arbeit später höhere Kosten verursachen würde, begründet noch keine Notwendigkeit: Auch wenn Sie wissen, dass die Preise für eine neue Heizanlage im nächsten Jahr massiv steigen werden, ist die Installation im laufenden Jahr noch nicht notwendig.

Nützliche bauliche Massnahmen
Renovationen, die zu einem moderneren Ausbau führen, etwa die Sanierung der Heizung oder die Isolation der Fassaden – kurz: alle Bauarbeiten, die eine Wertsteigerung oder eine Verbesserung der Wirtschaftlichkeit und

Gebrauchsfähigkeit der Liegenschaft zur Folge haben –, zählen zu den nützlichen baulichen Massnahmen.

Massstab für den Nutzen einer baulichen Massnahme ist immer das Gesamtinteresse der Stockwerkeigentümergemeinschaft und die mit der baulichen Massnahme verbundene Wertsteigerung der Gesamtliegenschaft. Die Interessen eines einzelnen Eigentümers hingegen sind nicht von Bedeutung.

Eine nützliche bauliche Massnahme muss die Versammlung durch das qualifizierte Mehr (siehe Seite 143) beschliessen. Und auch wenn dieses Mehr erreicht wird, darf eine solche Massnahme nicht gegen den Willen eines Stockwerkeigentümers ausgeführt werden, wenn sie für ihn einen wesentlichen Nachteil nach sich zöge.

GUT ZU WISSEN *Ein wesentlicher Nachteil liegt vor, wenn einem Stockwerkeigentümer das Gebrauchs- oder Nutzungsrecht entzogen wird oder wenn man es einschränkt, nachdem man ihm dieses Recht durch den Begründungsakt, das Reglement oder durch einen Beschluss der Gemeinschaft eingeräumt hat. Hingegen besteht kein Vetorecht, wenn dem Stockwerkeigentümer lediglich formlos erlaubt wurde, einen Teil der Liegenschaft zu nutzen (siehe Seite 21 sowie BGE 136 III 261).*

Führt eine nützliche bauliche Massnahme zudem für einen Eigentümer zu unzumutbaren Kosten, kann sie nur dann gegen seinen Willen durchgeführt werden, wenn die übrigen Stockwerkeigentümer seinen Kostenanteil übernehmen, sofern er das Zumutbare übersteigt.

EINE STOCKWERKEIGENTÜMERGEMEINSCHAFT möchte das Terrain des Gartens aufschütten und darunter eine Parkgarage erstellen. Doch der Eigentümer der Parterrewohnung ist damit nicht einverstanden: Durch die Aufschüttung würde das Fenster seines Arbeitszimmers völlig verdeckt, und er hätte in diesem Raum kein Tageslicht mehr. Gegen seinen Willen kann die Gemeinschaft die Parkgarage nicht auf diese Weise bauen.

Luxuriöse Umbauten und Renovationen
Das Auskleiden der Eingangshalle mit Marmor, der Einbau einer Gemeinschaftssauna im Keller oder ein teurer Springbrunnen im Garten ist eine

luxuriöse bauliche Massnahme. Eine solche darf nur vorgenommen werden, wenn alle Stockwerkeigentümer zustimmen.

Luxuriös ist eine Massnahme immer dann, wenn sie lediglich der Verschönerung oder Bequemlichkeit dient. Meist ist damit auch keine objektive Wertsteigerung der Liegenschaft verbunden. Das Bundesgericht hat deshalb – sozusagen als Faustregel – festgehalten, dass umso eher eine nützliche Massnahme anzunehmen sei, je höher der damit geschaffene Mehrwert im Vergleich zu den Kosten ausfällt. Das folgende Urteil zeigt exemplarisch, wie schwierig die Unterscheidung von nützlichen und luxuriösen Massnahmen ist:

URTEIL *Die Eheleute D., Eigentümer einer 4½-Zimmer-Wohnung in der Liegenschaft X., wollten den Gartensitzplatz, für den sie das ausschliessliche Nutzungsrecht hatten, um einen guten halben Meter anheben, um ihren Balkon durch eine Terrasse zu erweitern. An der ausserordentlichen Versammlung stimmten acht der zwölf Eigner mit einer Wertquote von insgesamt 664/1000 dem Plan zu. Dann aber kam es zum Streit, und schliesslich klagten A., B. und C., Gesamteigentümer der benachbarten 3½-Zimmer-Wohnung, gegen die Gemeinschaft: Die Niveauerhöhung sei eine luxuriöse bauliche Massnahme und erfordere die Zustimmung aller Eigentümer, deshalb sei der Beschluss der Versammlung aufzuheben.*

Das Bundesgericht, das den Fall letztinstanzlich zu entscheiden hatte, wies die Klage mit folgender Begründung ab: Die Erhöhung eines Gartensitzplatzes um etwas mehr als einen halben Meter auf das Niveau des Balkonbodens und der Wohnräume lässt sich nicht von vornherein den nützlichen oder luxuriösen Massnahmen zuordnen. Für diese Abgrenzung sind alle Umstände des Einzelfalls zu würdigen. Generell – so das höchste Gericht – sei umso eher eine luxuriöse Massnahme anzunehmen, je kleiner die Wertsteigerung im Vergleich zur Investition ausfalle. Die Anhebung des Gartenniveaus und die Erstellung einer Terrasse aber erhöhten – objektiv betrachtet – den Verkehrswert der Stockwerkeigentumseinheit und damit der gesamten Liegenschaft. Zudem sprächen weitere Aspekte für eine Zuordnung zu den nützlichen Baumassnahmen: beispielsweise die Tatsache, dass der Gartensitzplatz einfacher zu betreten sei und sich effizienter nutzen liesse. Auch ist es laut Bundesgericht der Wille des Gesetzgebers, dass Stockwerkeigen-

tümer die gleiche Möglichkeit haben sollen, den Wert ihrer Liegenschaft zu erhalten oder zu steigern, wie sie Alleineigentümern eingeräumt wird (BGE vom 15.10.2001, 5C.110/2001).

Unter Umständen müssen Sie sich mit luxuriösen Massnahmen im Bereich der Gesamtliegenschaft abfinden, obwohl Sie selbst dagegen sind. Dann aber dürfen Sie nicht mit den Kosten für die Erstellung oder den zukünftigen Unterhalt belastet werden, und die Massnahme darf Sie nicht in der Nutzung Ihrer eigenen Wohnung oder der gemeinschaftlichen Teile beeinträchtigen.

URTEIL *Die Frage, wie bauliche Massnahmen im Bereich des gemeinschaftlichen Eigentums, die nur einzelnen Stockwerkeigentümern von Nutzen sind, sich beurteilen lassen – ob sie als notwendig, nützlich oder luxuriös gelten sollen –, wird in der bundesgerichtlichen Rechtsprechung nicht einheitlich gehandhabt. In einem konkreten Fall entfernten drei Stockwerkeigentümer in einer aus vier Parteien bestehenden Gemeinschaft tragende Wände in ihren Wohneinheiten. Das Bundesgericht hielt deutlich fest, dass tragende Wände immer gemeinschaftliche Teile darstellten und einzelne Stockwerkeigentümer daher nicht befugt seien, eigenmächtig Umbauten daran vorzunehmen. Das Gericht äusserte sich in besagtem Fall jedoch nicht bezüglich der Frage, wie diese bauliche Massnahme konkret zu qualifizieren sei; es argumentierte, dass die notwendige Mehrheit für eine nützliche Massnahme vorhanden gewesen sei, und selbst wenn es sich um eine luxuriöse Massnahme gehandelt hätte, wäre sie trotz Widerstands des vierten Stockwerkeigentümers möglich gewesen, da für diesen keine Kosten entstanden seien (BGE vom 1.3.2011, 5A_709/2010).*

Stimmen nicht alle Stockwerkeigentümer einer luxuriösen baulichen Massnahme zu, empfiehlt es sich, beim Beschluss darüber zusätzlich folgende Punkte festhalten:
- Führen Sie auf, wer wie viel an die Kosten beizutragen hat.
- Stellen Sie einen Verteilerschlüssel auf. Der zukünftige Unterhalt wird nur von denjenigen Eigentümern getragen, die dem luxuriösen Bau zugestimmt haben.

- Machen Sie eine entsprechende Notiz, wenn Stockwerkeigentümer, die sich gegen den luxuriösen Bau ausgesprochen haben, die Einrichtung künftig nicht nutzen dürfen.
- Legen Sie die Konditionen fest, zu denen sich Eigentümer, die sich vorerst gegen die luxuriöse Massnahme ausgesprochen haben, später einkaufen können.

Bauliche Veränderungen ohne das nötige Mehr

Wird eine bauliche Veränderung ohne ausreichendes Mehr vorgenommen, kann jeder Stockwerkeigentümer, der durch dieses Bauvorhaben tangiert wird, jederzeit die Wiederherstellung des ursprünglichen Zustands verlangen – vorausgesetzt, er hat nicht zugestimmt und sein Handeln ist nicht rechtsmissbräuchlich. Dies ergibt sich aus Artikel 641 ZGB, der jedem Eigentümer den Anspruch einräumt, ungerechtfertigte Einwirkungen auf sein Eigentum abzuwehren.

EINE STOCKWERKEIGENTÜMERGEMEINSCHAFT beschliesst, im Garten eine kleine Halle zu bauen und darin einen gemeinschaftlichen Fitnessraum einzurichten. Stockwerkeigentümer M., der eine Parterrewohnung mit Sicht auf See und Berge besitzt, stimmt diesem Beschluss nicht zu, denn er befindet sich berufsbedingt für zwei Jahre im Ausland. Bei seiner Rückkehr stellt er mit Schrecken fest, dass ihm die Halle, die in der Zwischenzeit fertig gebaut ist, die ganze schöne Aussicht raubt. Dagegen setzt er sich zur Wehr; seine Argumentation: Der Bau eines gemeinschaftlichen Fitnessraums sei eine luxuriöse bauliche Massnahme, wofür seine Zustimmung erforderlich gewesen wäre. Die Halle entziehe ihm die Aussicht auf den See und die Berge, was ihn nicht nur persönlich ungemein störe, sondern auch den Wert seiner Einheit empfindlich reduziere. Vor Gericht erhält Herr M. Recht. Die Gemeinschaft wird verpflichtet, die ohne seine Zustimmung erbaute Halle wieder abzureissen.

DIE WICHTIGSTEN GESCHÄFTE UND QUOREN IM ÜBERBLICK

Wurde im Reglement nichts anderes festgehalten, gelten folgende Quoren:

Absolutes Mehr
Alle Beschlüsse, die nicht Einstimmigkeit oder ein qualifiziertes Mehr erfordern, zum Beispiel:
- Bestellung und Wahl des Verwalters, Ausschusses oder Revisors
- Genehmigung der Jahresrechnung, der Kostenverteilung, des Budgets und der Akontobeiträge
- Schaffung eines Erneuerungsfonds und Festsetzung der Beiträge
- Erlass einer Hausordnung
- Zustimmung zu einer Wertquotenänderung
- Ermächtigung des Verwalters zur Führung eines Zivilprozesses (ausgenommen zivilrechtliche Summarverfahren)
- Notwendige Verwaltungshandlungen

Qualifiziertes Mehr (nach Köpfen und Wertquoten)
- Erlass und Änderung des Reglements
- Aufhebung eines reglementarisch begründeten ausschliesslichen Benutzungsrechts
- Nützliche bauliche Massnahmen, das heisst bauliche Veränderungen, die zwar nicht notwendig sind, aber allen Stockwerkeigentümern dienen und zu einer Wertsteigerung führen
- Luxuriöse bauliche Massnahmen – vorausgesetzt, die Nicht-Zustimmenden werden ausgekauft
- Wichtigere Verwaltungshandlungen

Einstimmigkeit aller Stockwerkeigentümer
- Luxuriöse bauliche Massnahmen – ausser die Nicht-Zustimmenden werden ausgekauft
- Verfügungen über das gemeinschaftliche Grundstück (Bestellung von Dienstbarkeiten, Verkauf eines Teils des gemeinschaftlichen Grundstücks)
- Änderung des Benutzungszwecks eines gemeinschaftlichen Teils
- Änderung der Sonderrechtsbereiche
- Begründung von gemeinschaftlichen Teilen
- Begründung, Änderung und Aufhebung des Vorkaufsrechts der Stockwerkeigentümer
- Begründung, Änderung und Aufhebung des Einspracherechts
- Änderung der gesetzlichen Zuständigkeitsordnung und der Quoren für Verwaltungshandlungen und bauliche Massnahmen
- Aufhebung des Stockwerkeigentums

Die Änderung der Wertquoten

Die Wertquote ist im Zusammenhang mit dem Stimmrecht in der Versammlung und den Beiträgen an Verwaltungskosten und Erneuerungsfonds von besonderer Bedeutung. Deshalb lässt sie sich nur unter bestimmten Bedingungen ändern.

Wurde die Wertquote ursprünglich falsch berechnet oder haben sich die Verhältnisse in der Zwischenzeit verändert – beispielsweise weil Ihre Liegenschaft oder die des Nachbarn umgebaut wurde –, kann eine Anpassung nötig werden. Eine Wertquote lässt sich allerdings nie exakt berechnen; der Ermessensspielraum ist ziemlich gross.

> **GUT ZU WISSEN** *Wenn Sie der Meinung sind, Ihre Wertquote sei falsch, haben Sie zwei Möglichkeiten, sie zu ändern: einvernehmlich mit den anderen Mitgliedern der Gemeinschaft oder auf dem Prozessweg. Einen Prozess um eine Wertquotenanpassung sollten Sie aber möglichst vermeiden: Ein Gerichtsverfahren sät nicht nur Zwist in der Gemeinschaft, es birgt auch für Sie grosse Risiken.*

Wertquotenänderung durch Vereinbarung

Teilen andere Stockwerkeigentümer Ihre Auffassung, die geltenden Wertquoten seien falsch, lässt sich eine Änderung vertraglich vereinbaren. Dazu braucht es die Zustimmung aller unmittelbar Betroffenen. Einverstanden sein müssen einerseits alle Eigentümer, deren Wertquote erhöht oder herabgesetzt werden soll, andererseits aber auch alle Personen, die Rechte an den von der Änderung betroffenen Einheiten haben, also vor allem die Hypothekarbank als Pfandgläubigerin sowie Wohnberechtigte oder Nutzniesser. Sind all diese Personen mit der Änderung der Wertquoten einverstanden, ist auch noch die Zustimmung der Stockwerkeigentümerversammlung erforderlich. Wenn das Reglement oder der Begründungsakt nichts anderes vorschreibt, kann die Versammlung ihre Zustimmung mit Mehrheitsbeschluss nach Köpfen erteilen.

Wertquotenänderung richtig gemacht
Am besten ist es, wenn Sie die Neuberechnung der Wertquoten einer unabhängigen Fachperson überlassen. Vereinbaren Sie mit der Beauftragten, dass sie der Gemeinschaft nur die Grundlagen und das Resultat der Neuberechnung vorlegt – werden auch die einzelnen Faktoren samt Gewichtung bekannt gegeben, verliert sich die Diskussion um die «Richtigkeit» der Wertquotenberechnung ins Uferlose; solche Diskussionen schaden mehr, als sie nützen. Die Wertquote muss für Sie als Stockwerkeigentümer «gefühlsmässig» richtig sein und Ihrem Miteigentumsanteil entsprechen. Wie sie im Detail berechnet wurde, ist nicht entscheidend.

Haben die direkt Betroffenen und die Gemeinschaft die Wertquotenänderung genehmigt, muss die Vereinbarung zusätzlich noch öffentlich beurkundet werden. Eine Wertquotenänderung bedeutet ja immer eine Verschiebung von Miteigentumsanteilen und damit eine Übertragung von Grundeigentum. Wie die öffentliche Beurkundung abläuft, bestimmt das kantonale Beurkundungsgesetz. In der Regel bieten sich folgende Möglichkeiten an:

- Der Notar nimmt an der Stockwerkeigentümerversammlung teil, um die Vereinbarung zwischen den betroffenen Eigentümern über die Wertquotenänderung öffentlich zu beurkunden. Aus Kostengründen ist dieses Vorgehen aber meist nicht empfehlenswert.
- Einfacher und üblich ist es, wenn alle direkt betroffenen Eigentümer die Verwalterin respektive einen Stockwerkeigentümer schriftlich bevollmächtigen, beim Notar die öffentliche Urkunde über die Änderung der Wertquotenanteile zu unterzeichnen. Diese öffentliche Urkunde meldet der Notar dann zusammen mit dem Versammlungsprotokoll über die Genehmigung der Wertquotenänderung beim Grundbuch an.

Mit dem Eintrag ins Grundbuch treten die neuen Wertquoten in Kraft. Ab diesem Zeitpunkt sind sie die Basis für die Beiträge an die Verwaltungskosten und den Erneuerungsfonds sowie für das Quotenstimmrecht.

Berichtigung auf dem Gerichtsweg

Können Sie sich mit den anderen Stockwerkeigentümern nicht über eine Wertquotenänderung einigen, lässt sich der Anspruch auf Berichtigung der Wertquote gerichtlich durchsetzen. Dabei hängt das Vorgehen massgeblich davon ab, ob die Wertquoten von allem Anfang an falsch festgelegt wurden oder ob sie, weil die Verhältnisse sich geändert haben, nachträglich unrichtig geworden sind.

- **Ursprüngliche Unrichtigkeit:** Wenn bei der ersten Berechnung unzutreffende Bewertungsmassstäbe zugrunde gelegt oder die Bewertungsfaktoren falsch angewendet wurden und Sie deswegen gegenüber den anderen Eigentümern benachteiligt sind, haben Sie Anspruch auf Berichtigung (Art. 712e Abs. 2 ZGB). Sie müssen allerdings beweisen, dass die Wertquote falsch berechnet wurde, Sie müssen also die ursprünglichen Berechnungsfaktoren und ihre Gewichtung vorlegen können. Das ist meistens schwierig, weshalb solche Prozesse in der Regel mit einem hohen Risiko behaftet sind. Ihre Klage auf Berichtigung müssen Sie gegen diejenigen Stockwerkeigentümer richten, deren Wertquoten geändert werden sollen. Gegen die Gemeinschaft als Ganzes können Sie nicht klagen.

- **Nachträgliche Unrichtigkeit:** Wurde die Liegenschaft umgebaut, wurden Einheiten zusammengelegt oder aufgeteilt, kann dies die Stellung einzelner Eigentümer beeinträchtigen. Auch bauliche Veränderungen in der Umgebung können eine Anpassung der Wertquote notwendig machen, beispielsweise ein Neubau, der einer Einheit Sonnenlicht und Aussicht entzieht. Auch hier gilt: Ihren Anspruch auf eine Wertquotenänderung müssen Sie beweisen. Das heisst, Sie müssen die Grundlagen der ursprünglichen Berechnung ebenso vorlegen können wie die Belege dafür, dass die Veränderung der Verhältnisse eine Anpassung rechtfertigt. Zudem müssen Sie beweisen, dass Sie durch die nun falschen Wertquoten gegenüber den anderen Eigentümern unverhältnismässig benachteiligt werden. Auch ein solcher Prozess ist nur schwer zu gewinnen. Wenn Sie ihn trotzdem antreten wollen, richtet sich Ihre Klage gegen diejenigen Stockwerkeigentümer, deren Wertquoten aufgrund der Veränderungen nicht mehr angemessen sind.

> **GUT ZU WISSEN** *Der veränderte Innenausbau einer Stockwerkeigentumswohnung führt ebenso wenig zu einer Wertquotenänderung wie bauliche Veränderungen am gemeinschaftlichen Teil, sofern dadurch die Sonderrechte nicht tangiert werden. Auch Bauarbeiten, die alle Sonderrechtsbereiche im gleichen Umfang tangieren oder*

sie gleichmässig begünstigen, ziehen keinen Anspruch auf eine Wertquotenänderung nach sich. Und auch die Abtretung eines ausschliesslichen Nutzungsrechts an einen anderen Eigentümer hat keine Veränderung der Wertquote zur Folge. (BGE 122 III 150 Erw. 4c)

Für spezielle Projekte: der Ausschuss

Aufgabe eines Ausschusses ist es, die Interessen der Gemeinschaft gegenüber dem Verwalter zu vertreten. Nicht alle Geschäfte sind an den Ausschuss delegierbar – und nicht alle Personen für das Amt geeignet.

Ist ein Ausschuss im Reglement nicht vorgesehen, wird der Entscheid, einen Ausschuss einzusetzen, in der Stockwerkeigentümerversammlung mit der Mehrheit der anwesenden und vertretenen Stimmen gefällt.

Mit dem gleichen Quorum werden auch die Ausschussmitglieder gewählt. Insbesondere in grösseren Gemeinschaften oder bei der Vorbereitung einer umfassenden Renovation kann ein solcher Ausschuss eine ungemein entlastende Funktion haben. Sinnvollerweise setzt sich ein Ausschuss aus zwei bis maximal sieben Stockwerkeigentümern zusammen.

ACHTUNG *Nicht geeignet für dieses Amt sind Eigentümer, die in der Versammlung durch Besserwisserei oder Machtgelüste auffallen: Das wirkt sich sowohl innerhalb des Ausschusses als auch bei der Zusammenarbeit mit dem Verwalter negativ aus und verursacht in der Folge höhere Kosten. Zudem sollten Sie bestrebt sein, einen für die Gemeinschaft repräsentativen Ausschuss zu wählen – soll er Bestand haben, müssen möglichst alle Interessengruppen vertreten sein.*

Die Aufgaben des Ausschusses

Die Stockwerkeigentümerversammlung kann dem Ausschuss praktisch nach Belieben Aufgaben übergeben. Nicht delegierbar sind jedoch Geschäfte, die die Versammlung mit Mehrheitsbeschluss genehmigen muss, sowie die Bestellung oder Abberufung des Verwalters – diese Aufgaben weist das Gesetz zwingend der Stockwerkeigentümerversammlung zu. Zu den typischen Projekten für einen Ausschuss zählen zum Beispiel:

- Vorbereitung und Begleitung von grösseren Umbauten
- Ausarbeitung einer Reglementsänderung bzw. einer Hausordnung
- Suche nach Lösungen bei Konflikten in der Gemeinschaft.
Vorsicht ist allerdings geboten, wenn der Ausschuss als Schlichtungsinstanz innerhalb der Gemeinschaft dienen soll. Streitschlichtung ist eine äusserst schwierige und komplexe Angelegenheit, die viel Fingerspitzengefühl erfordert. Mit falschen Voten oder Vorpreschen wird viel Geschirr zerschlagen und zusätzliches Ungemach innerhalb der Gemeinschaft geschaffen. Die Schlichtung grösserer Zwistigkeiten sollte man daher professionellen Streitschlichtern überlassen werden.

TIPP Räumt Ihre Gemeinschaft dem Ausschuss umfassende Kompetenzen ein, empfiehlt es sich, die Aufgaben in einem Pflichtenheft festzuhalten.

Soll der Ausschuss auch nach aussen auftreten, dürfen sich seine Kompetenzen nicht mit denen der Verwalterin überschneiden. Auf jeden Fall sollten Ausschuss und Verwalterin exakt absprechen, wer welche Aufgabe übernimmt. Ein widersprüchliches, unkoordiniertes Verhalten gegenüber Behörden oder Nachbarn schadet dem Ansehen der Gemeinschaft und kann je nachdem auch finanzielle Nachteile nach sich ziehen. Besonders gravierende Folgen kann es haben, wenn man mangels Absprachen Fristen zur Ergreifung von Rechtsmitteln oder bei der Abnahme von Bauarbeiten verpasst.

TIPP Die Arbeit für den Ausschuss wird in der Regel unentgeltlich verrichtet. Doch wie man so schön sagt: Was nichts kostet, ist auch nichts wert. Mindestens ein gemeinsames Abendessen oder eine schöne Flasche Wein sollte sich die Gemeinschaft die Arbeit des Ausschusses schon kosten lassen.

Zur Kontrolle der Finanzen: der Revisor

Der Einsatz eines Revisors lohnt sich: Er vermittelt allen Beteiligten die Sicherheit, dass der Buchführende – in der Regel der Verwalter – seinen Job richtig macht.

Das Gesetz schreibt den Stockwerkeigentümergemeinschaften zwar nicht vor, einen Revisor einzusetzen. Weil finanzielle Angelegenheiten aber immer Zündstoff für Konflikte liefern und die Richtigkeit der Buchführung nicht an der Eigentümerversammlung kontrolliert werden kann, sollten Sie sich für den Einsatz eines Revisors starkmachen. Denn Ein guter Verwalter stört sich in keiner Weise an einer vernünftigen Revision. Wird die Rechnung akzeptiert, gibt dies auch ihm die Gewissheit, seine Arbeit richtig gemacht zu haben, und es stärkt sein Ansehen bei der Gemeinschaft.

Wer eignet sich für die Aufgabe?

Eine gute Revision ist eine anspruchsvolle Aufgabe – und nur eine gute Revision kann Missstände oder Fehler in der Buchführung tatsächlich aufdecken. Wichtig ist also, dass Ihr Revisor oder Ihre Revisorin über das notwendige Wissen verfügt. In finanziellen Angelegenheiten besonders pingelig zu sein, genügt nicht. Vielmehr braucht es eine Person, die von Buchführung tatsächlich etwas versteht – sei es aus beruflichen Gründen oder weil sie bereits bei einem Verein oder einer anderen Gemeinschaft in dieser Funktion tätig ist. Verfügt kein Stockwerkeigentümer über die für eine Revision notwendigen Kenntnisse, kann auch eine aussenstehende Person als Revisor gewählt werden.

ACHTUNG *Der «ewige Besserwisser» ist als Revisor nur dann geeignet, wenn er auch tatsächlich über das behauptete Wissen verfügt. Die Revision soll nämlich nicht dazu dienen, dem Verwalter* um jeden Preis Fehler oder Unzulänglichkeiten nachzuweisen, sondern sicherstellen, dass die Finanzen der Gemeinschaft stimmen. Zudem gibt es auch bei dieser Frage nicht nur Schwarz und Weiss, denn eine korrekte Buchführung lässt verschiedene Verbuchungs- und Abschreibungsmöglichkeiten zu.

Was prüft der Revisor?

Die Revisorin hat insbesondere folgende Punkte und Fragen zu prüfen:
- **Belege:** Sind für alle getätigten Buchungen Belege vorhanden? Betreffen diese Belege die Geschäfte der Gemeinschaft? Sind die Belege und die darauf ausgewiesenen Beträge plausibel? Liegen die auf den Belegen ausgewiesenen Aufwendungen im Rahmen der Kompetenz des Verwalters oder eines Beschlusses der Gemeinschaft? Wurden Skonti und Rabatte an die Gemeinschaft weitergegeben?
- **Kontenführung:** Basieren die Verbuchungen auf einem klaren Kontenplan? Sind die Aufwendungen in den richtigen Konten verbucht? Erfolgt die Zuweisung zu den Konten mit einer gewissen Kontinuität?
- **Abschlussbuchungen:** Sind alle Nebenkassen in die Hauptrechnung eingeflossen? Wurden die nötigen Abschreibungen an Gebäude und Einrichtungen vorgenommen? Ist die Abgrenzung der Einnahmen und Ausgaben zwischen den einzelnen Geschäftsjahren exakt? Stimmen die in der Schlussrechnung ausgewiesenen Saldi mit den Bank-, Postkonten etc. überein? Sind Wertpapiere oder andere Anlagen, die Vermögen darstellen, vorhanden oder in einem Bankdepot hinterlegt?
- **Kostenverteilung:** Entspricht die Kostenverteilung auf die einzelnen Stockwerkeigentümer dem Reglement und den gesetzlichen Bestimmungen? Sind Kosten, die nur einzelne Eigentümer tragen müssen, auch nur zu deren Lasten verlegt?

Es versteht sich von selbst, dass eine Revisorin nicht jeden Beleg kontrollieren kann. Vielmehr wird sie Stichproben machen und zusätzlich jährlich und ohne Plan jeweils einen anderen, ihr sinnvoll erscheinenden Bereich einer vertieften Kontrolle unterziehen.

Wenn Unregelmässigkeiten entdeckt werden
Deckt die Revisorin Mängel in der Buchführung auf, informiert sie zuerst den Verwalter und bespricht die Mängel mit ihm. Wenn möglich setzt sie dem Verwalter eine Frist zur Behebung der Mängel und kontrolliert anschliessend die berichtigten Bereiche noch einmal. Über ihre Tätigkeit verfasst die Revisorin einen Revisionsbericht zuhanden der Stockwerkeigentümergemeinschaft, den sie in der Versammlung mündlich vorträgt oder schriftlich vorlegt. Mit dem Revisionsbericht empfiehlt die Revisorin der Versammlung auch die Genehmigung oder Ablehnung der Jahresrechnung und, bei Genehmigung, die Erteilung der Décharge (Entlastung) für den Verwalter.

TIPP *Insbesondere dann, wenn Mängel in der Buchführung festgestellt wurden, sollte die Revisorin an der Eigentümerversammlung persönlich teilnehmen. Auf diese Weise kann sie auftretende Fragen direkt beantworten und allenfalls wilden Spekulationen begegnen.*

7 ■ ■ ■ DIE STOCKWERKEIGENTÜMERVERSAMMLUNG

Die gemeinsamen Kosten und der Erneuerungsfonds

Finanzielle Angelegenheiten lösen immer wieder Unstimmigkeiten in der Gemeinschaft aus. Damit Sie in einem solchen Fall nicht zu kurz kommen, finden Sie in diesem Kapitel die Grundsätze in Sachen Kostenverteilung und Erneuerungsfonds.

Kosten gerecht verteilen

Stockwerkeigentümer wissen aus eigener Erfahrung: Das Traktandum Jahresrechnung gibt immer wieder Anlass zu Diskussionen. Vor allem dann, wenn es um grössere Investitionen geht.

Die Frage der gerechten Verteilung gemeinschaftlicher Kosten und Lasten ist ein Dauerbrenner. Hitzige Debatten entstehen etwa dann, wenn nicht alle Mitglieder der Gemeinschaft den gleichen Lebensstandard pflegen und wenn sie in unterschiedlichen familiären Situationen leben.

Das sagt das Gesetz

Trotz des Konfliktpotenzials, das die Verteilung der gemeinsamen Kosten mit sich bringt, hält das Stockwerkeigentumsrecht dazu nur gerade eine Bestimmung bereit: Dem Grundsatz nach sind die gemeinschaftlichen Kosten und Lasten entsprechend den Wertquoten auf die einzelnen Eigentümer zu verteilen (Art. 712h ZGB). Das Gesetz sieht nur drei Ausnahmen vor:

- Ist ein gemeinschaftlicher Teil für einen Stockwerkeigentümer nicht oder nur in ganz geringem Mass von Nutzen, ist dies bei der Beitragsregelung zwingend zu berücksichtigen.
- Will sich eine Eigentümerin an einer luxuriösen baulichen Massnahme nicht beteiligen, ist sie dafür auch nicht beitragspflichtig. Dasselbe gilt bei nützlichen baulichen Massnahmen, wenn diese in einem Missverhältnis zum Wert ihres Anteils stehen (siehe Seite 156 und 158).
- Der Eigentümer einer überdurchschnittlich aufwendig eingerichteten Wohnung muss, gemessen an seiner Wertquote, einen grösseren Beitrag an sich nach dem Wert der Liegenschaft bestimmenden Versicherungsprämien leisten.

Die Einfachheit dieser Lösung durch den Gesetzgeber mag erstaunen, die Erfahrung zeigt jedoch, dass sie im Alltag durchaus zweckmässig ist, zumal es der Gemeinschaft unbenommen bleibt, spezielle Regelungen zu treffen.

Individuelle Bestimmungen im Reglement

Wie schwierig es in der Praxis sein kann, die gemeinschaftlichen Kosten «gerecht» auf die Stockwerkeigentümer zu verteilen, zeigt folgendes Beispiel:

IN EINER STOCKWERKEIGENTUMSLIEGENSCHAFT leben drei Parteien: Ein Rentnerehepaar bewohnt die Attikawohnung mit 390/1000 Wertquote. Eine Familie mit zwei Jugendlichen, die auswärts studieren und nur am Wochenende zu Hause sind, lebt im ersten Stock (300/1000 Wertquote). Im Erdgeschoss (310/1000 Wertquote) wohnt eine Familie mit drei Kindern zwischen acht und zwölf Jahren. Das Rentnerehepaar findet es ungerecht, dass die Kosten für den Kaltwasserverbrauch nach Wertquoten aufgeteilt werden; schliesslich verbrauchten die beiden Familien mit Kindern deutlich mehr Wasser. Die Eltern der beiden studierenden Jugendlichen sind nicht einverstanden: Ihre Kinder seien ja höchstens am Wochenende zu Hause, der Wasserverbrauch sei also nicht wesentlich höher. «Stimmt zwar», wenden die beiden Rentner ein, «dafür kommt am Wochenende regelmässig auch noch der Freund oder die Freundin mit.» Die Eigentümer im Erdgeschoss entgegnen: «Schon möglich, dass wir mehr Wasser verbrauchen als die beiden anderen Familien. Aber das Wasser für die Pflege der aufwendigen Gartenanlage fällt mindestens so sehr ins Gewicht – und diese Gartenanlage will vor allem das Ehepaar im obersten Stock. Wir wären mit einem einfachen Rasen zufrieden, der kaum gegossen werden müsste. Zudem brauchen wir den Lift nicht, müssen aber trotzdem einen Anteil an die Betriebskosten zahlen.»

Wie sollen die Kosten für das Wasser und den Lift aufgeteilt werden? Brauchen die Kinder vom Erdgeschoss mehr Wasser, als für die Gartenpflege erforderlich ist? Oder sind es die Wochenendaufenthalter aus dem ersten Stock? Oder gar die beiden Rentner, die täglich baden, während alle andern duschen? Kommen die beiden Jugendlichen aus dem ersten Stock wirklich regelmässig am Wochenende nach Hause, und bringen sie ihre Freunde mit? Wie lange werden sie das noch tun? Trifft es tatsächlich zu, dass die Familie im Erdgeschoss den Lift nie benutzt? Auch nicht, um den Grosseinkauf aus der Tiefgarage in die Wohnung zu transportieren?

Fragen über Fragen, die für eine «gerechte», detaillierte Abrechnung der laufenden Kosten berücksichtigt werden müssten – obwohl es bloss um zwei von vielen gemeinschaftlichen Kostenpositionen geht und keine ausserordentlichen Auslagen berücksichtigt werden müssen. Nur schon für diese beiden Posten einen gerechten Verteilerschlüssel zu finden, der über eine gewisse Zeit Bestand hat und keine aufwendigen Kontrollen nach sich zieht, ist äusserst schwierig. In den meisten Fällen ist ein individueller, vom Gesetz abweichender Verteilerschlüssel wenig sinnvoll – dies umso mehr, als eine solche Regelung einen höheren Verwaltungsaufwand mit sich bringt, den dann wiederum die Stockwerkeigentümer zu berappen haben.

Möchten Sie in Ihrer Gemeinschaft für bestimmte, während eines Jahrs angefallene Kosten trotzdem einen individuellen Verteiler anwenden, braucht es für diesen Entscheid – solange im Reglement nichts anderes festgehalten ist – das absolute Mehr der Stockwerkeigentümergemeinschaft. Soll dieser Verteilerschlüssel im Reglement auch für die Zukunft festgeschrieben werden, muss der Beschluss hingegen mit dem qualifizierten Mehr nach Köpfen und Wertquoten gefasst werden. Enthält Ihr Reglement bereits eine vom Gesetz abweichende Regelung und möchten Sie diese ändern, ist dafür – weil es sich um eine Reglementsänderung handelt – das qualifizierte Mehr nach Köpfen und Anteilen notwendig (zum Thema Stimmrecht und Quoren siehe Seite 142).

Der Verwaltungsfonds

Um den laufenden Unterhalt und Betrieb der Liegenschaft sicherzustellen, verfügt eine Stockwerkeigentümergemeinschaft über einen Verwaltungsfonds. Doch was bedeutet das für den Einzelnen in Sachen Kostenbeteiligung?

Im Zusammenhang mit Wohneigentum spricht das Gesetz von Kosten und Lasten. Mit Kosten sind alle Ausgaben gemeint, die aus der gemeinschaftlichen Verwaltung des Grundstücks anfallen, beispielsweise der Erwerb eines neuen Rasenmähers, die Reparaturkosten für die defekte Eingangstür oder die Zahlung von Versicherungsprämien. Als Lasten werden Auslagen bezeichnet, die mit dem Eigentum am gemeinschaftlichen Grundstück verbunden sind, also Steuern, Entsorgungsgebühren, Baurechtszinsen. Bei der Verteilung auf die einzelnen Eigentümer spielt diese Unterscheidung jedoch keine Rolle, weshalb im Folgenden nur von Kosten die Rede ist.

Die gemeinsamen Kosten werden entweder über den Verwaltungsfonds oder den Erneuerungsfonds gedeckt, die beide zum gemeinschaftlichen Vermögen gehören. Der Erneuerungsfonds ist dabei lediglich für grössere Renovationen und Sanierungen gedacht (siehe Seite 181); alle anderen Kosten sind über den Verwaltungsfonds zu begleichen.

Grundsatz: Aufteilung nach Wertquoten

Wurde im Reglement nichts anderes vereinbart, sind alle Kosten, die den gemeinschaftlichen Teil betreffen, von den Eigentümern im Verhältnis ihrer Wertquoten zu tragen (Art. 712h ZGB). Hinsichtlich der Frage, was gemeinschaftliche Kosten sind, enthält Artikel 712h Absatz 2 ZGB eine beispielhafte, wenn auch nicht abschliessende Aufzählung:

- Gemeinschaftliche Unterhalts-, Reparatur- und Erneuerungskosten sind Auslagen, die notwendig sind, um den guten Zustand des gemeinschaftlichen Teils zu erhalten, einen Mangel zu beseitigen oder eine Verschlechterung zu verhindern. Dazu gehören beispielsweise die Wartungskosten für Heizung und Lift, für Malerarbeiten an Eisenkonstruktionen zur Vorbeugung gegen Rostbildung oder auch die Ausgaben für normale Reinigungsarbeiten. Müssen gemeinschaftliche Teile der Liegenschaft umfassend renoviert werden, sind diese Kosten durch den Erneuerungsfonds zu tragen, sofern die Gemeinschaft über einen solchen verfügt (siehe Seite 181).

    Nicht gemeinschaftlich sind hingegen Unterhalts-, Reparatur- und Erneuerungskosten, die in Ihrer eigenen Wohnung anfallen oder in einem gemeinschaftlichen Teil, für den Sie ein ausschliessliches Benutzungsrecht haben. Auch wenn eine Stockwerkeigentümerin durch unsachgemässes Verhalten einen Schaden am gemeinschaftlichen Teil verursacht hat, müssen die anderen Eigentümer keinen Beitrag an die Behebung leisten.

- Kosten der Verwaltungstätigkeit sind unter anderem das Honorar für die Verwalterin und ihre Hilfspersonen, beispielsweise den Gärtner oder den Hauswart. Aber auch Auslagen für die Vorbereitung und Durchführung der Stockwerkeigentümerversammlung, die Kosten eines Rechtsstreits, den die Gemeinschaft führen muss, und Ähnliches gehören dazu.
- Öffentlich-rechtliche Abgaben und Steuern: Zu den gemeinschaftlichen Kosten gehören nur die Gebühren und Steuern, die der Gemeinschaft und nicht den einzelnen Stockwerkeigentümern verrechnet werden, also die Grundstücksteuern, Gebühren für Kehrichtabfuhr und Abwasserentsorgung oder die Prämien für die obligatorische kantonale Gebäudeversicherung.
- Zins- und Amortisationszahlungen: Unter diesen Posten fällt vor allem der Baurechtszins einer im Baurecht erstellten Stockwerkeigentumsliegenschaft. Andere Zinsbelastungen dürften in aller Regel nicht anfallen.

Ausnahme: Wer nicht profitiert, zahlt nicht
Keinen entsprechenden Beitrag an die gemeinsamen Kosten muss ein Stockwerkeigentümer leisten, wenn ein gemeinschaftlicher Bauteil, eine Anlage oder Einrichtung für ihn keinen oder nur einen sehr geringen Nutzen darstellt (Art. 712h Abs. 3 ZGB). Diese Vorschrift ist gesetzlich zwingend und kann auch durch das Reglement nicht geändert werden. Doch wann ist diese Bedingung erfüllt? Kann sich die Familie aus dem Erdgeschoss (siehe Beispiel Seite 173) auf diese Bestimmung berufen, wenn sie keine oder reduzierte Beiträge an den Lift- und Gartenunterhalt zahlen will?

Ob ein gemeinschaftlicher Teil einem Stockwerkeigentümer nicht oder nur in geringem Mass von Nutzen ist, bedarf der objektiven Beurteilung; subjektive Faktoren und Bedürfnisse der einzelnen Eigentümer bleiben ausser Acht. In puncto Gartengestaltung heisst das, dass es keine Rolle spielt, ob die Gartenanlage den Bedürfnissen einer Familie mit kleinen Kindern gerecht wird oder nicht. Entsprechen der Garten und die Kosten für dessen Unterhalt den Verhältnissen, die in einer ähnlichen Überbauung allgemein erwartet werden dürfen, sind alle Eigentümer beitragspflichtig. Die Familie im Erdgeschoss wird also ihren ganzen Anteil an den Gartenunterhalt leisten müssen.

Auch das Bundesgericht hat in verschiedenen ähnlichen Fällen betont, dass eine Minderung der Kostenbeteiligung oder gar eine Befreiung davon nur in Ausnahmefällen erlaubt werden dürfe, nämlich dann, wenn der betreffende Stockwerkeigentümer gar keine, nicht einmal eine potenzielle Gelegenheit zur Nutzung einer gemeinschaftlichen Anlage hat. Wie restriktiv das Bundesgericht die Kostenbefreiung handhabt, zeigt folgender Fall:

 URTEIL *Herr V. war Eigentümer in einer Gemeinschaft, die in zwei getrennt stehenden Häusern arbeitete und lebte. Ihm gehörten zwei Wohnungen und vier Büros in Haus A; im Haus B besass er Keller-, Hobby- und zwei Archivräume sowie zwei Garagenplätze. Zusammen hielten Herrn V.s Räume in Haus B eine Wertquote von 15/1000. Als das Dach von Haus B saniert werden musste, stellte er sich auf den Standpunkt, an diese Sanierung müsse er nicht die vollen Beiträge gemäss Wertquote leisten, da er vom Dach des Hauses B nur sehr wenig profitiere.*
Das Bundesgericht folgte dieser Argumentation nicht und hielt Folgendes fest: Ob ein Stockwerkeigentümer weniger oder gar keine Beiträge an Bauteile, Anlagen oder Einrichtungen zu leisten hat, ist objektiv zu beurteilen. Die Befreiung von den anteilsmässigen Kosten ist zudem nur mit Zurückhaltung zu bejahen, weil die gemeinsamen Anlagen und Einrichtungen normalerweise den Standard der gesamten Liegenschaft bestimmen. Im konkreten Fall könne nicht zweifelsfrei festgestellt werden, ob das Dach von Haus B dem Eigentümer V. überhaupt keinen Nutzen bringe. Er habe in diesem Gebäude seine Keller-, Hobby- und auch Archivräume und sei zudem berechtigt, den Lift zu benutzen. Das Bundesgericht wies deshalb den Antrag auf einen reduzierten Beitrag an die Sanierung des Daches ab. (BGE 117 II 251)

Wie wird der Verwaltungsfonds gefüllt?

Damit die laufenden Auslagen bestritten werden können, müssen die Mitglieder der Gemeinschaft in der Regel Vorschüsse zahlen. Eine gesetzliche Pflicht dazu besteht zwar nicht, die meisten Gemeinschaften haben aber eine entsprechende Bestimmung im Reglement verankert, oder die Stockwerkeigentümerversammlung fasst jährlich einen Beschluss.

Die festgesetzten Vorschüsse werden von der Verwalterin in Rechnung gestellt, eingefordert und dem Verwaltungsfonds gutgeschrieben. So ist gewährleistet, dass die Gemeinschaft jederzeit über genügend liquide Mittel verfügt, um die ausstehenden Rechnungen begleichen zu können. Der definitive, von jedem Stockwerkeigentümer zu leistende Beitrag wird allerdings erst mit der Genehmigung der Jahresrechnung bekannt. Die Vorschüsse werden dann an diesen Beitrag angerechnet.

Sollte die Gemeinschaft über zu wenig liquide Mittel verfügen und die fälligen Rechnungen nicht zahlen können, kann sie von Gesetzes wegen eine Forderung gegenüber den einzelnen Stockwerkeigentümern stellen. In einem solchen Fall müssen Sie im Verhältnis Ihrer Wertquote einen Deckungsbeitrag zahlen. Dieser Betrag wird unmittelbar zur Zahlung fällig, die Verwalterin kann ihn also sofort einfordern. Auf diesem Weg soll sichergestellt werden, dass die Gemeinschaft ihren Verpflichtungen auch dann nachkommen kann, wenn keine oder zu tiefe Vorschüsse festgesetzt oder eingezahlt wurden.

 INFO *Die jährlichen Kosten für den Unterhalt einer Liegenschaft betragen laut einer Studie der ETH Zürich etwa 1,3 Prozent des Gebäudeversicherungswerts. Ungefähr in dieser Höhe sollten sich die Vorschüsse aller Eigentümer Ihrer Gemeinschaft bewegen, wenn Sie sicher sein wollen, dass die laufenden Rechnungen problemlos beglichen werden können.*

Wer muss die Beiträge an den Verwaltungsfonds leisten?
Jeder im Grundbuch eingetragene Stockwerkeigentümer muss Beiträge an den Verwaltungsfonds entrichten. Ist er dazu nicht in der Lage, bedeutet das nicht, dass die anderen gemäss Gesetz verpflichtet sind, die Kosten zu übernehmen (siehe Seite 117). Faktisch werden sie aber nicht darum herumkommen, denn andernfalls hätte dies Konsequenzen für die Gemeinschaft und den einzelnen Eigentümer (etwa unbezahlte Versicherungsprämien oder Heizölkosten).

INFO *Mieter oder Pächter können für Beiträge nicht direkt belangt werden, da sie der Gemeinschaft gegenüber nicht zur Zahlung verpflichtet sind.*

Wird eine Stockwerkeinheit während der Abrechnungsperiode verkauft, kann die Gemeinschaft bei der neuen Eigentümerin nur diejenigen Beiträge einfordern, die fällig geworden sind, nachdem diese im Grundbuch eingetragen wurde. Für alle vorher entstandenen Forderungen muss der verkaufende Stockwerkeigentümer einstehen. Auch wenn Käuferin und Verkäufer eine anders lautende Vereinbarung getroffen haben, ist diese für die Gemeinschaft nicht verbindlich.

Die Gemeinschaft kann aber für ausstehende Beiträge der letzten drei Jahre ein Gemeinschaftspfand auf die Wohnung eintragen lassen (siehe Seite 185). Damit erhält sie die Möglichkeit, die Wohnung verwerten, das heisst versteigern zu lassen, um ihre Forderung zu decken.

GUT ZU WISSEN *Zwar haften Sie als Käufer erst für Beiträge ab dem Zeitpunkt, da Sie als Eigentümer im Grundbuch eingetragen sind. Doch wenn die Gemeinschaft für frühere ausstehende Beiträge ein Pfandrecht angemeldet hat, droht Ihnen die Versteigerung Ihrer Wohnung. Wollen Sie dies verhindern, bleibt Ihnen nichts anderes übrig, als für das Defizit aufzukommen. Ob Sie die Summe anschliessend vom Verkäufer zurückfordern können, hängt von den Vereinbarungen im Kaufvertrag ab – und natürlich auch von der Zahlungsfähigkeit des Verkäufers. Für mehr als die Beiträge der letzten drei Jahre können Sie allerdings nicht belangt werden, selbst wenn das Reglement eine anders lautende Bestimmung enthält.*

Spezielle Kosten und ihre Verteilung

In der Praxis gibt die Kostenverteilung vor allem in zweierlei Hinsicht immer wieder Anlass zu Diskussionen: bei den Kosten für einen Prozess zwischen der Gemeinschaft und einem Stockwerkeigentümer und bei der Verteilung der Auslagen für die Autoeinstellhalle.

Die Kosten für den Prozess zwischen Eigentümer und Gemeinschaft
Führen Sie als Stockwerkeigentümer einen Prozess gegen Ihre eigene Gemeinschaft – beispielsweise, weil Sie einen Beschluss anfechten, mit dem Sie nicht einverstanden sind –, kommt es zur paradoxen Situation, dass Sie unter anderem auch gegen sich selbst streiten. Denn Sie sind ja Mitglied der Gemeinschaft, gegen die Sie prozessieren.

Die Auslagen für einen Prozess, den die Gemeinschaft führt, gehören zu den gemeinschaftlichen Kosten, die grundsätzlich von allen Eigentümern im Verhältnis ihrer Wertquoten übernommen werden müssen. Also hätten auch Sie – wenn Sie den Prozess gegen die Gemeinschaft gewinnen und diese die Prozesskosten übernehmen muss – sich daran anteilmässig zu beteiligen, Sie würden also Ihre eigene Prozesskostenentschädigung mitfinanzieren. Im Extremfall – wenn eine Gemeinschaft nur aus zwei Eigentümern mit gleichen Anteilen besteht – müssten auf diese Weise beide gleich viel an die Kosten beitragen, unabhängig davon, wer den Prozess gewonnen hat. Ist das der Wille des Gesetzgebers?

Das Bundesgericht musste diese Frage noch nie entscheiden; die Rechtslehre hält sich dazu bedeckt. Doch wäre eine Beitragspflicht des obsiegenden Eigentümers absolut stossend. Die Regel, dass jeder Stockwerkeigentümer die gemeinschaftlichen Kosten anteilsmässig mitzutragen habe, muss also in diesem Zusammenhang eine Ausnahme erfahren; ein Stockwerkeigentümer, der einen Prozess gegen die Gemeinschaft führt, muss von den Prozesskosten der Gemeinschaft entbunden sein. Seine Situation ist vergleichbar mit derjenigen einer Eigentümerin, die eine gemeinschaftliche Einrichtung nicht nutzt; auch sie ist von den Kosten befreit (siehe Seite 158).

Die Kosten für die Autoeinstellhalle
Wie die Kosten einer Autoeinstellhalle auf die Stockwerkeigentümer – und allenfalls auf aussenstehende Drittpersonen – verteilt werden, hängt von der rechtlichen Konstruktion ab, mittels derer die Einstellplätze den Parteien zugewiesen sind.

- **Zuteilung im Sonderrecht:** Sind die Plätze in der Einstellhalle zu Sonderrecht ausgestaltet, verfügen Sie für Ihren Platz über eine Wertquote und müssen im entsprechenden Verhältnis Beiträge an die Auslagen leisten. Diese Art von Zuteilung ist allerdings selten.
- **Zuteilung mit ausschliesslichem Nutzungsrecht:** Bleibt die Einstellhalle im gemeinschaftlichen Eigentum, werden an den Plätzen häufig ausschliessliche Benutzungsrechte zugunsten der einzelnen Stockwerkeinheiten begründet. Dann müssen die berechtigten Eigentümer den Unterhalt des eigenen Platzes selbst tragen; die allgemeinen Kosten gehen zulasten der Gemeinschaft und werden wie die anderen gemeinschaftlichen Kosten verteilt.

- **Zuteilung über Dienstbarkeiten:** Werden die Parkplätze den Stockwerkeigentümern oder aussenstehenden Dritten mit einer Grund- oder Personaldienstbarkeit zugewiesen, wird die Aufteilung der Kosten in erster Linie im Dienstbarkeitsvertrag geregelt. Findet sich dort keine Bestimmung, muss jeder Inhaber eines Einstellplatzes für den notwendigen Unterhalt seines eigenen Platzes aufkommen (Art. 741 ZGB). Den Unterhalt der Einstellhalle tragen alle, die aus ihr einen Nutzen ziehen, gemeinsam.
- **Zuteilung im Miteigentum:** Diese Art der Zuteilung setzt voraus, dass die Einstellhalle als Stockwerkeinheit begründet und anschliessend zu Miteigentum aufgeteilt wird. Dann leistet die Einheit «Einstellhalle» im Verhältnis ihrer Wertquote Beiträge an die gemeinschaftlichen Kosten der Gemeinschaft und diese Beiträge werden auf die Miteigentümer verteilt.

> **TIPP** *Die Konstruktionen für die Zuteilung von Einstellplätzen und damit für die Kostenverteilung sind rechtlich sehr komplex. Wenden Sie sich im Zweifelsfall an eine Fachperson, die die Situation anhand des Grundbuchs, des Begründungsakts sowie der Reglemente der Eigentümergemeinschaft und der Einstellhalle klärt.*

Der Erneuerungsfonds

Viele Stockwerkeigentümergemeinschaften verfügen über einen Erneuerungsfonds. Zweck eines solchen Fonds ist es, sicherzustellen, dass grössere Investitionen nicht an den schmalen Finanzen einzelner Eigentümer scheitern.

Müssten kostspielige Renovationen direkt über den Verwaltungsfonds finanziert werden, wäre dies eine hohe Belastung für alle Beteiligten. Abhilfe schafft der sogenannte Erneuerungsfonds.

Zwar ist ein Erneuerungsfonds gesetzlich nicht vorgeschrieben, aber er ist eine sinnvolle Einrichtung: Ein über mehrere Jahre angelegtes finanzielles Polster verhindert, dass notwendige grössere Arbeiten verzögert werden, weil einzelnen Parteien die Mittel dazu fehlen.

Was wird über den Erneuerungsfonds finanziert?

Diskussionen darüber, welche Investitionen über den Erneuerungsfonds getätigt werden sollen, treten in der Praxis immer wieder auf. Grundsätzlich gilt: Aus dem Erneuerungsfonds werden nur kostspielige Renovationen – beispielsweise die Sanierung der gesamten Fassade oder des Dachs – finanziert; muss lediglich die Eingangstür neu gestrichen werden, gehört diese Auslage eindeutig nicht dazu.

> **BUCHTIPP**
> Der Beobachter-Ratgeber
> «**Mein Haus energetisch sanieren**» verrät, wann und wie sich Erneuerungsarbeiten besonders lohnen.
> www.beobachter.ch/buchshop

Insbesondere Gemeinschaften mit weniger zahlungskräftigen Eigentümern neigen jedoch dazu, das im Erneuerungsfonds geäufnete Vermögen auch für Unterhaltsarbeiten zu verwenden. Zwar ist die Grenze zwischen Unterhalt und Erneuerung natürlich fliessend und oft ist es in der Praxis schwierig, eine Arbeit entsprechend einzuordnen. Trotzdem sollten Sie den Erneuerungsfonds nicht leichtfertig in Anspruch nehmen. Wird dieser Fonds regelmässig auch für Unterhaltsarbeiten verwendet, fehlen am Tag X unter Umständen die Mittel, um beispielsweise die dringende und kostspielige Erneuerung aller Wasserleitungen zu finanzieren. Wenn dann auch noch einzelne Eigentümer knapp bei Kasse sind und ihren Anteil nicht innert nützlicher Frist auftreiben können, wird die notwendige Renovation aufgeschoben – und das wirkt sich mit der Zeit negativ auf den Wert der Liegenschaft aus. Im Extremfall kann es sogar so weit kommen, dass Ihre Bank für die Weiterführung der Hypothek zusätzliche Sicherheiten verlangt, weil Ihre Einheit zu viel an Wert verloren hat.

TIPP *Achten Sie darauf, dass in Ihrem Reglement nicht nur das Äufnen eines Erneuerungsfonds vereinbart ist, sondern auch exakte Vorschriften bestehen, die regeln, wozu die Mittel verwendet werden dürfen.*

Wie hoch sollen die Beiträge sein?

Auch bezüglich der Frage, ab wann und bis zu welcher Höhe der Erneuerungsfonds geäufnet wird, sollte Ihr Reglement Antworten enthalten. Wenn nicht, muss die Stockwerkeigentümergemeinschaft jedes Jahr darüber Beschluss fassen. Doch wie hoch sollen diese Beiträge sein?

Die Erfahrung zeigt: Das bei der Tragbarkeitsrechnung eingesetzte eine Prozent des Kaufpreises für den Unterhalt (siehe Seite 35) deckt den längerfristig notwendigen «grossen Unterhalt» in Form von umfassenden Renovationen bei Weitem nicht. Trotz Erneuerungsfonds müssen die Stockwerkeigentümer dann oft zusätzlich tief in die Tasche greifen. Laut einer Studie der ETH Zürich verschlingt der Unterhalt von Wohneigentum über die Jahre nämlich 1,3 Prozent des Gebäudeversicherungswerts und für Umbauarbeiten und Renovationen kommen nochmals 2,6 Prozent dazu. In diesen Zahlen inbegriffen sind auch die finanziellen Mittel, die Sie über die Jahre direkt in Ihre Eigentumswohnung stecken. Und natürlich handelt es sich bei diesen Angaben um statistische Werte; Abweichungen je nach Ortslage und Bauweise sind durchaus möglich.

Eine andere Faustregel besagt, dass Wohneigentum pro Jahr durchschnittlich 6 Prozent des Kauf- oder Erstellungspreises kostet, Hypothekarzinsen miteingerechnet. Zumindest dieser Regel sollten Sie bei der Festsetzung der jährlichen Beiträge an den Erneuerungsfonds Rechnung tragen. Ausgehend von einem durchschnittlichen Hypothekarzinssatz von 4,5 Prozent und einem Anlagehorizont von 20 Jahren bei einer durchschnittlichen Rendite von 3 Prozent, sind für den Erneuerungsfonds jährlich mindestens 1,25 Prozent des Erstellungspreises der ganzen Liegenschaft einzusetzen – verteilt nach der Wertquote oder dem reglementarischen Schlüssel. Ist keine langfristige Anlage möglich, sind höhere Beiträge nötig.

Wer muss die Beiträge an den Erneuerungsfonds zahlen?

Wie beim Verwaltungsfonds sind die Beiträge an den Erneuerungsfonds von den im Grundbuch eingetragenen Stockwerkeigentümern zu zahlen, und zwar – sofern im Reglement nichts anderes festgehalten ist – anteilsmässig nach Wertquoten. Auch für die Erneuerungsfondsbeiträge kann die Stockwerkeigentümergemeinschaft das Gemeinschaftspfandrecht beanspruchen (siehe Seite 185).

Wem gehört der Erneuerungsfonds?

Das im Erneuerungsfonds enthaltene Kapital gehört zum Vermögen der Gemeinschaft (Art. 712l Abs. 1 ZGB). Einzelne Stockwerkeigentümer haben kein direktes Forderungsrecht mehr auf «ihre» eingezahlten Beiträge. Verkaufen Sie Ihre Einheit, können Sie sich deshalb Ihren Anteil am Fonds nicht auszahlen lassen. Soll der Anteil am Erneuerungsfonds nicht im eigentlichen Kaufpreis der Stockwerkeigentumseinheit enthalten sein und muss separat darüber abgerechnet werden, ist dies im Kaufvertrag ausdrücklich festzuhalten.

> **TIPP** *Sowohl als Käufer wie auch als Verkäufer sind Sie gut beraten, wenn Sie im Kaufvertrag festhalten, wie hoch der Anteil am Erneuerungsfonds ist und wie er abgegolten werden soll. Das hilft, spätere Missverständnisse und Diskussionen in der Gemeinschaft zu vermeiden. Zudem werden – wenn der Erneuerungsfondsanteil im Kaufpreis enthalten ist – auch dafür die Grundstückgewinn- und Handänderungssteuern fällig (siehe Seite 43).*

Wenn die Beiträge nicht gezahlt werden

Zahlt ein säumiger Eigentümer nicht, kann ihn die Gemeinschaft betreiben und wenn nötig Klage gegen ihn erheben. Zudem hat sie zur Sicherung ihrer Ansprüche ein gesetzliches Gemeinschaftspfandrecht und ein Retentionsrecht.

Hat die Gemeinschaft einen Anspruch auf einen Beitrag oder eine Vorschusszahlung und zahlt ein Stockwerkeigentümer nicht, kann die Gemeinschaft diese Forderung eintreiben. In der Regel übernimmt dies der Verwalter oder – wenn keiner bestellt ist – eine von der Gemeinschaft bevollmächtigte Stockwerkeigentümerin.

> **STOCKWERKEIGENTÜMER T.** weigert sich, die von der Versammlung der Gemeinschaft «Moosmatt» beschlossenen Verwaltungsbeiträge zu zahlen. Verwalterin K. hat ihn im Namen der Gemeinschaft schon zweimal gemahnt und schliesslich betrieben. Herr T. erhebt gegen den Zahlungsbefehl Rechtsvorschlag.

Betreibt die Gemeinschaft einen Stockwerkeigentümer wegen ausstehender Beiträge, kann dieser innert zehn Tagen nach Zustellung des Zahlungsbefehls Rechtsvorschlag erheben. Damit bestreitet er den von der Gemeinschaft geltend gemachten Anspruch. Begründen muss der Betriebene seinen Rechtsvorschlag nicht.

> **HERR T.** hat seinen Rechtsvorschlag nicht begründet; die anderen Eigentümer vermuten aber, dass er in finanziellen Schwierigkeiten steckt und deshalb die Beiträge nicht gezahlt hat. Bei dieser Ausgangslage rät Verwalterin K., behutsam vorzugehen. Sonst würden sich am Schluss bloss Kosten türmen, während die Beiträge immer noch ausstehen.

Will die Gemeinschaft nach Erhebung des Rechtsvorschlags mit der Betreibung fortfahren, muss sie den Rechtsvorschlag beseitigen. Kann die Gemeinschaft keine schriftliche Schuldanerkennung vorweisen – und das ist nur selten der Fall –, muss sie dies in einem teuren und langwierigen ordentlichen Gerichtsverfahren tun. Dabei sollte man sich auf jeden Fall von einem in Betreibungssachen versierten Anwalt beraten lassen (siehe auch Beispiel Seite 117).

Das Gemeinschaftspfandrecht

Zur Absicherung ihrer Forderungen hat die Gemeinschaft einen gesetzlichen Anspruch auf Errichtung eines Grundpfandrechts zulasten der Einheit eines säumigen Eigentümers – und zwar für ausstehende Beiträge der vergangenen drei Jahre. Die Eintragung des Pfandes kann erst nach Ablauf des Geschäftsjahrs, für das die Beiträge nicht bezahlt wurden, verlangt werden und ermöglicht die Verwertung (meistens Versteigerung) der Einheit, um die Forderung zu decken.

DIE VERWALTERIN rät der Gemeinschaft davon ab, den von Eigentümer T. erhobenen Rechtsvorschlag beseitigen zu lassen. Damit wäre nämlich gar nichts gewonnen, denn die Fortsetzung der Betreibung würde höchstwahrscheinlich bloss mit einem Verlustschein enden. Wie man unterdessen weiss, hat Herr T. vor einigen Monate seine Arbeitsstelle verloren und bereits einige Betreibungen im Haus. Verwalterin K. rät den anderen Eigentümern deshalb, lieber das Gemeinschaftspfandrecht in Anspruch zu nehmen.

Dem Gemeinschaftspfandrecht (Art. 712i ZGB) kommt kein Rangprivileg zu, sein Rang bestimmt sich nach der Alterspriorität: Wer zuerst ein Pfandrecht im Grundbuch einträgt, erhält den ersten Rang, die späteren Gläubiger bekommen den zweiten, dritten und so weiter. Kommt es zur Verwertung, wird aus dem Erlös zunächst die Forderung im ersten Rang gezahlt, dann die im zweiten Rang et cetera. Reicht der Erlös nicht für alle Schulden, bleiben die Forderungen in den hinteren Pfandstellen ungedeckt und die Gläubiger erhalten einen Pfandausfallschein.

 ACHTUNG *Aufgrund der Rangordnung nach Alterspriorität ist der Eintrag eines Pfandrechts nur dann sinnvoll, wenn die Einheit des säumigen Stockwerkeigentümers nicht bereits mit Grundpfändern belastet ist, die ihren Wert übersteigen. Klären Sie dies unbedingt ab, bevor Sie ein Verfahren einleiten. Sonst entstehen Ihnen bloss Kosten – und am Ende halten Sie einen Pfandausfallschein in Händen.*

Das Recht, ein Gemeinschaftspfandrecht geltend zu machen, kommt der Verwalterin zu (Art. 712t ZGB). Wurde keine solche bestimmt, ist auch ein einzelner Stockwerkeigentümer dazu berechtigt. Im Gegensatz zur Verwalterin benötigt er dafür aber die Ermächtigung durch die Versammlung (Mehrheitsbeschluss) oder durch das Gericht.

Eintrag mit Einverständnis des Betroffenen
Am einfachsten und für alle Parteien am günstigsten ist die Eintragung des Pfandrechts, wenn der säumige Stockwerkeigentümer seine Zustimmung dazu gibt. Tut er dies, kann die Gemeinschaft die Eintragung des Pfandrechts direkt beim Grundbuchamt anmelden, worauf es definitiv im

8 ■ ■ ■ DIE GEMEINSAMEN KOSTEN UND DER ERNEUERUNGSFONDS

Grundbuch eingetragen wird. Dadurch erspart sich der zahlungsunfähige Stockwerkeigentümer unnötige Gerichtskosten.

VERWALTERIN K. bittet Stockwerkeigentümer T. noch einmal um ein Gespräch. Herr T. bestätigt, dass er finanzielle Probleme habe und seine Wohnung zu verkaufen versuche. Sie sei zurzeit zwar nicht sehr hoch belastet, doch bekomme er von der Bank wegen seiner Arbeitslosigkeit keine weitere Hypothek. Die Verwalterin bittet ihn deshalb, der Eintragung des Gemeinschaftspfandrechts zuzustimmen. Nach einigen Erklärungen ist Herr T. einverstanden und unterzeichnet die vorbereitete Zustimmungserklärung.

Wenn der Betroffene nicht einverstanden ist: rasch handeln
Verweigert der säumige Stockwerkeigentümer die Einwilligung zur Eintragung des Pfandrechts, bleibt der Gemeinschaft nichts anderes übrig, als den Eintrag über das zuständige Gericht zu erwirken. Weil der Zeitpunkt der Eintragung im Grundbuch für den Rang des Pfandrechts massgebend ist, muss rasch gehandelt werden.

TIPP *Am besten lassen Sie das Pfandrecht zunächst provisorisch oder wenn nötig superprovisorisch eintragen. Den Antrag dafür richten Sie an das zuständige Zivilgericht des Ortes, an dem sich das Stockwerkeigentum befindet oder wo der säumige Stockwerkeigentümer seinen Wohnsitz hat. Damit Ihr Antrag bewilligt wird, muss die Gemeinschaft den Anspruch auf die Beitrags- oder Vorschusszahlung dem Gericht gegenüber zumindest glaubhaft machen. In der Regel genügt dazu der protokollierte Versammlungsbeschluss über die jährlichen Beiträge.*

Wie das Verfahren genau abläuft, hängt von der kantonalen Prozessordnung ab; es muss aber ein schnelles Verfahren sein: Eine provisorische Eintragung nimmt wenige Wochen in Anspruch; eine superprovisorische kann schon innert eines Tages erledigt sein.
 Wird die provisorische Eintragung bewilligt, setzt das Gericht der Gemeinschaft eine Frist zur Klage auf definitive Eintragung. Auch zu diesem Zeitpunkt kann der säumige Stockwerkeigentümer noch seine Zustimmung zum Eintrag geben; damit fände das Verfahren ein Ende, und das

Pfandrecht würde definitiv im Grundbuch eingetragen. Tut er dies nicht, kommt es zu einem ordentlichen Gerichtsverfahren. Dieses ist nicht nur teuer, sondern auch sehr zeitintensiv.

GUT ZU WISSEN *Ohne zusätzliche Bevollmächtigung durch die Versammlung ist der Verwalter nicht berechtigt, einen ordentlichen Prozess zu führen (Art. 712t Abs. 2 ZGB). Die Missachtung dieser Vorschrift kann in einigen Kantonen zur Abweisung und damit unter Umständen zum Verlust des Pfandrechts führen. Lassen Sie sich von einer erfahrenen Anwältin beraten.*

Das Retentionsrecht

Neben dem Gemeinschaftspfandrecht hat die Stockwerkeigentümergemeinschaft zur Absicherung der Beiträge und Vorschüsse der letzten drei Jahre auch ein Retentionsrecht an den beweglichen Sachen in der Stockwerkeinheit eines säumigen Zahlers. Bei diesem Retentionsrecht (Art. 712k ZGB) handelt es sich um eine spezielle Form der Pfändung. Kommt der Eigentümer seinen Zahlungsverpflichtungen nicht nach, werden die retinierten Gegenstände letztlich nach den Regeln des Bundesgesetzes über Schuldbetreibung und Konkurs (SchKG) verwertet. Allerdings ist der Erlös in aller Regel nur gering. Deshalb machen Stockwerkeigentümergemeinschaften nur selten vom Retentionsrecht Gebrauch.

INFO *Das Retentionsrecht der Stockwerkeigentümergemeinschaft gilt – anders als etwa dasjenige des Vermieters – auch für Wohnräume. Ist die Einheit als Geschäftslokal vermietet, kann die Gemeinschaft das Retentionsrecht sogar an Sachen des Mieters geltend machen – allerdings nur, wenn dieser den Mietzins nicht gezahlt hat, und nur im Umfang des ausstehenden Betrags.*

8 ■ ■ ■ DIE GEMEINSAMEN KOSTEN UND DER ERNEUERUNGSFONDS

Vom Umgang mit den Nachbarn

Nachbarschaftsprobleme können einem das Leben ganz schön schwer machen. Je nachdem, ob Sie es dabei mit einem Mitglied der Stockwerkeigentümergemeinschaft oder mit einem Aussenstehenden zu tun haben, gelten andere Regeln.

Richtiges Verhalten im Konfliktfall

Als Stockwerkeigentümer ist man auf ein gutnachbarliches, friedliches Zusammenleben besonders angewiesen. Doch wie verhält man sich, wenn es zum Zwist mit dem Nachbarn kommt? Und wie sieht es mit den Rechten aus?

Weil es sich bei Ihrer Wohnung um Ihr Eigentum handelt, sind Sie stärker daran gebunden als ein Mieter. Zudem leben Sie mit den Mitgliedern Ihrer Gemeinschaft viel enger zusammen als Eigentümer von benachbarten Einfamilienhäusern: Sie können den anderen Hausbewohnern nur schwer aus dem Weg gehen, wenn Sie sie im Garten oder im Treppenhaus antreffen.

Und so müssen Sie auch zu vielen Fragen der gemeinschaftlichen Verwaltung mit den anderen Eigentümern Rücksprache halten oder deren Beschluss akzeptieren, auch wenn er nicht Ihre Vorstellungen entspricht. Kurz: Ihre Stellung als Stockwerkeigentümer birgt Konfliktpotenzial.

Zuerst das Gespräch suchen

Innerhalb des Hauses können Sie sowohl mit anderen Stockwerkeigentümern als auch mit deren Mietern oder Nutzniessern in Konflikt geraten. Möglich sind aber auch Streitigkeiten über den Gartenzaun mit Eigentümern eines benachbarten Grundstücks. Je nach Situation haben Sie bei solchen Konflikten verschiedene Rechte, die auch Ihr Vorgehen bestimmen. Grundsätzlich gilt:
- ■ In den wenigsten Fällen empfiehlt es sich, gegen einen unliebsamen Nachbarn gleich gerichtlich vorzugehen. In der Regel erreichen Sie mehr, wenn Sie versuchen, das Problem in einer ruhigen Minute, im Gespräch, zu lösen.
- ■ Auch wenn ein erstes Gespräch nichts fruchtet, sollten Sie die Vor- und Nachteile der gerichtlichen Austragung eines nachbarlichen Kon-

flikts gut gegeneinander abwägen. Ein Rechtsstreit hinterlässt tiefe Spuren, die das Zusammenleben auf Dauer schwer belasten können. Und die «Retourkutsche» des Unterlegenen lässt oft nicht lange auf sich warten.

- In einer schwierigen Situation empfiehlt es sich, zur Beilegung eines nachbarlichen Konflikts auch aussergerichtliche Bereinigungsmethoden – beispielsweise den Beizug eines Mediators – ins Auge zu fassen. Dazu ist aber das Einverständnis aller beteiligten Parteien nötig. Eine Mediation kann, sofern alle Beteiligten zustimmen, auch das vor Klageeinreichung notwendige Schlichtungsverfahren ersetzen.

> **BUCHTIPP**
> Weitere Infos und Tipps finden Sie im Beobachter-Ratgeber **«Mediation – Konflikte lösen im Dialog».**
> www.beobachter.ch/buchshop

Erst wenn die «sanfte Tour» nicht fruchtet – und wenn es Ihnen absolut wichtig ist, den eigenen Standpunkt durchzusetzen –, sollten Sie zu den Rechtsbehelfen des Gesetzes greifen.

MEDIATION: OFT EIN GUTER WEG

Mediation als aussergerichtliche Methode, einen Konflikt zu lösen, hat sich in verschiedenen Bereichen durchgesetzt. Insbesondere im Nachbarrecht bietet sich dieses Verfahren geradezu an. Denn oft sind die Parteien dazu verurteilt, weiterhin nahe beieinander zu leben – da ist eine gemeinsam erarbeitete Lösung allemal besser als ein Gerichtsurteil, bei dem es meist Sieger und Verlierer gibt.

Ziel der Mediation ist eine beide Seiten zufriedenstellende, rechtsverbindliche Vereinbarung. Die Mediatorin unterstützt die Parteien als neutrale Vermittlerin und achtet darauf, dass die gesetzlichen Regeln eingehalten werden. Sie unterbreitet aber keine Lösungsvorschläge und hat auch keine inhaltliche Entscheidungskompetenz. Die Parteien erarbeiten ihre Lösung gemeinsam und eigenverantwortlich. Auch das Honorar für die Mediatorin tragen sie gemeinsam, meist je zur Hälfte.

Achtung: «Mediator» ist keine geschützte Berufsbezeichnung, und die Anforderungen an die Ausbildung sind in der Schweiz nicht geregelt. Verschiedene Institutionen bieten aber anerkannte Ausbildungsgänge an und führen Listen von akkreditierten Fachleuten (Adressen im Anhang).

Probleme innerhalb der Gemeinschaft

Nachbarliche Konflikte innerhalb der Gemeinschaft haben ihre Ursache meist in der Art, wie ein Stockwerkeigentümer seine Wohnung nutzt. Ein weiterer Streitpunkt betrifft die Nutzung der gemeinschaftlichen Einrichtungen.

Ob Sie nach 22 Uhr noch laute Rockmusik hören, die Waschküche am Sonntag benutzen oder Ihren Hund in die gemeinsame Gartenanlage lassen: Zwist ist in einer Stockwerkeigentümergemeinschaft meist programmiert.

So kommen Sie am besten ans Ziel

Entsteht zwischen Ihnen und einem anderen Stockwerkeigentümer ein Streit und finden Sie keine Lösung, empfehlen sich folgende Massnahmen:

- Ziehen Sie als Erstes das Reglement und die Hausordnung zu Rate. Möglicherweise ist Ihr Problem darin geregelt; dann reicht es, wenn Sie den Störenden auf seine Rechte und Pflichten hinweisen.
- Lässt dieser immer noch nicht mit sich reden oder finden Sie im Reglement keine Hilfe, ist Ihre nächste Anlaufstelle die Stockwerkeigentümerversammlung. Sondieren Sie aber schon im Vorfeld, wie die anderen Eigentümer zu dem Problem stehen. So können Sie in der Versammlung mit einem Vorschlag auftreten, der bereits von einigen mitgetragen wird. Zudem erfahren Sie dabei, ob sich auch andere gestört fühlen oder ob Sie vielleicht doch etwas überempfindlich sind.
- Sollte sich der störende Nachbar trotz der Intervention der Gemeinschaft nicht eines Besseren belehren lassen, sprechen Sie mit den anderen Eigentümern ab, ob die Gemeinschaft als Ganzes oder ob Sie allein gegen den Störer vorgehen wollen. Beziehen Sie dabei immer auch aussergerichtliche Konfliktbewältigungsmethoden, beispielsweise eine Mediation (siehe Seite 193), in Ihre Überlegungen ein.

- Hilft schliesslich alles nichts – und ist Ihnen die Sache wichtig genug –, müssen Sie sich an das Gericht wenden. Je nachdem, ob die Ursache des Konflikts in der Nutzung der gemeinschaftlichen Anlagen oder der im Sonderrecht stehenden Wohnung liegt, müssen Sie anders vorgehen, und es stehen Ihnen andere Rechtsbehelfe zur Verfügung.

INFO *Hat eine Stockwerkeigentümerin ihre Wohnung vermietet oder jemandem zur Nutzniessung überlassen, ist sie auch für die von dieser Person verursachten Unannehmlichkeiten oder Schäden verantwortlich. Die anderen Eigentümer müssen deshalb ihre Klagen gegen diese Stockwerkeigentümerin richten. Ausgenommen sind Besitzesschutzklagen; sie müssen direkt gegen die störende Person geltend gemacht werden (zu den Klagemöglichkeiten siehe Kasten Seite 200).*

Konflikte wegen der Nutzung des gemeinschaftlichen Teils

Liegt die Ursache des Konflikts in der Nutzung einer gemeinschaftlichen Einrichtung, müssen Sie sich vorerst an die Gemeinschaft wenden. Deren Aufgabe ist es, festzulegen, in welcher Weise und in welchem Ausmass die gemeinsamen Anlagen genutzt werden dürfen. Sie kann dazu im Reglement oder in der Hausordnung Bestimmungen erlassen oder – wenn ein Einzelfall geregelt werden muss – in der Versammlung die nötigen Beschlüsse fassen. Gestützt auf diese Bestimmungen und Beschlüsse, ist es dann in erster Linie Sache der Gemeinschaft oder ihres Verwalters, sich gegen einen fehlbaren Eigentümer zur Wehr zu setzen.

GUT ZU WISSEN *Findet sich zu einem konkreten Fall keine Bestimmung im Reglement oder in der Hausordnung, kann sich die Gemeinschaft auf Artikel 648 ZGB berufen. Dieser besagt, dass ein Miteigentümer die gemeinsame Sache – und damit auch die gemeinsamen Einrichtungen und Anlagen – nur so weit nutzen darf, als es mit den Rechten der anderen Miteigentümer verträglich ist. Gesetzlich verboten sind etwa sämtliche nicht gerechtfertigten Einwirkungen durch Luftverunreinigung, üblen Geruch, Lärm, Schall, Erschütterung, Strahlung oder durch den Entzug von Besonnung oder Tageslicht.*

Überschreitet ein Stockwerkeigentümer das zulässige Mass oder hält er sich nicht an die Bestimmungen des Reglements oder an die Beschlüsse der Versammlung, kann sich die Gemeinschaft ihm gegenüber mittels Eigentumsfreiheitsklage (siehe Kasten Seite 200) zur Wehr setzen – beispielsweise wenn ein Eigentümer seinen Müll im gemeinschaftlichen Veloraum deponiert. Die Eigentumsfreiheitsklage ist unverjährbar, kann also jederzeit erhoben werden. Schadenersatzansprüche können mit der Eigentumsfreiheitsklage jedoch nicht geltend gemacht werden. Diese wären gestützt auf Artikel 41 OR zu erheben.

INFO *Nicht nur die Gemeinschaft, auch Sie selbst können sich gegenüber einem anderen Stockwerkeigentümer mittels Eigentumsfreiheitsklage zur Wehr setzen. Allein vorzugehen ist aber nur dann ratsam, wenn Sie sicher sind, dass auch die anderen Mitglieder der Gemeinschaft das Verhalten des fehlbaren Eigentümers als unzulässig empfinden. Wenn nicht, gehen Sie ein erhebliches Risiko ein, den Prozess zu verlieren.*

Konflikte wegen der Nutzung der eigenen Räume

In welcher Weise Sie Ihre eigene Wohnung – Ihr Sonderrecht – nutzen dürfen, bestimmt sich in erster Linie nach dem Reglement. Dort finden Sie zum Beispiel Bestimmungen darüber, ob eine Einheit nur zu Wohnzwecken verwendet oder auch gewerblich genutzt werden darf, oder Vorschriften darüber, wie sich die Eigentümer in ihrer Einheit zu verhalten haben, mit welchen Materialien Böden belegt werden dürfen et cetera.

INFO *Auch das Gesetz enthält Bestimmungen zur Benutzung der eigenen Einheit: Artikel 712a Absatz 2 ZGB hält fest, dass der einzelne Stockwerkeigentümer in der Verwaltung, Benutzung und baulichen Ausgestaltung seiner eigenen Räume zwar frei ist, jedoch keinem anderen Eigentümer die Ausübung desselben Rechts erschweren darf. Die Gemeinschaft und der einzelne Stockwerkeigentümer können sich im Konfliktfall auf diese Bestimmung berufen und von einem Störenfried beispielsweise verlangen, dass er die üblichen Ruhezeiten einhält.*

Um sich gegen eine Mitbewohnerin wehren zu können, die ihre eigene Einheit nicht gesetzes- oder reglementskonform nutzt, stehen Ihnen dieselben Klagemöglichkeiten zur Verfügung, die auch ein Grundeigentümer hat (BGE 132 III 9). Sie und die Gemeinschaft können deshalb auf folgende Rechtsbehelfe zurückgreifen (siehe auch Kasten Seite 200):

- Sie können sich mittels **nachbarrechtlicher Klage** zur Wehr setzen – vor allem dann, wenn die störende Nachbarin ihr Eigentumsrecht überschreitet, also beispielsweise übermässige Immissionen wie Lärm, Rauch oder Gerüche verursacht. Diese Klage hat gegenüber der Eigentumsfreiheitsklage den Vorteil, dass Sie einen Schaden, der Ihnen durch das Verhalten der Nachbarin entstanden ist, direkt geltend machen können und sich nicht auch noch auf Artikel 41 OR berufen müssen. Zudem hat die nachbarrechtliche Klage Vorrang vor der Eigentumsfreiheitsklage, das heisst, Sie müssen sich, wenn die Möglichkeit dazu besteht, mittels dieser Klage wehren und können sich nicht auf die Eigentumsfreiheit berufen.
- Die **Eigentumsfreiheitsklage** können Sie einreichen, wenn ein anderer Eigentümer sein Recht nicht durch Verursachung übermässiger Immissionen überschreitet, sondern durch einen direkten Eingriff in Ihr Eigentum.
- Neben der Eigentumsfreiheitsklage und der nachbarrechtlichen Klage können Sie auch eine **Besitzesschutzklage** einreichen. Diese schützt den Besitzer vor unberechtigten Eingriffen und Einwirkungen auf seinen Besitz – sei dies in direkter Form (zum Beispiel Deponieren von Gegenständen auf Ihrem Gartensitzplatz) oder in indirekter Form (Lärmimmissionen und Ähnliches). Mit der Besitzesschutzklage können Sie auch Schadenersatz verlangen; Sie müssen sie aber geltend machen, sobald Sie vom ungerechtfertigten Eingriff erfahren. Spätestens ein Jahr nach der Störung verjährt der Anspruch aus Besitzesschutz.

Bevor Sie als einzelner Stockwerkeigentümer eine Klage einleiten, müssen Sie sich über Folgendes im Klaren sein: Verboten ist nur die übermässige Immission – und ob eine Immission, die Sie als störend empfinden, tatsächlich übermässig ist, hat das Gericht zu beurteilen. Es muss dabei von den konkreten Verhältnissen ausgehen, hat aber einen grossen Ermessensspielraum und wird sich vor allem auch darauf abstützen, wie andere im Haus die Störung einschätzen.

> **TIPP** *Sammeln Sie Beweise für die Immissionen: Fotos, Videos, Messungen durch einen Experten, Zeugenaussagen. Nehmen Sie, bevor Sie eine Klage einreichen, unbedingt Rücksprache mit den anderen Eigentümern und klären Sie ab, ob diese die Störung ebenfalls als übermässig empfinden.*

Konflikte mit Nachbarn ausserhalb der Gemeinschaft

Stören Bewohner eines benachbarten Grundstücks den Frieden in Ihrer Stockwerkeigentumsliegenschaft, können Sie mit Reglement und Hausordnung nichts ausrichten. Sie haben aber praktisch dieselben Rechte wie ein Alleineigentümer.

Je nach Art der Störung können Sie sich mittels der Eigentumsfreiheitsklage, der nachbarrechtlichen Klage oder der Klage aus Besitzesstörung gegen Beeinträchtigungen von aussen wehren.

- Auf die **Eigentumsfreiheitsklage** beruft sich die Gemeinschaft oder der einzelne Stockwerkeigentümer dann, wenn der Nachbar direkt in das Eigentum eingreift – beispielsweise wenn er seinen Zaun teilweise auf dem Grundstück der Stockwerkeigentümergemeinschaft errichtet.
- Mit der **nachbarrechtlichen Klage** setzen sich Stockwerkeigentümer insbesondere dann zur Wehr, wenn die Gemeinschaft oder einzelne Mitglieder durch übermässige Immissionen von Nachbargrundstücken belästigt werden – durch Lärm, Gestank, Unmengen an Laubfall und Ähnliches.
- Ebenso kann sich die Gemeinschaft oder der einzelne Stockwerkeigentümer auf den **Besitzesschutz** berufen – beispielsweise dann, wenn der Hund des Nachbarn regelmässig den Garten zum «Gassigehen» missbraucht.
- Fügt eine Drittperson der Gemeinschaft oder einzelnen Stockwerkeigentümern Schaden zu, können sie auch **Schadenersatz** fordern.

Detailliertere Informationen zu den Klagemöglichkeiten bei einem Nachbarstreit finden Sie auf Seite 200.

Wer muss sich zur Wehr setzen?

Beim Vorgehen gegen eine Störung von ausserhalb der Gemeinschaft ist es von entscheidender Bedeutung, ob die Rechtsverletzung nur Sie betrifft oder ob die ganze Gemeinschaft tangiert ist:

- Sind nur Sie betroffen, können Sie das nachbarrechtliche Problem im Alleingang erledigen. Beispielsweise dann, wenn aufgrund der Lage der Liegenschaften nur Ihre Wohnung vom Lärm eines Nachbarn beeinträchtigt wird.
- Ein Alleingang ist jedoch nicht möglich, wenn Sie zur Lösung Ihres nachbarrechtlichen Problems in irgendeiner Weise über das Stockwerkeigentumsgrundstück verfügen müssen. Dieses Recht steht nämlich nur der Gemeinschaft zu. Muss beispielsweise zur Behebung der Störung mit dem Nachbarn ein Dienstbarkeitsvertrag ausgehandelt werden, der die Gesamtliegenschaft betrifft, kann dies nur die Gemeinschaft tun.
- Ein Alleingang ist auch dann nicht möglich, wenn die Stockwerkeigentümergemeinschaft einer Nachbarin eine Dienstbarkeit eingeräumt hat, die nun eines ihrer Mitglieder beeinträchtigt. Einem solchen Gemeinschaftsbeschluss müssen sich die einzelnen Stockwerkeigentümer unterordnen. Allerdings lassen sich Dienstbarkeitsverträge zulasten der Gemeinschaft nur mit einstimmigem Beschluss aller Stockwerkeigentümer abschliessen.

Bevor Sie gegen benachbarte Grundeigentümer vorgehen, sollten Sie sich in jedem Fall mit der Gemeinschaft absprechen, sonst ist Zwist programmiert. Gemeinsam lässt sich entscheiden, ob die von einer Störung besonders Betroffenen sich allein zur Wehr setzen sollen oder ob die Gemeinschaft ihre Rechte geltend machen will. Handelt eine Stockwerkeigentümerin eigenmächtig und ohne Rücksprache, könnte es ihr in einem Nachbarschaftsprozess allenfalls passieren, dass die Gemeinschaft sich gegen ihre Ansicht ausspricht und dass sie deswegen den Prozess verliert.

DIE KLAGEOPTIONEN BEI EINEM NACHBARSTREIT

Nachbarrechtliche Klage (Art. 679 ZGB)

Ziel:	Beseitigung oder Unterlassung von übermässigen Immissionen; Schadenersatz und Genugtuung für den durch die Störung verursachten Schaden
Einschränkung 1:	Wurden beim Erstellen eines Gebäudes / einer Einrichtung die zum Zeitpunkt der Erstellung geltenden Vorschriften eingehalten, kann nicht geklagt werden, selbst wenn feststeht, dass das Gebäude / die Einrichtung einem Nachbargrundstück bestimmte Eigenschaften entzieht (Art. 679 Abs. 2 ZGB)
Einschränkung 2:	Ist ein Grundeigentümer infolge rechtmässigen Bauens auf dem Nachbargrundstück vorübergehend von übermässigen, aber unvermeidbaren Immissionen betroffen, kann er lediglich Schadenersatz verlangen (Art. 679a ZGB)
Klageberechtigt:	jeder Nachbar, das heisst jedermann, der durch Einwirkungen beeinträchtigt wird, die von einem anderen selbständigen Grundstück ausgehen
Massnahmen:	sämtliche Massnahmen, die dazu geeignet erscheinen, die übermässige Immission auf das gesetzlich zulässige Mass zu reduzieren
Zuständigkeit:	Gericht am Ort des Grundstücks
Verjährungsfrist:	Massnahmen zur Abwendung des Schadens können nur so lange verlangt werden, wie die Immission anhält. Schadenersatzansprüche verjähren ein Jahr nach Beendigung der übermässigen Immission.

Eigentumsfreiheitsklage (Art. 641 Abs. 2 ZGB)

Ziel:	Abwehr von Eingriffen in das Eigentum und Wiederherstellung des ursprünglichen Zustands; keine Schadenersatzforderung möglich
Klageberechtigt:	beeinträchtigter Stockwerkeigentümer, Nutzniesser, Wohnberechtigter
Massnahmen:	alles, was zur Abwehr des Eingriffs bzw. zur Wiederherstellung des ursprünglichen Zustands nötig ist
Zuständigkeit:	Gericht am Ort des «beklagten» Grundstücks
Verjährungsfrist:	keine

Klage aus Besitzesstörung (Art. 928 ZGB)

Ziel:	Abwehr von Eingriffen in den Besitz, Schadenersatz
Klageberechtigt:	Besitzer, beispielsweise die Stockwerkeigentümerin, der Nutzniesser, Wohnberechtigte, aber auch Mieter oder Pächter

Massnahmen:	Alles, was zur Abwehr des Eingriffs bzw. zur Wiederherstellung des ursprünglichen Zustands nötig ist
Zuständigkeit:	Gericht am Ort des «beklagten Grundstücks»
Verjährungsfrist:	ein Jahr; die Klage muss sofort nach Kenntnisnahme der Störung geltend gemacht werden

Anspruch auf Schadenersatz (Art. 41 OR)

Ziel:	Ersatz eines Vermögensnachteils
Klageberechtigt:	jedermann, der aufgrund des Verhaltens einer anderen Person einen Vermögensschaden erleidet. Ein Vermögensschaden liegt dann vor, wenn das Vermögen des Geschädigten infolge des angeprangerten Verhaltens kleiner ist, als es ohne dieses wäre.
Massnahme:	Geltendmachung eines Ersatzanspruchs in Franken und Rappen
Zuständigkeit:	Gericht am Sitz des Schädigers
Verjährung:	ein Jahr ab Kenntnis; zehn Jahre absolut

Was sagt das öffentliche Recht?

Neben den Rechtsbehelfen des ZGB enthält auch das öffentliche Recht eine Reihe von Vorschriften, auf die die Gemeinschaft oder ein Eigentümer sich zum Schutz gegenüber Nachbarn berufen kann.

Bauvorschriften, Bestimmungen betreffend den Lärmschutz, den Schutz vor übermässiger Strahlung oder bezüglich Luftreinhaltung – solche öffentlich-rechtlichen Vorschriften können Sie in der Regel bei Neubauprojekten oder beim Betrieb grösserer Anlagen in Ihrer Nachbarschaft geltend machen.

Wenn allerdings die öffentliche Hand Bauherrin ist und wenn sie beispielsweise in Ihrer Nachbarschaft eine Erschliessungsstrasse baut, werden Sie sich gegen Lärm und Abgase kaum direkt wehren können – auch wenn diese als übermässig einzustufen sind. In diesem Fall überwiegen die öffentlichen Interessen am Bauwerk. Allenfalls werden Sie respektive die Stockwerkeigentümergemeinschaft aber wenigstens entschädigt.

Die Auszahlung der Entschädigung kann im Interesse der Rechtssicherheit und Klarheit auf entsprechende Begehren hin im Grundbuch angemerkt werden. Gemäss bundesgerichtlicher Rechtsprechung deckt diese Entschädigung nämlich auch die entsprechenden Ansprüche der Rechtsnachfolgerinnen und Rechtsnachfolger. Die einmal zugesprochene Entschädigung soll den damit abgegoltenen Schaden durch Wertverlust eines Grundstücks abschliessend ausgleichen (BGE 129 II 72, E. 2.8; 131 II 137, E. 3.1.5).

DIE STADT lädt zur öffentlichen Orientierung über den neuen Verkehrsplan im Quartier ein. Als Stockwerkeigentümer D. die Pläne näher ansieht, entdeckt er mit Schrecken, dass die kleine Quartierstrasse, an der «sein» Haus steht, als neue Ausfallachse vorgesehen ist. Er alarmiert die anderen Eigentümer, und die Gemeinschaft beschliesst, Einsprache gegen den Ausbau der Strasse zu erheben. Sie argumentiert, dass das höhere Verkehrsaufkommen in der bisher ruhigen Wohngegend zu einer unzumutbaren Lärmbelastung führen werde; die Grenzwerte der Lärmschutzverordnung würden deutlich überschritten. Die Gemeinschaft unterbreitet verschiedene Vorschläge für eine alternative Führung der Ausfallachse. In den Einspracheverhandlungen zeigt sich, dass zwar tatsächlich mit einer zu hohen Lärmbelastung der Stockwerkeigentumsliegenschaft zu rechnen ist, doch die vorgeschlagenen Alternativen würden noch grössere Nachteile mit sich bringen. Weil das öffentliche Interesse an einer Lösung des Verkehrsproblems überwiegt, baut die Stadt die Strasse gemäss Verkehrsplan. Das Abwehrrecht der Gemeinschaft wird enteignet; im Enteignungsverfahren erhalten die Eigentümer eine Entschädigung zugesprochen.

9 ■ ■ ■ VOM UMGANG MIT DEN NACHBARN

Stockwerkeigentum renovieren

Wenn es um grössere Sanierungsprojekte geht, birgt das spezielle Nebeneinander von Eigentümer- und Gemeinschaftsinteressen bei Stockwerkeigentum Konfliktpotenzial. Wie Sie und Ihre Gemeinschaft eine Renovation ohne Streit durchziehen, erfahren Sie auf den folgenden Seiten.

Wer entscheidet über die Renovation?

Wie jedes Bauwerk muss auch eine Liegenschaft im Stockwerkeigentum von Zeit zu Zeit erneuert werden. Insbesondere umfangreiche Erneuerungen sollte die Gemeinschaft längerfristig und gründlich planen.

Renovationen sind nicht zu verwechseln mit dem laufenden Unterhalt. Was wann renoviert werden soll, hängt sowohl von der Nutzung als auch von der Lebensdauer der verschiedenen Bauteile ab.

Die Erfahrung zeigt, dass umfassende Renovationen von bewohnten Gebäuden in Zyklen von 20 bis 25 Jahren notwendig werden (siehe Anhang). Wer über die Durchführung einer Renovation entscheidet, hängt davon ab, welche Teile des Gebäudes überholt werden müssen. Geht es um Ihre eigene Einheit, sind Sie allein verantwortlich und müssen die nötigen Massnahmen selbst in die Wege leiten. Für die Renovation von gemeinschaftlicher Teile ist die Gemeinschaft zuständig.

> **INFO** *Umfassende Sanierungen von älteren Gebäuden sind sehr kostspielig. In der Praxis scheiterten solche Sanierungen häufig am Widerstand eines oder mehrerer Stockwerkeigentümer, weil sie sich die Erneuerung nicht leisten wollten oder konnten. Das hat natürlich auch weitreichende Konsequenzen für die anderen Stockwerkeigentümer. Mit der per 1. Januar 2012 in Kraft getretenen Revision des Zivilgesetzbuchs hat der Gesetzgeber daher auch für diese Problematik Abhilfe zu schaffen versucht: Neu kann jeder Stockwerkeigentümer die Aufhebung des Stockwerkeigentums verlangen, wenn das Gebäude seit mehr als 50 Jahren in Stockwerkeigentum aufgeteilt ist und infolge des schlechten baulichen Zustands keine bestimmungsgemässe Nutzung mehr möglich ist. Wollen die übrigen Stockwerkeigentümer die Gemeinschaft fortsetzen, können sie dies tun, indem sie die Fortsetzung der Gemeinschaft beschliessen und den- oder diejenigen, die sich nicht mehr beteiligen wollen, finanziell abfinden (Art. 712f Absatz 3 und 4 ZGB).*

Steht in der Gemeinschaft eine grössere Renovation an, sollten sich die Stockwerkeigentümer auch selbst dafür interessieren und die Sache nicht einfach einem Beauftragten überlassen. Mit einer gut geplanten Renovation spart man nicht nur Zeit und Ärger, sondern es fallen auch wesentlich geringere Kosten an. Renovationen tragen zudem dazu bei, den Wert der Einheit zu erhalten oder gar zu verbessern.

Die Renovation der eigenen Wohnung

Ihre Wohnung dürfen Sie in eigener Regie renovieren. Allerdings müssen Sie beachten, dass solche Arbeiten auch Auswirkungen auf die anderen Eigentümer haben können. Oft gibt zum Beispiel der Ersatz von Teppichbelägen mit einem Parkettboden Anlass zu Diskussionen. Um eine übermässige Lärmbelastung zu vermeiden, müssen Sie dabei in der Regel eine zusätzliche Trittschallisolation installieren (siehe auch «Urteil» Seite 18).

Oft finden sich auch im Reglement Vorschriften bezüglich der Renovation der Stockwerkeinheiten. Diese gilt es einzuhalten. Möchten Sie bei der Renovation gemeinschaftliche Teile einbeziehen – zum Beispiel Aussenwände oder Fenster –, ist dazu die Zustimmung der Gemeinschaft erforderlich.

> **TIPP** *Dem Frieden im Haus zuliebe sollten Sie die anderen Eigentümer frühzeitig in Ihre Umbaupläne einbeziehen. Nehmen Sie allfällige Einwände ernst und versuchen Sie, eine Lösung zu finden, mit der die anderen einverstanden sind.*
>
> *Es lohnt sich, schon im Vorfeld genau abzuklären, ob gemeinschaftliche Teile von der Renovation betroffen sind und ob das Reglement einschränkende Bestimmungen enthält. Wenn Sie mitten in den Arbeiten umplanen oder gar zurückbauen müssen, kann das ins Geld gehen.*
>
> *Wird bei der Renovation Ihrer Wohnung gepfuscht und entsteht dadurch der Gemeinschaft oder auch einem einzelnen Eigentümer ein Schaden, können diese von Ihnen Schadenersatz verlangen. Beispielsweise für aufgesplitterte Stufen im Treppenhaus, für einen Wasserschaden, aber auch für den Gewinnausfall, den ein Geschäftsbetrieb wegen des Renovationslärms erleidet. Kümmern Sie sich um die nötigen Versicherungen (siehe Seite 211).*

Die Renovation der gemeinschaftlichen Teile

Für die Erneuerung gemeinsamer Teile ist die Gemeinschaft zuständig. Eine Renovation muss also von der Versammlung beschlossen werden. Welches Quorum dafür nötig ist, hängt von den Arbeiten ab: Sind bloss werterhaltende und somit notwendige Arbeiten geplant, oder geht es um nützliche oder gar luxuriöse Massnahmen? (Zur Unterscheidung und zu den Quoren siehe Seite 154.) Meist kann eine Gemeinschaft nicht mit einem einzigen Beschluss über eine umfassende Renovation entscheiden; in der Regel sind mehrere Beschlüsse zu den geplanten Einzelmassnahmen notwendig.

Die Entscheidungsfindung bei der Renovation einer Stockwerkeigentumsliegenschaft ist einiges komplexer als bei einem Einfamilienhaus, zumal mehrere Eigentümer mit den unterschiedlichsten Interessen, ästhetischen Ansprüchen und finanziellen Mitteln einen Konsens finden müssen. Sie und Ihre Gemeinschaft brauchen deshalb nicht nur genügend Zeit für die Planung; Sie sollten sich auch an einige Regeln halten.

Die Renovation sinnvoll organisieren

Selber renovieren oder das Ganze einem Fachmann überlassen? Und was gilt versicherungs- und steuertechnisch? Die organisatorische Seite einer Renovation will gut überlegt sein.

Die Renovation von Stockwerkeigentum lässt sich ganz unterschiedlich anpacken: Die Möglichkeiten reichen von der Renovation in eigener Regie bis zur Beauftragung eines Totalunternehmers, der gegen ein Pauschalhonorar alle nötigen Aufgaben für die Gemeinschaft organisiert.

Wenn sich unter den Eigentümern Ihrer Gemeinschaft keine Baufachleute befinden, empfiehlt es sich, von einer Renovation in Eigenregie abzusehen. Zu gross sind die finanziellen Aufwendungen, die eine Renovation erfordert, zu komplex die fachlichen Probleme.

ACHTUNG *Bei grösseren Renovationen ist der Beizug von Fachleuten ein Muss. Das gilt insbesondere für Stockwerkeigentumsliegenschaften, weil sich hier bei einer nicht fachgerechten Ausführung und bei unnötigen Mehrkosten schnell einmal Haftungsfragen stellen. Und die führen in aller Regel zu Streit in der Gemeinschaft.*

Auftrag an einen General- oder Totalunternehmer

Engagieren Sie für die Renovation einen Totalunternehmer, wird er sowohl die notwendigen Architektur- und weiteren Planungsleistungen übernehmen wie auch die Bauarbeiten ausführen.

Die Planungs- und Bauarbeiten erbringt der Totalunternehmer in der Regel gegen ein Pauschalhonorar. Damit wissen Sie von Anfang an, wie viel die Renovation kosten wird. Das Pauschalhonorar fällt aber unter Umständen etwas höher aus, als wenn Sie die verschiedenen Arbeiten an einzelne Fachleute vergeben würden. Der Totalunternehmer lässt sich damit auch das Risiko abgelten, dass unvorhergesehene Schwierigkeiten ihm Mehraufwand verursachen könnten.

Vergibt die Gemeinschaft den Renovationsauftrag an einen Generalunternehmer, muss sie für die Planung zusätzlich eine Architektin und eventuell weitere Planer beiziehen. Der Generalunternehmer erledigt sämtliche mit der Renovation anfallenden Bauarbeiten, nicht aber die bautechnische Planung. Auch er verlangt für seine Leistungen in der Regel ein Pauschalhonorar.

Für die Gemeinschaft hat die Zusammenarbeit mit einem Generalunternehmer den Vorteil, dass sie einen Ansprechpartner hat und nicht Arbeiten an einzelne Handwerker zu vergeben braucht. Das spart nicht nur Zeit, sondern beugt auch Diskussionen und Unstimmigkeiten vor, wenn nicht alle den gleichen Handwerker engagieren wollen.

TIPP *Achten Sie beim Total- und Generalunternehmervertrag darauf, dass alle vom Vertragspartner zu erbringenden Leistungen exakt beschrieben sind und dass die Mängelrechte gegenüber den einzelnen Handwerksfirmen nicht an Sie abgetreten werden (siehe Seite 83).*

Zusammenarbeit mit Architekt und Handwerkern

Selbstverständlich kann die Gemeinschaft für die Planung ihrer Renovation auch einen Architekten engagieren. Dieser steht beratend zur Seite, erstellt die nötigen Pläne, holt Offerten bei Handwerkern ein und macht einen Kostenvoranschlag. Die Gemeinschaft entscheidet dann über die Vergabe der Arbeiten und schliesst mit den einzelnen Handwerksbetrieben Werkverträge ab.

Diese Variante bietet Ihnen und Ihrer Gemeinschaft die grösste Flexibilität und wohl auch die persönlichste Betreuung. Sie hat aber den Nachteil, dass Sie bis zum Abschluss der Arbeiten nicht genau wissen, was die Renovation kostet. Zwar können Sie mit den Handwerkern Fixpreise oder ein Kostendach vereinbaren, doch darunter fallen nur die Leistungen für das bei der Offertstellung Bekannte. Alles Unvorhergesehene wird zusätzlich in Rechnung gestellt.

Welche Form der Arbeitsvergabe ist die richtige?

Welche Art der Zusammenarbeit für Ihre Gemeinschaft die günstigste ist, hängt von der konkreten Situation ab – und vor allem davon, in welchem Umfang Sie und Ihre Miteigentümer sich selbst mit der Renovation befassen wollen:
- Arbeiten Sie mit einem Architekten und einzelnen Handwerkern zusammen, garantiert dies zwar grössere Individualität und die Möglichkeit, die Handwerker selbst auszuwählen. Doch das bringt auch einiges an Mehrarbeit mit sich. Sie müssen sich darüber einigen, welche Firmen beigezogen werden sollen; Sie müssen jeden einzelnen Vertrag individuell aushandeln; wenn nachlässig gearbeitet wird, müssen Sie Ihre Mängelrechte gegenüber jedem Handwerker separat geltend machen (zum Thema Mängelrechte siehe Seite 91).
- Setzt Ihre Gemeinschaft für die Renovation einen Totalunternehmer ein, müssen Sie und Ihre Miteigentümer sich lediglich über den Umfang der Renovationsarbeiten und die Firma, mit der Sie zusammenarbeiten wollen, einig werden. Ist der Vertrag ausgehandelt, übernimmt der Totalunternehmer anschliessend alle Arbeiten. Zudem haftet er gegenüber der Gemeinschaft, wenn etwas schiefläuft.

- Führt Ihre Gemeinschaft die Renovation mit einem Generalunternehmer und einer Architektin aus, ist Ihre Situation eine ähnliche wie mit einem Totalunternehmer. Allerdings müssen Sie darauf achten, dass die Aufgaben der Architektin und des Generalunternehmers sauber definiert und abgegrenzt sind.
- Sowohl der Total- wie auch der Generalunternehmervertrag hat für die Stockwerkeigentümergemeinschaft den Vorteil, dass sie sich, wenn sie Mängel am Bau geltend machen will, nur mit einem Ansprechpartner auseinandersetzen muss.

TIPP *Unabhängig davon, für welche Zusammenarbeitsform sich Ihre Gemeinschaft entscheidet: Wichtig ist, dass die Verträge klar und sauber formuliert sind. Da es bei einer Renovation schnell einmal um grössere Investitionen geht, sollten Sie einen auf den Abschluss von Bauverträgen spezialisierten Juristen beiziehen.*

Die nötigen Versicherungen

Bei einer Renovation lauern Gefahren. Und die können Schäden verursachen, die die Stockwerkeigentümergemeinschaft teuer zu stehen kommen. Es ist also von Vorteil, sich gegen diese Risiken zu versichern.

Die Bauherrenhaftpflichtversicherung
Die Bauherrenhaftpflichtversicherung deckt Sach- und Personenschäden Dritter, verursacht durch die Bauarbeiten, beispielsweise Risse in den Mauern benachbarter Gebäude, die beim Ausheben der Baugrube entstanden, oder Schäden durch ein umstürzendes Gebäude. Da solche und ähnliche Zwischenfälle bei Bauarbeiten nie auszuschliessen sind und die Gemeinschaft als Bauherrin kausal – das heisst, auch ohne Verschulden – haftet, sollte sie unbedingt eine Bauherrenhaftpflichtversicherung abschliessen. Mit wenigen hundert Franken lassen sich Schäden in Millionenhöhe versichern.

GUT ZU WISSEN *Renovieren Sie lediglich Ihre eigene Wohnung, ist eine Bauherrenhaftpflichtversicherung unter Umständen nicht nötig. Bei einigen Versicherern ist sie bis zu einer gewissen Bausumme in der Privathaftpflichtpolice eingeschlossen.*

Die Bauwesenversicherung

Eine Bauwesenversicherung bietet finanziellen Schutz vor den Kostenfolgen einer Beschädigung oder eines Bauunfalls. Als Sachversicherung für Hoch- und Tiefbauten deckt sie im Unterschied zur Bauherrenhaftpflichtversicherung nicht die Schäden Dritter, sondern diejenigen an der eigenen Liegenschaft und den darauf errichteten Bauten und Anlagen. Der Versicherer kommt beispielsweise für die Kosten auf, wenn eine Decke einbricht oder die Fassade durch ein einstürzendes Gerüst beschädigt wird, ebenso für Feuer- und Elementarschäden. Im Weiteren sind auch Schäden durch Vandalismus oder Diebstahl gedeckt. Die Leistungen aus der Bauwesenversicherung werden ausgezahlt, unabhängig davon, wer den Schaden verursacht hat und allenfalls dafür verantwortlich gemacht werden kann. Sie ist also eine Art Kaskoversicherung. Das erlaubt es, notwendige Reparaturen sofort auszuführen und mit der Renovation schnellstmöglich fortzufahren.

Die Bauzeitversicherung

Mit einer Bauzeitversicherung lassen sich Schäden decken, die durch Brand, Erdbeben oder durch Elementarereignisse während der Bauzeit entstehen.

> **INFO** In einigen Kantonen ist die Bauzeitversicherung obligatorisch. Informieren Sie sich bei der zuständigen Gebäudeversicherungsanstalt (GVA) oder beim Schweizerischen Sachversicherungsverband (SSV, Adresse im Anhang).

Renovation und Steuern

Aufwendungen für Renovationen können Sie – mindestens teilweise – von Ihrem steuerbaren Einkommen absetzen. Die Details dazu sind in den kantonalen Steuergesetzen festgehalten, grundsätzlich aber gilt:

- Investitionen, die der Werterhaltung der Liegenschaft dienen, lassen sich von den Steuern abziehen.
- Aufwendungen, die zu einer Wertsteigerung führen – beispielsweise Investitionen für den Anbau von Wintergärten –, können nicht abgezogen werden.

Welche Renovationskosten konkret in Abzug gebracht werden und wie sie sich auf die einzelnen Steuerperioden verteilen lassen, erfahren Sie bei Ihrem Steuerberater oder allenfalls auf dem Steueramt.

> **GUT ZU WISSEN** *Sind die Renovationskosten hoch, lohnt es sich, frühzeitig zu prüfen, ob die Arbeiten so planbar sind, dass die Rechnungen dafür auf mehrere Steuerperioden verteilt anfallen. So kann man die steuerliche Progression optimal brechen.*

Die Grundstückgewinnsteuer

Renovationskosten können auch bei einem späteren Verkauf Ihrer Eigentumswohnung von Bedeutung sein. Denn dann wird die Grundstückgewinnsteuer fällig. Diese berechnet sich aus der Differenz zwischen dem seinerzeitigen Kauf- und dem Verkaufspreis. Zum Kaufpreis addiert werden die wertvermehrenden Investitionen, die Sie während der Eigentumsdauer in Ihre Wohnung gesteckt haben.

> **TIPP** *Bewahren Sie unbedingt sämtliche Belege für Renovationskosten auf, damit Sie bei einem späteren Verkauf die nicht unwesentliche Grundstückgewinnsteuer reduzieren können.*

In sechs Schritten zur erfolgreichen Renovation

Damit die Erneuerung Ihrer Stockwerkeigentumsliegenschaft zum Erfolg wird und nicht in einem baulichen oder finanziellen Fiasko endet, gehen Sie am besten strukturiert, in Etappen, vor.

Den Umfang der Renovation definieren, Offerten einholen und vergleichen, die Kostenverteilung regeln ... Es gibt vieles, was im Vorfeld der eigentlichen Renovation erledigt werden muss. Denn haben die Renovationsarbeiten erst einmal begonnen, verursachen Änderungen weit mehr Kosten, als wenn man von Anfang an alles richtig aufgegleist hätte.

Schritt 1: Renovationsbedarf abklären

Jede Renovation beginnt mit der Abklärung des Renovationsbedarfs. Für diese Planungsphase sollte sich Ihre Gemeinschaft genug Zeit nehmen, denn hier lässt sich am ehesten viel Geld sparen.

DIE STOCKWERKEIGENTÜMERGEMEINSCHAFT «MOOSMATT» will die Liegenschaft umfassend renovieren. Aus finanziellen Gründen soll aber nicht alles auf einmal durchgeführt werden.
In einer ersten Versammlung tragen die Eigentümer zusammen, was ansteht: Schrägdach und Fassade renovieren, eine neue Sonnerie mit Videokamera einbauen, neuer Anstrich und neue Bodenbeläge im Treppenhaus et cetera.. Einige Eigentümer, die sehr viel Wert aufs Äussere legen, setzen sich durch, und so beschliesst man, zunächst bloss die Fassade und das Treppenhaus streichen zu lassen. Die Arbeiten werden zur allgemeinen Zufriedenheit ausgeführt.
  Ein Jahr später – mittlerweile tropft es in den Estrich – soll das Dach renoviert und die Sonnerie mit Videokamera eingerichtet werden. Zum Erstaunen einiger Stockwerkeigentümer wird dafür das Haus erneut vollkommen eingerüstet. Zudem wendet sich der Elektriker an den

Verwalter: Die bestehenden Elektroleitungen reichen nicht für den Betrieb der neuen Sonnerie. Er muss zusätzliche Leerrohre einbringen und dazu die Wände im neu renovierten Treppenhaus teilweise aufspitzen.

Für die Planung einer Renovation sollten Sie unbedingt Sachverständige beiziehen. Nur Fachleute erkennen, welche Teile an einem so komplexen System, wie es ein Gebäude heute darstellt, renovationsbedürftig sind. Zudem können Ihnen Sachverständige auch sagen, welche Reihenfolge die sinnvollste ist. Die Kunst besteht darin, die Renovationszyklen so zu wählen, dass die einzelnen Gebäudeteile ihrer Lebenserwartung entsprechend rechtzeitig renoviert werden, ohne dass dabei unnötige Arbeiten an Teilen anfallen, die aufgrund ihrer Lebenserwartung und ihres Zustands noch gar nicht «fällig» sind. Auch auf diese Weise lässt sich einiges sparen.

ACHTUNG *Warten Sie mit einer Renovation nicht so lange zu, bis sich Mängel offensichtlich zeigen. Das kann zu Folgeschäden und zusätzlichen Kosten führen. Unter Umständen sind solche Folgeschäden nur teilweise versichert oder gar nicht gedeckt. Dringt durch ein seit langem renovationsbedürftiges Dach Wasser und beschädigt die im Estrich eingestellten Möbel, wird der Versicherer dafür nicht aufkommen.*

Zusätzliche Wünsche zusammentragen

Ist einmal klar, welche Gebäudeteile wie renoviert werden müssen, sollten Sie sich zusammen mit den anderen Eigentümern auch Gedanken darüber machen, ob Sie gleichzeitig noch andere, wenn auch nicht notwendige, aber doch wünschenswerte Arbeiten erledigen lassen wollen. Für diese Abklärung eignet sich ein Ausschuss besonders gut (siehe Seite 164): Er kann die Ideen und Wünsche zusammentragen und sie anschliessend in der Versammlung vortragen; die Eigentümer entscheiden dann, für welche Arbeiten zusätzliche Offerten eingeholt werden sollen.

Dieser erste Zwischenentscheid in der Versammlung empfiehlt sich aus verschiedenen Gründen: Erstens werden damit Leerläufe mit unnötigen Offerten vermieden, zweitens ist es für einen geordneten Ablauf der Renovation unbedingt notwendig, dass sich die Eigentümer frühzeitig über die gemeinsamen Wünsche einigen. Auch auf diese Weise lässt sich Geld sparen. Denn das Einholen von Offerten verursacht einigen Aufwand, für den die beauftragte Architektin Rechnung stellen wird. Und auch wenn Sie diese Aufgabe dem Verwalter übergeben, werden Sie dafür bezahlen müssen. Solche Arbeiten sind im üblichen Pauschalhonorar nicht inbegriffen.

Schritt 2: Offerten einholen

Sobald feststeht, welche Arbeiten erledigt werden sollen, gilt es, detaillierte Offerten einzuholen. Da die Preisunterschiede im Baugewerbe zum Teil markant sind, sollten Sie unbedingt mehrere Konkurrenzofferten verlangen. Wichtig ist dabei, dass Sie den verschiedenen Firmen jeweils dieselben Informationen über die auszuführenden Arbeiten geben. Nur so erhalten Sie Offerten, die sich auch wirklich vergleichen lassen.

Beim Entscheid für eine Firma sollte der offerierte Preis zwar ein Kriterium sein, aber nicht das einzige. Der Erfahrung mit ähnlichen Aufträgen, den Referenzen und auch der Bonität der Firma sollten Sie ebenso grosse Beachtung schenken. Es nützt Ihnen nichts, wenn der günstigste Handwerker die Arbeiten mangelhaft ausführt, dann aber nicht für Mängel belangt werden kann, weil er bereits in Konkurs gegangen ist.

Auch bei der Materialwahl sollte der Preis nicht das wichtigste Kriterium sein. Renovationen mit qualitativ schlechtem Material zahlen sich nicht aus. Teuer sind nämlich meist nicht die Materialien, sondern die für den Einbau notwendigen Arbeitsstunden.

> **TIPP** *Die exakte Umschreibung der verlangten Bauleistungen wie auch die Auswertung und Beurteilung der Offerten setzen grosse Erfahrung voraus. Bei einer umfassenden Renovation sollte Ihre Gemeinschaft deshalb für eine Fachperson diese Aufgabe beiziehen. Das dafür ausgegebene Geld ist gut investiert.*

Schritt 3: Entscheiden und die Kosten verteilen

Liegen sämtliche Offerten für die notwendigen und die zusätzlich gewünschten Arbeiten vor, können Sie sich erstmals ein Bild davon machen, welche Kosten mit der Renovation auf die Gemeinschaft – und anteilsmässig auf Sie – zukommen. Nicht selten macht sich die grosse Ernüchterung breit: Renovationsvorhaben sind in der Regel sehr kostspielig.

Oft reicht für eine umfassende Renovation das im Erneuerungsfonds geäufnete Kapital nicht aus, sodass die einzelnen Eigentümer Zusatzbeiträge leisten müssen. Viele verfügen eventuell nicht über das notwendige Geld, auch weil sie nicht mit derart hohen Kosten gerechnet haben. Wie sollen sie ihren Anteil an die Renovation beisteuern? Die Möglichkeiten sind begrenzt: Allenfalls kann man die bestehende Hypothek aufstocken oder ein privates Darlehen aufnehmen. Unter Umständen lassen sich auch Guthaben aus der 2. Säule und der Säule 3a verwenden (mehr dazu auf Seite 38).

Immer wieder kommt es vor, dass sich einer oder mehrere Eigentümer wegen der finanziellen Schwierigkeiten querstellen. Auch wenn sie in der Versammlung mit dem nötigen Quorum überstimmt werden, ist die Finanzierungsfrage deswegen noch nicht gelöst. Denn Beitragsforderungen gegenüber einem zahlungsunfähigen Stockwerkeigentümer durchzusetzen kann sehr mühsam und zeitaufwendig sein (siehe Seite 184).

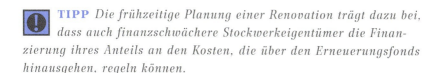

TIPP Die frühzeitige Planung einer Renovation trägt dazu bei, dass auch finanzschwächere Stockwerkeigentümer die Finanzierung ihres Anteils an den Kosten, die über den Erneuerungsfonds hinausgehen, regeln können.

Steht schliesslich fest, wie viel Kapital die Gemeinschaft für die Renovation aufbringen kann und will, müssen Sie gemeinsam mit den anderen Eigentümern entscheiden, für welche der offerierten Arbeiten das Geld verwendet werden soll. Bei grösseren und komplizierteren Renovationen lässt sich diese Aufgabe an den Ausschuss delegieren, der dann der Versammlung einen Vorschlag unterbreitet.

Anlass zu Diskussionen gibt oftmals die Frage, wer an welche Renovationsarbeiten wie viel beizusteuern habe. Auskunft dazu findet man im Reglement und im Gesetz. So müssen Unterhaltsarbeiten an Teilen, die einer Eigentümerin zur ausschliesslichen Nutzung zugewiesen sind, auch nur von dieser getragen werden. Handelt es sich bei einzelnen Arbeiten um nützliche oder luxuriöse bauliche Massnahmen, muss die Gemeinschaft zudem entscheiden, ob einzelne Eigentümer allenfalls besser von der Kostentragungspflicht befreit werden (siehe Seite 158).

Besteht Uneinigkeit darüber, welche Renovationsarbeiten in Auftrag gegeben werden sollen, muss die Versammlung darüber entscheiden. Auch hier kommt es darauf an, ob es sich bei den Arbeiten um notwendige, nützliche oder luxuriöse Massnahmen handelt. Je nachdem sind unterschiedliche Beschlussfassungsquoren notwendig (siehe Seite 154). Möglicherweise muss deshalb über jede einzelne der geplanten Arbeiten ein separater Beschluss gefasst werden.

Schritt 4: Baubewilligung einholen und Aufträge erteilen

Steht fest, welche Renovationsarbeiten ausgeführt werden sollen, muss die Gemeinschaft zusätzlich darüber entscheiden, an wen und zu welchen Konditionen sie die einzelnen Aufgaben vergeben will. Anschliessend müssen die entsprechenden Verträge unterzeichnet werden. Diese Aufgaben entfallen praktisch ganz, wenn die Gemeinschaft das Umbauprojekt einem Total- oder Generalunternehmer anvertraut. Eine andere Möglichkeit ist es, die Kompetenz zum Abschluss der Verträge mit den Bauhandwerkern an eine Architektin, den Verwalter oder den Ausschuss zu delegieren.

Braucht es eine Baubewilligung?
Ob für den geplanten Umbau eine Baubewilligung notwendig ist, erfahren Sie aus dem kantonalen Planungs- und Baugesetz. Bei umfassenden Renovationen ist dies regelmässig der Fall. Ohne Baubewilligung renovieren können Sie nur, wenn die Arbeiten weder die Interessen der Öffentlichkeit noch der Nachbarn tangieren. Wird jedoch die Fassade neu gestrichen oder das Dach neu gedeckt, liegt ein solches Interesse vor.

Ist eine Baubewilligung notwendig, müssen Sie bei der Baubehörde Ihrer Gemeinde ein Baugesuch einreichen. Das erforderliche Formular erhalten Sie bei der Behörde. Mit diesem Formular müssen Sie auch die Pläne und allenfalls noch weitere Unterlagen einreichen. In der Regel reicht die Architektin beziehungsweise der Generalunternehmer das Baugesuch im Namen der Gemeinschaft ein.

Anhand der Unterlagen prüft die Baubehörde, ob das Renovationsvorhaben den öffentlich-rechtlichen Anforderungen genügt. Ist dies der Fall, wird das Gesuch öffentlich aufgelegt. Interessierte können es auf dem

Bauamt einsehen und Einsprache erheben, falls sie mit dem Vorhaben nicht einverstanden sind. Innert welcher Frist eine Einsprache einzureichen ist, können Sie den kantonalen Baugesetzen entnehmen.

Gehen Einsprachen ein, versucht die Behörde, diese gütlich zu erledigen. Ist das nicht möglich, entscheidet die Behörde – in der Regel der Gemeinde- oder Stadtrat – über die mit der Einsprache erhobenen Einwände, soweit sie sich auf das öffentliche Recht stützen. Stützen sich Einsprecher mit ihren Einwänden auf das Privatrecht, werden sie auf den Zivilweg verwiesen: Sie müssen ihre Forderungen vor dem zuständigen Zivilgericht einklagen, das dann darüber zu urteilen hat.

Das Urteil des Zivilgerichts wie auch der Entscheid des Gemeinde- oder Stadtrats ist mit den entsprechenden Rechtsmitteln anfechtbar. So ist es möglich, dass man mit den umstrittenen Fragen letztlich beim Bundesgericht landet.

Ein Baubewilligungsverfahren kann innert einiger Monate erledigt sein. Gehen jedoch Einsprachen ein, dauert es deutlich länger. Zieht ein Nachbar den «Fall» gar bis vor Bundesgericht, müssen Sie mit mehreren Jahren Verzögerung rechnen.

 TIPP Plant Ihre Gemeinschaft eine grössere Renovation, die allenfalls auch einen Ausbau beinhaltet, lohnt es sich, mit den Nachbarn Kontakt aufzunehmen und ihre Meinung einzuholen, bevor sie das Baugesuch einreicht. Erfahren Nachbarn erst aus dem Amtsblatt von einem grösseren Umbau, fühlen sie sich häufig überrumpelt und suchen viel eher nach einem Punkt, gegen den sie Einsprache erheben können.

Schritt 5: Renovation durchführen

Auch wenn alle Vorbereitungen abgeschlossen sind, bleibt für die Gemeinschaft noch einiges zu tun und zu überwachen:
- **Detailliertes Bauprogramm:** Spätestens zu Beginn der Bauarbeiten muss ein detailliertes, mit allen Beteiligten abgesprochenes Bauprogramm vorliegen. Darin sind die Einsätze der einzelnen Handwerker exakt – meist halbtageweise – geplant und aufeinander abgestimmt. Nur so können Leerläufe und Doppelspurigkeiten vermieden werden. Ein

exaktes Bauprogramm hilft zudem, an Bauzeit und Baukosten einzusparen. Und besonders der Faktor Zeit ist – nicht nur aus finanziellen Gründen – von Bedeutung: Bauarbeiten können Ihnen und den Nachbarn in den umliegenden Häusern gewaltig auf die Nerven gehen und das gute Verhältnis strapazieren.
- **Kompetente Bauleitung:** Ein gutes Bauprogramm nützt nur dann etwas, wenn es eingehalten wird. Dafür zu sorgen ist die Aufgabe der Bauleitung. Der Bauleiter koordiniert die Handwerker auf der Baustelle und passt wenn nötig das Bauprogramm an. Achten Sie darauf, dass für Ihr Renovationsvorhaben ein fähiger, durchsetzungsstarker Bauleiter zur Verfügung steht. Der kostet zwar etwas, aber mit seiner Arbeit erspart er Ihnen Unannehmlichkeiten und unnötige Auslagen.
- **Entscheide delegieren:** Jede Renovation bringt Überraschungen mit sich. Bricht eine Decke ein oder werden Leitungen durchbohrt, muss man rasch entscheiden, wie es weitergehen soll. Denn meist reicht die Zeit nicht aus, dafür eine Eigentümerversammlung einzuberufen. Deshalb sollte die Gemeinschaft die entsprechende Entscheidungskompetenz an die Verwalterin – oder an einen Ausschuss – delegieren. Dann entstehen später keine Diskussionen darüber, ob die Verwalterin in einer solchen Situation tatsächlich entscheiden durfte.
- **Kein Eingreifen auf der Baustelle:** Nichts ist schlimmer, als wenn einzelne Stockwerkeigentümer den Handwerkern individuelle Anweisungen und Aufträge erteilen. Das bringt den Baufahrplan durcheinander und führt zu zusätzlichen Kosten. Sind Sie mit der Arbeitsleistung einzelner Handwerker nicht zufrieden, müssen Sie Ihre Reklamationen an den Bauleiter richten. Möchten Sie zusätzliche Arbeiten ausführen lassen, ist dafür die Versammlung zuständig oder allenfalls der Ausschuss oder die Verwalterin.

Schritt 6: Bau abnehmen und Rechnung prüfen

Auch wenn der letzte Handwerker sein Werkzeug weggeräumt hat, ist die Renovation noch nicht abgeschlossen. Jetzt muss die Gemeinschaft die Bauleistungen abnehmen. Dies ist ein besonders wichtiger Zeitpunkt, denn damit beginnt der Fristenlauf für allfällige Garantieleistungen. Verzichtet die Gemeinschaft auf die Bauabnahme, kann sie bei später festgestellten Mängeln unter Umständen nicht mehr gegen die Handwerker vorgehen (mehr zum Thema Mängelrechte auf Seite 91).

Stellt die Gemeinschaft bei der Bauabnahme Mängel fest, kann sie diese bei den einzelnen Handwerkern respektive beim Total- oder Generalunternehmer rügen. Wie sie dabei vorgehen muss, hängt davon ab, welche Art von Vertrag sie mit den Baubeteiligten abgeschlossen hat:

- Handelt es sich um einen Werkvertrag nach Obligationenrecht, muss die Gemeinschaft offensichtliche Mängel sofort rügen. Tauchen später versteckte Mängel auf, kann sie diese innert der Verjährungsfrist von fünf Jahren ebenfalls noch rügen – jeweils sofort, nachdem sie sie entdeckt hat.
- Wurde die SIA-Norm 118 vereinbart, kann die Gemeinschaft Mängel am Bau innert einer zweijährigen Garantiezeit jederzeit geltend machen. Später auftretende Mängel müssen sofort gerügt werden.

INFO *Bedenken Sie, dass die Gemeinschaft es war, die die Verträge zur Sanierung der Liegenschaft abgeschlossen hat. Entsprechend muss auch die Gemeinschaft allfällige Mängelrechte geltend machen. Dies im Unterschied zu den Mängeln nach dem Kauf der Stockwerkeinheit.*

Die Rechnungen der Bauhandwerker werden in den seltensten Fällen exakt so ausfallen, wie sie ursprünglich offeriert wurden. Fast immer kommt es im Laufe von Renovationen zu Zusatzaufträgen, die dann separat abgerechnet werden. Jede Rechnung muss dahingehend geprüft werden, ob sie wirklich nur Leistungen enthält, die tatsächlich erbracht wurden. Auf der Grundlage der kontrollierten Einzelrechnungen muss die Gemeinschaft anschliessend eine Bauabrechnung erstellen. Und diese ist wiederum die Basis für die Kostenverteilung auf die einzelnen Eigentümer.

Ist die Bauabrechnung einmal genehmigt, wird der Verwalter Ihren Beitrag von Ihnen einfordern. Haben Sie bereits Vorschüsse geleistet, muss er eine entsprechende Abrechnung erstellen und allfällige in zu hohem Umfang geleistete Beträge zurückerstatten.

TIPP *Achten Sie bei der Kostenverteilung darauf, dass Ihnen nur diejenigen Beträge belastet werden, die Sie gemäss den gefassten Beschlüssen auch tragen müssen.*

11

Die Eigentumswohnung wieder verkaufen

Der Erfolg beim Verkauf einer Stockwerkeigentumseinheit hängt von vielen Faktoren ab. Nicht zuletzt auch von den Rechten und Pflichten, die Sie gemeinsam mit den übrigen Eigentümern per Reglement sich selbst auferlegt oder schon mit dem Kauf übernommen haben.

Verkaufen oder vermieten?

Wird eine Eigentumswohnung nicht (mehr) gebraucht, stellt sich oft die Frage, ob man sie verkaufen oder bloss vermieten soll. Wer eine Vermietung in Betracht zieht, sollte sich mit den Bedingungen auseinandersetzen.

Die Vermietung einer einzelnen Eigentumswohnung ist nur dann sinnvoll, wenn Sie später voraussichtlich wieder eine eigene Verwendung dafür haben – oder wenn Sie damit auf dem aktuellen Immobilienmarkt keinen guten Preis erzielen. Zwei Punkte sind dabei zu bedenken:

- Eine Vermietung ist stets mit Umtrieben verbunden. Sie müssen die Wohnung instand halten, müssen sie bei Mieterwechsel abnehmen und wieder übergeben; Sie haben weiterhin alle Pflichten gegenüber der Gemeinschaft, und auch Ärger mit den Mietern ist nie ausgeschlossen.
- Was den Mietzins betrifft, so sollten Sie damit auf eine Bruttorendite von mindestens vier bis sechs Prozent des in die Wohnung investierten Kapitals kommen. Unter Bruttorendite versteht man den Mieterertrag abzüglich Unterhaltskosten und Hypothekarzinsen. Nach Abzug der Steuern und der Altersentwertung erreichen Sie so eine Nettorendite von zwei bis vier Prozent – eine Rendite, die Sie längerfristig auch mit einer konservativen Vermögensanlage erzielen können.

> **TIPP** *Wenn Sie eine Vermietung Ihrer Eigentumswohnung in Betracht ziehen, sollten Sie auf jeden Fall die Rentabilitätsrechnung machen. Dazu müssen Sie einerseits den Verkehrswert Ihrer Wohnung und anderseits den auf dem Markt erzielbaren Mietzins kennen. Auskunft kann Ihnen ein versierter Immobilientreuhänder in Ihrer Gegend geben. Oft muss zudem noch einiges investiert werden, bevor sich die Wohnung vermieten lässt. Solche Auslagen sollten Sie in Ihre Berechnungen einbeziehen.*

Erfolgreich verkaufen

Wenn Sie genug Zeit haben und Verkaufstalent mitbringen, können Sie Ihre Wohnung durchaus selbst verkaufen – und sich das Maklerhonorar sparen. Allerdings kommen damit auch ungewohnte Aufgaben auf Sie zu.

Möchten Sie Ihre Eigentumswohnung auf eigene Faust verkaufen, gilt es einiges zu bedenken: Sie müssen den Inhalt und die Gestaltung der Inserate festlegen, die Verkaufsdokumentation erstellen, Interessenten Ihre Wohnung präsentieren und Verkaufsgespräche führen.

Hinzu kommt, dass Sie wahrscheinlich nicht über die Marktkenntnisse und das Wissen um potenzielle Käufer verfügen, das eine gut eingeführte Maklerin hat. Der Verkauf in eigener Regie dürfte deshalb einiges länger dauern.

Der richtige Preis

Beim Kauf der Wohnung war es Ihnen ein Anliegen, möglichst wenig dafür bezahlen zu müssen. Jetzt, bei deren Verkauf, soll der Preis natürlich so hoch wie möglich sein. Unter Umständen ist das aber nicht so viel, wie Sie seinerzeit aufgewendet haben. Es empfiehlt sich deshalb auf jeden Fall, eine professionelle Liegenschaftsschätzung durchführen zu lassen (siehe Seite 61), bevor Sie mit den Verkaufsbemühungen beginnen. Je nach Methode kostet Sie das 500 bis 2000 Franken.

> **TIPP** *Addieren Sie zum geschätzten Wert einen gewissen Betrag, um sich einen Verhandlungsspielraum zu verschaffen. Allerdings sollten Sie nicht zu hoch gehen, wenn Sie Ihre Wohnung schnell verkaufen möchten. Auf Objekten mit zu hohen Preisen bleibt man nämlich erfahrungsgemäss sitzen.*

Die Bank des potenziellen Käufers nimmt meist selbst eine Schätzung vor, anhand derer sie die Finanzierung berechnet. Die Differenz gilt als Liebhaberwert, und für den muss der Käufer selbst aufkommen – was er nur tun wird, wenn er die charmanten Details an Ihrer Wohnung ebenfalls schätzt und die nötigen finanziellen Mittel besitzt.

Die Verkaufsdokumentation

Damit sich ein Interessent möglichst schnell ein Bild von Ihrer Eigentumswohnung machen kann, braucht er eine informative Verkaufsdoku-

---

DAS GEHÖRT IN DIE VERKAUFSDOKUMENTATION

Beschreibung der örtlichen Situation
- Kurzes Porträt der Gemeinde
- Lage der Liegenschaft in der Gemeinde
- Distanz zu Schulen, Einkaufsmöglichkeiten, öffentlichem Verkehr

Kurzbeschrieb der Liegenschaft und der Wohnung
- Baujahr
- Bewohnbare Fläche
- Zimmerzahl
- Spezielle Merkmale (z. B. Stuckaturdecken, ausschliessliches Benutzungsrecht an einem Teil des Gartens etc.)

Bezugstermin

Richtpreis

Beilagen
- Grundbuchauszug
- Katasterplan
- Grundrisspläne
- Schätzung der Gebäudeversicherung
- Fotos von der Liegenschaft, vom Garten und von den Räumen

Kontakt
- Postadresse
- Telefonnummer
- E-Mail-Adresse

mentation. Denken Sie daran, dass diese Dokumentation nebst dem Inserat oder dem Auftritt im Internet die erste «Visitenkarte» ist, die Sie einem potenziellen Käufer abgeben. Fühlt er sich davon angesprochen und vereinbart er mit Ihnen einen Besichtigungstermin, sind Sie dem Ziel, die Wohnung erfolgreich zu verkaufen, einen entscheidenden Schritt nähergekommen.

Kommt es zur Besichtigung, müssen Sie dem Interessenten das Objekt selbstverständlich so schmackhaft wie möglich machen. Achten Sie darauf, dass sich Ihre Wohnung bei der Besichtigung in einem aufgeräumten Zustand präsentiert – das lässt die Räume grösser und attraktiver erscheinen.

Ein gründlicher Frühlingsputz vor dem Besuch der ersten Interessenten ist ein Muss. Besonders wichtig ist der erste Eindruck von Küche und Bad. Deshalb sollte man darauf achten, dass alle Geräte funktionstüchtig sind, und etwa einen defekten WC-Deckel ersetzen. Allenfalls lohnt sich auch die eine oder andere kleinere Investition – beispielsweise ein neuer Anstrich in den Zimmern oder der Austausch eines verschlissenen Spannteppichs.

ACHTUNG *Bei allem Verkaufstalent: Bleiben Sie mit Ihren Anpreisungen auf jeden Fall bei der Wahrheit. Denn für Eigenschaften der Wohnung, die Sie einem Käufer zusichern, oder für Mängel, die Sie ihm wissentlich verschweigen, tragen Sie das Haftungsrisiko.*

Einen Makler beauftragen

Übergeben Sie den Verkauf Ihrer Wohnung einer Immobilienmaklerin, nimmt diese Ihnen den grössten Teil der Arbeit ab: von der Schätzung der Wohnung über die Erstellung der Verkaufsdokumentation, die Gestaltung und Platzierung von Inseraten, das Ansprechen potenzieller Interessenten, die Durchführung von Besichtigungen und das Führen der Verkaufsgespräche bis hin zur Begleitung eines Käufers bei der Finanzierung. Nicht zu den Aufgaben der Maklerin gehört dagegen die Ausarbeitung des Kaufvertrags; das ist Sache des beurkundenden Notars (zum Thema Kaufvertrag siehe Kapitel 4, Seite 67).

INFO Für ihre Dienste verlangt die Maklerin ein Honorar in der Grössenordnung von 2 bis 3,5 Prozent des Verkaufspreises. Entsprechende Honorarrichtlinien gibt es nicht mehr; der Schweizerische Verband der Immobilienwirtschaft (SVIT) hat diese infolge eines Entscheids der Schweizerischen Wettbewerbskommission zurückgezogen. Zum Grundhonorar kommen noch die Auslagen, etwa für Inserate, für die Erstellung der Verkaufsdokumentation oder für Grundbuchauszüge, hinzu.

Damit sich die Kosten für einen Makler in einem tragbaren Rahmen bewegen, sollten Sie ein paar Regeln beachten:
- Versuchen Sie immer, bessere Konditionen für sich auszuhandeln.
- Inserate in Tageszeitungen können ganz schön teuer sein. Vereinbaren Sie deshalb im Maklervertrag ein Budget, das ohne Ihre Einwilligung nicht überschritten werden darf. Heute bietet auch das Internet einen viel beachteten und in der Regel günstigen Insertionsraum.
- In den meisten Maklerverträgen findet sich eine Klausel, wonach der Makler für seinen Aufwand auch eine Entschädigung verlangen kann, wenn er keinen Erfolg hat. Führen Sie auf, was er in diesem Fall zu welchen Ansätzen verrechnen darf oder vereinbaren Sie einen prozentualen Anteil am festgelegten Erfolgshonorar.
- Einigen Sie sich mit dem Makler darüber, ob Sie ihm das vereinbarte Erfolgshonorar beziehungsweise einen Teil davon auch dann zahlen müssen, wenn Sie den Käufer selbst finden.
- Leider gibt es unter den Maklern auch einige schwarze Schafe. Lassen Sie sich vor Abschluss des Maklervertrags deshalb unbedingt Referenzen geben und überprüfen Sie diese.

RICHTWERTE MAKLERHONORAR

Verkaufspreis	Honorarrichtwert
bis 0,5 Mio. Franken	3,5 Prozent
0,5 bis 1,5 Mio. Franken	3,0 Prozent
1,5 bis 2,5 Mio. Franken	2,5 Prozent
2,5 bis 4,0 Mio. Franken	2,0 Prozent

Stockwerkeigentumsrecht und Verkauf

Nicht immer sind Sie in der Wahl des Käufers absolut frei: Das Stockwerkeigentumsrecht sieht die Möglichkeit eines Vorkaufs- oder gar Einspracherechts der anderen Stockwerkeigentümer vor.

Das Vorkaufsrecht und das Einspracherecht der Gemeinschaft können mit dem Begründungsakt oder später mit einer schriftlichen Vereinbarung geschaffen werden. Ist dies der Fall, sind die Rechte meist im Reglement festgehalten. Sie lassen sich zudem im Grundbuch vormerken, womit sie auch jedem späteren Erwerber entgegengehalten werden können. Damit hat die Gemeinschaft faktisch die Möglichkeit, den Abschluss eines Kaufvertrags zu verhindern.

Das Vorkaufsrecht

Beim gewöhnlichen Miteigentum hat jeder Miteigentümer von Gesetzes wegen ein Vorkaufsrecht. Anders beim Stockwerkeigentum: Hier besteht ein Vorkaufsrecht nur, wenn es – im Reglement oder im Begründungsakt – explizit vereinbart wurde. Sinn dieser Kann-Bestimmung ist es, die Möglichkeiten zum Verkauf von Eigentumswohnungen nicht unnötig zu beschränken. Anderseits können gerade kleinere Gemeinschaften durchaus ein Interesse daran haben, unliebsame neue Stockwerkeigentümer abzuweisen – das auf freiwilliger Basis vereinbarte Vorkaufsrecht gibt ihnen die Möglichkeit dazu.

SVEN O., Stockwerkeigentümer in der Gemeinschaft «Hochstrasse 10», will zurück in seine Heimat Schweden ziehen. Er beauftragt deshalb die Immobilientreuhänderin H. mit dem Verkauf seiner Wohnung und schickt ihr alle wesentlichen Unterlagen. Ein paar Tage später ruft ihn Frau H. an und teilt ihm mit, dass er beim Verkauf seiner Wohnung nicht völlig frei sei. Gemäss dem Reglement der Gemeinschaft hätten die anderen Stockwerkeigentümer ein Vorkaufsrecht. Dadurch könne sich der Verkauf der Wohnung etwas in die Länge ziehen.

Auf den Verkaufspreis hat ein Vorkaufsrecht keinen Einfluss. Will ein Stockwerkeigentümer vom Vorkaufsrecht Gebrauch machen, muss er Ihre Wohnung nämlich genau zu dem Preis und zu den Konditionen erwerben, die Sie mit dem von Ihnen gefundenen Käufer vereinbart haben. Anders wäre das nur in den seltenen Fällen, in denen ausdrücklich ein limitiertes Vorkaufsrecht vereinbart wurde.

Das Vorkaufsrecht gilt nicht in jedem Fall
Das Vorkaufsrecht kann nur ausgeübt werden, wenn ein Vorkaufsfall eintritt – also dann, wenn Sie den Nutzen an Ihrer Wohnung einem Dritten gegen ein Entgelt einräumen, wie es auch von einer beliebigen anderen Person verlangt werden könnte. Das muss nicht unbedingt ein Verkauf sein; auch wenn Sie jemandem gegen Entgelt das alleinige Wohnrecht einräumen, ist dies ein Vorkaufsfall. Wenn Sie Ihre Eigentumswohnung hingegen Ihren Kindern verschenken, haben die anderen Stockwerkeigentümer kein Vorkaufsrecht.

So verkaufen Sie Ihre Wohnung mit Vorkaufsrecht
Im Anschluss an die Mitteilung des Verkaufs haben die vorkaufsberechtigten Stockwerkeigentümer drei Monate Zeit, um sich zu entscheiden, ob sie gemeinsam oder einzeln in den Vertrag mit der Drittperson einsteigen und die Wohnung zu den vereinbarten Konditionen übernehmen wollen. Diese Zeit kann abgekürzt werden, wenn alle Eigentümer schriftlich bestätigen, dass sie auf die Ausübung des Vorkaufsrechts verzichten. Sobald sämtliche Verzichtserklärungen beim Grundbuchamt eingetroffen sind, wird der Verkauf rechtsgültig.

DIE TREUHÄNDERIN findet schon bald eine Interessentin für Herrn O.s Wohnung. Dieser wundert sich, dass Frau H. nicht zuerst alle Stockwerkeigentümer angeschrieben hat. Doch sie erklärt ihm, dass das Vorkaufsrecht erst dann ausgeübt werden muss, wenn die Wohnung tatsächlich verkauft ist. Die Interessentin sei darüber orientiert. Sven O. und die Interessentin werden schnell handelseinig und unterzeichnen bereits eine Woche später beim Notar den Kaufvertrag. Nach dem Beurkundungstermin unterrichtet Treuhänderin H. die anderen Stockwerkeigentümer schriftlich über den Verkauf. Dem Schreiben legt sie ein Formular bei, mit dem die Eigentümer den Verzicht auf die Ausübung des Vorkaufsrechts erklären können. Eine Woche später haben alle die Verzichtserklärung eingeschickt – bis auf Frau M.

Im Reglement der Gemeinschaft können von dieser gesetzlichen Regelung abweichende Bestimmungen vereinbart werden. In grösseren Gemeinschaften empfiehlt es sich beispielsweise, zu vereinbaren, dass ein Vorkaufsfall nur dem Verwalter mitgeteilt werden muss, der dann die anderen Eigentümer informiert und allenfalls eine Versammlung einberuft. Zudem ist zu überlegen, ob auch Bestimmungen nötig sind für den Fall, dass mehrere Stockwerkeigentümer von ihrem Vorkaufsrecht Gebrauch machen wollen.

Übt ein Stockwerkeigentümer sein Vorkaufsrecht tatsächlich aus, tritt er automatisch anstelle der Drittperson in den Kaufvertrag ein, den Sie mit dieser abgeschlossen haben. Er hat nicht nur den festgelegten Kaufpreis zu zahlen, sondern muss auch alle übrigen vereinbarten Bedingungen akzeptieren.

ALS CLAUDIA M. nach zwei Wochen immer noch nicht geantwortet hat, ruft Treuhänderin H. sie an. Frau M. erklärt, sie wolle sich die Zustimmung ganz genau überlegen. Schliesslich habe Herr O. sie zwei Jahre lang mit seiner Klimaanlage gequält. Frau P. erklärt ihr, dass sie mit diesem Verhalten nicht Herrn O. bestrafe; der habe seine Wohnung so oder so verkauft. Die Leidtragende sei die Käuferin, die so lange nicht wisse, ob sie in die Wohnung einziehen könne, bis alle Zustimmungen eingetroffen seien und der Verkauf rechtskräftig werde. Am nächsten Tag liegt auch die Verzichtserklärung von Frau M. im Briefkasten.

Das Einspracherecht

Auch das Einspracherecht dient einer Stockwerkeigentümergemeinschaft dazu, sich vor unliebsamen Dritten zu schützen. Es besteht aber nur, wenn es ausdrücklich im Reglement oder Begründungsakt vereinbart wurde – und das ist selten der Fall.

Wurde in Ihrer Gemeinschaft ein Einspracherecht vereinbart, hat das für Sie bei einem Verkauf viel einschneidendere Konsequenzen als ein Vorkaufsrecht: Die Gemeinschaft muss Ihnen, wenn sie den Kaufvertrag mit einer Drittperson erfolgreich verhindert hat, Ihre Wohnung nämlich nicht einmal abkaufen. Zudem kann die Einsprache nicht nur gegen einen Verkauf, sondern auch gegen eine Vermietung Ihrer Einheit erhoben werden.

 GUT ZU WISSEN Rechtlich geschützt sind Sie dadurch, dass die Einsprache nicht von einem einzelnen Eigentümer, sondern nur von der ganzen Gemeinschaft und nur aus wichtigem Grund erhoben werden kann. Ein wichtiger Grund liegt beispielsweise vor, wenn der vorgesehene Käufer einen Ruf als besonders unangenehmer Störenfried hat oder wenn er die Einheit zu einem Zweck verwenden will, der den anderen Stockwerkeigentümern nicht genehm ist. Keinen wichtigen Grund stellen Hautfarbe und Nationalität dar.

Wie läuft das Prozedere ab?
Haben Sie einen Kaufvertrag abgeschlossen, müssen Sie dies der Stockwerkeigentümergemeinschaft mitteilen. Will die Gemeinschaft ihr Einspracherecht ausüben, muss sie innert 14 Tagen eine Versammlung durchführen; für den Einsprachebeschluss reicht das absolute Mehr der anwesenden Stockwerkeigentümer. Gegen die Einsprache können Sie bei der Schlichtungsbehörde Klage erheben. Diese Klage richtet sich gegen die Gemeinschaft. Während des Verfahrens bleibt der Verkauf in der Schwebe.

11 ▪ ▪ ▪ DIE EIGENTUMSWOHNUNG WIEDER VERKAUFEN

Anhang

Überblick:
– Versammlungsorganisation
– Beschlussfassungsquoren
– Instandsetzungs- und Erneuerungszyklen

Glossar

Adressen und Links

Literatur

Stichwortverzeichnis

Überblick:
- **Versammlungsorganisation**
- **Beschlussfassungsquoren**
- **Instandsetzungs- und Erneuerungszyklen**

Versammlungsorganisation

Planung der Stockwerkeigentümerversammlung

(falls im Reglement nichts anderes vorgesehen)

Sammlung Traktanden: Eigentümer genügend früh zur Anmeldung von Traktanden einladen

Einladung/Traktandierung:
- Versand: keine gesetzliche Vorschrift, mindestens aber 10 Tage vor der Versammlung

- Traktanden müssen so angekündigt werden, dass jeder Eigentümer anhand der Einladung entscheiden kann, ob seine Teilnahme an der Versammlung notwendig ist:
  - Themen: Über welche Inhalte wird gesprochen und/oder beschlossen?
  - Ziel: Diskussion oder Beschlussfassung oder beides?
  - Ablauf: Abfolge der Traktanden

■■■ ANHANG

Durchführung der Stockwerkeigentümerversammlung

(falls im Reglement nichts anderes vorgesehen)

Leitung der Versammlung: (Art. 712n I ZGB)	durch Verwalter
Prüfung Anwesenheit:	■ persönlich Anwesende ■ Vertretene (Vollmacht)
Beschlussfähigkeit: (Art. 712p ZGB)	1. Versammlung: ½ der Köpfe und ½ der Anteile aller Eigentümer, mindestens aber 2 Eigentümer, anwesend oder vertreten
	Falls nicht erreicht:
	2. Versammlung: Frühestens 10 Tage nach der ersten; ⅓ der Köpfe aller Eigentümer, mindestens aber 2 Eigentümer, anwesend oder vertreten
	3. Versammlung: nicht vorgesehen; Anrufung des Richters möglich
Beschlussfassung / Berechnung der Beschlussquoren*:	Es kann nur über traktandierte Angelegenheiten gültig Beschluss gefasst werden.
(Art. 712m II i.V.m. 67 III ZGB)	■ Bei Beschlussfassung nach Köpfen (einfaches Mehr): Mehrheit der anwesenden oder vertretenen Eigentümer
(Art. 712m II i.V.m. 67 II ZGB)	■ Bei Beschlussfassung nach Köpfen und nach Anteilen (qualifiziertes Mehr): Mehrheit der Köpfe aller anwesenden oder vertretenen Eigentümer und Mehrheit der Anteile aller Eigentümer ($^{501}/_{1000}$ Wertquoten)
Protokoll: (Art. 712n II ZGB)	■ Beschlüsse sind zu protokollieren ■ Das Protokoll ist vom Verwalter aufzubewahren

* Die massgeblichen Quoren finden Sie auf Seite 238

Beschlussfassungsquoren

(sofern im Reglement nicht anders geregelt)

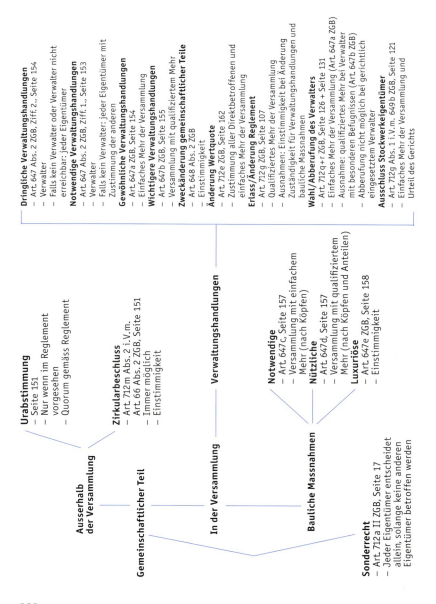

Instandsetzungs- und Erneuerungszyklen

	10 J.	15 J.	20 J.	25 J.	30 J.	45 J.	60 J.
Tapeten ersetzen, Wände streichen							
Teppichbeläge erneuern							
Parkett neu versiegeln							
Furnierparkett ersetzen							
Küchenapparate ersetzen							
Waschmaschine, Tumbler ersetzen							
Sonnenstorenstoff ersetzen							
Türen und Türrahmen streichen							
Heizung, Heizkessel ersetzen							
Küchenmöbel ersetzen							
Lamellenstoren ersetzen							
Fenster ersetzen (je nach Bauart)							
Dach umdecken							
Fassade instand setzen							
Lüftungs- und Liftanlage ersetzen							
Flachdach sanieren							
Fassade renovieren							
Keramik und Stein ersetzen							
Schalter, Steckdosen, Beleuchtungskörper ersetzen							
Heizleistungen, Radiatoren ersetzen							
Dacheindeckung ersetzen (Schrägdach)							
Sanitärapparate und Leitungen ersetzen							
Fassade komplett ersetzen							
Elektroanlage neu installieren							
Rohbau instand setzen							

Glossar

Absolutes Mehr: Alle Beschlüsse, für die im Gesetz oder im Reglement kein anderes Quorum vorgesehen ist, fällt die Stockwerkeigentümerversammlung mit dem absoluten Mehr der anwesenden und vertretenen Stimmen. Eigentümer, die sich der Stimme enthalten, sprechen sich also gegen einen Antrag aus (→ qualifiziertes Mehr). Ausnahme: Bei Entscheiden über → bauliche Massnahmen – so die Auffassung verschiedener Kommentatoren – muss das absolute Mehr anhand der Stimmen aller Stockwerkeigentümer berechnet werden.

Alleineigentum: Der Alleineigentümer hat die vollumfängliche Herrschaft über eine Sache. Er kann in den Schranken des Gesetzes allein über sie verfügen und dieses Recht gegenüber jedermann geltend machen. Das Alleineigentum ist zu unterscheiden vom → Miteigentum und vom → Gesamteigentum.

Anfechtung: Mit der Anfechtung wird die Gültigkeit eines Beschlusses oder einer anderen Rechtshandlung beim Gericht bestritten.

Ausschliessliches Benutzungsrecht: Das ausschliessliche Benutzungsrecht – auch Sondernutzungsrecht genannt – ist ein besonderes Nutzungsrecht an einem bestimmten, nicht zu → Sonderrecht ausgestalteten Teil der Stockwerkeigentumsliegenschaft. Der berechtigte Eigentümer hat das alleinige Recht, diesen gemeinschaftlichen Teil zum vereinbarten Zweck zu nutzen.

Bauhandwerkerpfandrecht: Ein Handwerker, der zu Bauten oder anderen Werken auf einem Grundstück Material und/oder Arbeit geleistet hat, kann für seine offenen Forderungen im Grundbuch ein Pfandrecht zulasten dieses Grundstücks eintragen lassen. Begleicht der Eigentümer des Grundstücks die berechtigte Forderung des Handwerkers nicht, kann dieser das Grundstück verwerten lassen und mit dem Erlös seine offene Forderung decken.

Bauliche Massnahmen (Art. 647c bis 647e ZGB) sind → Verwaltungshandlungen, die den Zustand einer Sache baulich verändern. Unterschieden wird zwischen notwendigen, nützlichen und luxuriösen baulichen Massnahmen. Notwendig ist eine Massnahme, wenn sie für die Erhaltung des Werts und der Gebrauchsfähigkeit der Liegenschaft nötig ist. Nützliche bauliche Massnahmen dienen der Wertsteigerung oder Verbesserung der Wirtschaftlichkeit bzw. der Gebrauchsfähigkeit der Liegenschaft. Luxuriös ist eine bauliche Massnahme insbesondere dann, wenn die Kosten die damit verbundene Wertsteigerung der Liegenschaft wesentlich überschreiten. Je nach Art der baulichen Massnahme ist für einen Beschluss das → absolute Mehr, das → qualifizierte Mehr oder Einstimmigkeit aller Stockwerkeigentümer nötig.

Baurecht: Das Baurecht ist eine → Dienstbarkeit, die dem Berechtigten den Anspruch verschafft, auf einem fremden Grundstück ein ober- oder unterirdisches Bauwerk zu errichten, das ihm gehört. Die Baurechtsdienstbarkeit kann selbständig und dauernd begründet werden. Selbständig ist das Baurecht, wenn es übertragbar und vererblich ausgestaltet ist. Von einem dauernden Baurecht spricht man, wenn es für mindestens 30 Jahre begründet wurde. Ein selbständiges und dauerndes Baurecht wird als Grundstück im Grundbuch aufgenommen.

Begründungsakt: Der Begründungsakt ist die Erklärung eines Grundeigentümers, Stockwerkeigentum begründen zu wollen. Im Begründungsakt werden die → gemeinschaftlichen Teile von den einzelnen → Sonderrechten abgegrenzt. Mit dem Begründungsakt können auch → ausschliessliche Benutzungsrechte begründet werden. Der Begründungsakt ist öffentlich zu beurkunden oder in einem Testament zu erlassen und dem Grundbuchamt einzureichen.

Besitzer: Besitzer einer Sache ist derjenige, der die tatsächliche Herrschaft darüber hat.

Besitzesschutzklage (Art. 928 ZGB): Mit der Besitzesschutzklage kann der → Besitzer einer Sache verlangen, von einem anderen in seinem Besitz nicht gestört zu werden. Die Besitzesschutzklage kann darauf ausgerichtet sein, eine bestehende Störung zu beseitigen oder zukünftig eine Störung zu unterlassen. Ebenso kann Schadenersatz verlangt werden.

Dienstbarkeit: Eine Dienstbarkeit gibt der berechtigten Person die Befugnis, ein fremdes Grundstück in bestimmter Hinsicht zu gebrauchen, und verpflichtet den Grundeigentümer, diesen Gebrauch zu dulden. Ebenso kann der Grundeigentümer mit einer Dienstbarkeit verpflichtet werden, bestimmte Rechte, die sich aus seinem Eigentum ergeben, zu unterlassen. Eine Dienstbarkeit kann zugunsten einer Person (Personaldienstbarkeit) oder auch zugunsten eines anderen Grundstücks (Grunddienstbarkeit) begründet werden.

Eigentumsfreiheitsklage (Art. 641 ZGB): Wird der Eigentümer einer Sache in der Ausübung seines Eigentums gestört, kann er sich mit der Eigentumsfreiheitsklage dagegen zur Wehr setzen. Er kann verlangen, dass ein bestehender Eingriff in sein Eigentum beseitigt oder ein zukünftiger Eingriff unterlassen wird. Schadenersatz lässt sich mit der Eigentumsfreiheitsklage aber nicht fordern.

Einspracherecht: Mit dem Einspracherecht kann die → Stockwerkeigentümergemeinschaft den Verkauf, die Vermietung oder anderweitige Überlassung einer Stockwerkeigentumseinheit an eine aussenstehende Person verhindern. Das Einspracherecht steht der Gemeinschaft nur zu, wenn es ausdrücklich vereinbart und im Grundbuch eingetragen wurde (Art. 712c ZGB).

Erneuerungsfonds: Im Erneuerungsfonds wird eine finanzielle Reserve für grössere Erneuerungs- und Unterhaltsarbeiten angelegt. Wurde nichts anderes vereinbart, hat jeder Stockwerkeigentümer den von der → Stockwerkeigentümerversammlung beschlossenen, seiner → Wertquote entsprechenden Betrag in den Erneuerungsfonds einzuzahlen. Der Erneuerungsfonds gehört zum Vermögen der Gemeinschaft.

Gemeinschaftliche Kosten: Die Stockwerkeigentümer haben nach Massgabe ihrer → Wertquote für die gemeinschaftlichen Kosten aufzukommen. Dazu gehören insbesondere die Auslagen für den laufenden Unterhalt, für Reparaturen und Erneuerungen der gemeinschaftlichen Teile des Grundstücks und Gebäudes, die Kosten der Verwaltungstätigkeit, die Entschädigung des Verwalters und die Baurechtszinsen (Art. 712h ZGB).

Gemeinschaftliche Teile: Gemeinschaftlich sind diejenigen Teile der Stockwerkeigentumsliegenschaft, die nicht zum Sonderrecht eines Stockwerkeigentümers gehören. Zwingend gemeinschaftlich sind der Boden der Liegenschaft und die Bauteile, die für den Bestand, die konstruktive Gliederung und Festigkeit des Gebäudes von Bedeutung sind oder dessen Aussehen bestimmen. Ebenso sind alle Anlagen und Einrichtungen, die allen Stockwerkeigentümern zur Verfügung stehen, zwingend gemeinschaftlich. Im → Begründungsakt oder durch spätere Vereinbarungen der Stockwerkeigentümer können weitere Teile der Liegenschaft als gemeinschaftlich bestimmt werden. Solche Vereinbarungen müssen öffentlich beurkundet werden.

Gemeinschaftspfandrecht: Die Stockwerkeigentümergemeinschaft hat gegenüber den einzelnen Stockwerkeigentümern für ausstehende Beiträge der letzten drei Jahre Anspruch auf Errichtung eines Pfandrechts an dessen Einheit (Art. 712i ZGB). Dieses Pfandrecht verschafft der Gemeinschaft in letzter Konsequenz die Möglichkeit, die Einheit des säumigen Stockwerkeigentümers verwerten zu lassen und aus dem Erlös die ausstehenden Beiträge zu decken.

Gesamteigentum ist Eigentum, das mehreren Personen gemeinsam zusteht. Über ihr Gesamteigentum können die Gesamteigentümer – anders als beim → Miteigentum – nur einstimmig gemeinsam verfügen.

Gewährleistung ist die gesetzliche Verpflichtung des Verkäufers bzw. Unternehmers, für Fehler oder Mängel des Kaufobjekts oder Werks einzustehen.

Grundstückskaufvertrag: Der Kauf und Verkauf von Grundstücken – also auch von Stockwerkeigentumseinheiten – ist im Obligationenrecht speziell geregelt (Art. 216 bis 221 OR). Ein Grundstückskaufvertrag muss öffentlich beurkundet werden. Ohne diese Beurkundung ist der Grundstückskauf nichtig.

Kopfstimmrecht: Jeder Stockwerkeigentümer hat unabhängig von seiner → Wertquote eine Stimme in der → Stockwerkeigentümerversammlung. Gehört eine Einheit mehreren Personen gemeinsam, haben sie zusammen nur eine Stimme. Ist eine Person im Besitz mehrerer Einheiten, hat sie – vorbehaltlich einer anderen Bestimmung im Reglement – ebenfalls nur eine Stimme.

Mängelrechte sind die Ansprüche des Käufers oder des Werkbestellers gegenüber dem Verkäufer bzw. Unternehmer bei Mangelhaftigkeit des Kaufobjkts bzw. des erstellten Werks. Gesetzlich vorgesehene Mängelrechte sind die Nachbesserung, die Minderung und die Wandlung.

ANHANG

Miteigentum: Gehört eine Sache mehreren Personen nach Bruchteilen, steht sie in deren Miteigentum. Jede Person kann – anders als beim → Gesamteigentum – ihren Bruchteil vertreten, gebrauchen und nutzen wie ein Alleineigentümer. Belasten und veräussern darf sie ihren Miteigentumsanteil vorbehaltlich einer anderen Vereinbarung aber nur mit der Zustimmung der anderen Miteigentümer (Art. 648 ZGB).

Nachbarrechtliche Klage (Art. 679 ZGB): Mit dieser Klage kann sich der Eigentümer oder Besitzer eines Grundstücks (Grundeigentümer, Stockwerkeigentümer, beschränkt dinglich Berechtigter, Mieter, Pächter etc.), der dadurch geschädigt wird, dass ein anderer Grundeigentümer sein Eigentumsrecht überschreitet, zur Wehr setzen. Die Klage kann auch erhoben werden, wenn der Schaden erst droht. Häufig wird die nachbarrechtliche Klage in Zusammenhang mit Immissionen erhoben, die vom Nachbargrundstück ausgehen. Der Betroffene kann verlangen, dass die Schädigung beseitigt oder, falls sie noch nicht eingetreten ist, zukünftig unterlassen wird. Zudem kann mit der nachbarrechtlichen Klage auch Schadenersatz verlangt werden.

Qualifiziertes Mehr: Das qualifizierte Mehr der Stockwerkeigentümerversammlung ist notwendig bei Entscheiden von besonderer Bedeutung, beispielsweise bei der Beschlussfassung über nützliche → bauliche Massnahmen. Ein qualifizierter Mehrheitsbeschluss erfordert die Zustimmung der Mehrheit der anwesenden und vertretenen Stockwerkeigentümer, die zugleich über das Wertquotenmehr verfügen. Bei baulichen Massnahmen berechnet sich die Mehrheit – so die Auffassung verschiedener Kommentatoren – anhand der Stimmen aller Stockwerkeigentümer (→ absolutes Mehr).

Reglement: Die Stockwerkeigentümergemeinschaft kann ein Reglement erlassen, das die gemeinschaftliche Verwaltung und Benutzung der gesamten Liegenschaft regelt. Das Gesetz sieht das Reglement nicht zwingend vor, aber jeder Stockwerkeigentümer hat das Recht, die Aufstellung eines solchen zu verlangen (Art. 712g Abs. 3 ZGB).

Reservationsvertrag: → Vorvertrag

Retentionsrecht (Art. 712k ZGB): Die Stockwerkeigentümergemeinschaft hat das Recht, Gegenstände in der Wohnung eines Stockwerkeigentümers pfänden zu lassen, wenn dieser seinen Beitragspflichten nicht nachkommt. Anschliessend kann sie verlangen, dass die gepfändeten Gegenstände verwertet werden, und aus dem Verwertungserlös die ausstehenden Beiträge decken. Im Unterschied zum Mietrecht kann das Retentionsrecht der Stockwerkeigentümergemeinschaft auch bei Wohnräumlichkeiten geltend gemacht werden.

Sondernutzungsrecht: → Ausschliessliches Benutzungsrecht

Sonderrecht: Das Sonderrecht ist das Recht eines Stockwerkeigentümers, seine Einheit allein zu nutzen, zu verwalten und innen auszubauen (Art. 712b ZGB). Das immer so weit, als dadurch nicht dieselben Rechte der anderen Stockwerkeigentümer beein-

243

trächtigt werden. Das Sonderrecht verschafft dem Stockwerkeigentümer – obwohl nur → Miteigentümer – bezüglich seiner Einheit eine dem → Alleineigentümer ähnliche Stellung. Sonderrecht kann nur an Gebäudeteilen begründet werden, die in sich abgeschlossen sind und über einen eigenen Zugang verfügen.

Stockwerkeigentum ist eine besondere Form von → Miteigentum an einem Grundstück. Es gibt dem Miteigentümer das → Sonderrecht, bestimmte Teile des Gebäudes ausschliesslich zu benutzen und innen auszubauen (Art. 712a ZGB).

Stockwerkeigentümergemeinschaft: Alle Stockwerkeigentümer bilden zusammen die Stockwerkeigentümergemeinschaft. Die Funktion dieser Gemeinschaft erschöpft sich in der Verfügung, Nutzung, Verwaltung und Erhaltung des wirtschaftlichen Wertes des gemeinsamen Grundstücks. Die Stockwerkeigentümergemeinschaft muss nicht speziell gegründet werden, sondern entsteht mit der Begründung des Stockwerkeigentums. Sie kann selbständig klagen und beklagt werden sowie betreiben und betrieben werden.

Stockwerkeigentümerversammlung: Die Versammlung der Stockwerkeigentümer ist das oberste und gesetzlich einzig zwingende Organ → der Stockwerkeigentümergemeinschaft. Die Eigentümerversammlung entscheidet über alle gemeinschaftlichen Angelegenheiten, die nicht an einen → Verwalter delegiert sind. Sie ist beschlussfähig, wenn die Hälfte aller Stockwerkeigentümer, die zugleich über die Hälfte der → Wertquoten verfügt, anwesend oder vertreten ist (Art. 712p ZGB). Verlangt weder das Gesetz noch das → Reglement ein → qualifiziertes Mehr, fasst die Stockwerkeigentümerversammlung ihre Beschlüsse mit dem → absoluten Mehr der anwesenden und vertretenen → Kopfstimmen. Einzig für Entscheide über → bauliche Massnahmen – so die Ansicht verschiedener Kommentatoren – ist das absolute Mehr aller Stockwerkeigentümer erforderlich.

Stockwerkeigentumsrecht: Die auf das Stockwerkeigentum anwendbaren gesetzlichen Bestimmungen finden sich in den Artikeln 712a bis 712t ZGB sowie in den Bestimmungen über die Verwaltungshandlungen und baulichen Massnahmen des Miteigentumsrechts (Art. 647 bis 648 ZGB mit Verweis in Art. 712g ZGB) und im Vereinsrecht (Art. 60ff. ZGB mit Verweis in Art. 712m ZGB). Weitere Bestimmungen bezüglich Stockwerkeigentum können im → Reglement und in der Hausordnung der Gemeinschaft festgehalten sein.

Übergang von Nutzen und Gefahr: Ab dem Zeitpunkt des Übergangs von Nutzen und Gefahr trägt der Käufer das Risiko für den zufälligen Untergang und die zufällige Verschlechterung der Kaufsache. Ab diesem Zeitpunkt steht ihm aber auch der Nutzen aus dem Kaufobjekt zu, beispielsweise der Mieterterag. Ohne besondere Vereinbarung gehen Nutzen und Gefahr bei Vertragsabschluss auf den Käufer über. Wurde für die Übergabe der Liegenschaft hingegen ein bestimmter Termin vereinbart, ist davon auszugehen, dass Nutzen und Gefahr erst zu diesem Zeitpunkt auf den Käufer übergehen.

Urabstimmung: Mit einer Urabstimmung können Beschlüsse auf dem schriftlichen Weg gefasst werden. Im Unterschied zum → Zirkularbeschluss ist für die Annahme eines Beschlusses keine Einstimmigkeit nötig. Die Beschlussfassung mittels Urabstimmung ist nur aufgrund einer (einstimmig beschlossenen) reglementarischen Bestimmung möglich.

Verjährung: Ist die Verjährungsfrist für einen Anspruch abgelaufen, kann der Schuldner die Verjährungseinrede erheben. Das bedeutet, dass der Anspruch – auch wenn er zweifelsfrei besteht – sich nicht mehr auf dem Prozessweg durchsetzen lässt.

Verwalter: Der Verwalter wird von der → Stockwerkeigentümerversammlung gewählt oder vom Gericht bestellt. Sein Wirkungskreis erstreckt sich – im Rahmen der ihm von der Versammlung übertragenen Kompetenzen – auf sämtliche Bereiche der gemeinschaftlichen Verwaltung und Vertretung der Stockwerkeigentümergemeinschaft. Seine Hauptfunktion besteht im Vollzug der gesetzlichen und reglementarischen Bestimmungen sowie der Beschlüsse der Stockwerkeigentümergemeinschaft.

Verwaltungsfonds: Die Schaffung eines Verwaltungsfonds erleichtert die laufende Verwaltung. Über diesen Fonds werden die Kosten für den laufenden Unterhalt, für die Verwaltungstätigkeit sowie Steuern und Abgaben beglichen. Die Stockwerkeigentümer speisen den Verwaltungsfonds – wenn nichts anderes vereinbart wurde – mit Beiträgen im Verhältnis zu ihrer → Wertquote.

Verwaltungshandlung (Art. 647 bis 647b ZGB): Unter diesen Begriff fällt jede Art von Geschäft, die im gemeinsamen Interesse der Stockwerkeigentümergemeinschaft liegt. Eine Spezialform der Verwaltungshandlungen sind die → baulichen Massnahmen. Verwaltungshandlungen werden unterteilt in notwendige, dringliche, gewöhnliche und wichtigere. Notwendige Verwaltungshandlungen dienen der Erhaltung des Wertes und der Gebrauchsfähigkeit der Liegenschaft; dazu gehört jede Handlung, die das Stockwerkeigentum vor irgendwelcher Verschlechterung schützt. Dringliche Verwaltungshandlungen müssen getroffen werden, um die Liegenschaft vor Schaden zu bewahren; sie können die Existenz und allenfalls die Funktionsfähigkeit der Sache schützen und sind deshalb immer auch notwendig. Gewöhnliche Verwaltungshandlungen sind Geschäfte alltäglicher Art, die als selbstverständlich angesehen werden, nur geringe Kosten verursachen und mittel- oder langfristig keine grossen Auswirkungen haben. Grössere Geschäfte, die von mehr als alltäglicher Bedeutung sind und keine Selbstverständlichkeit mehr darstellen, gelten als wichtigere Verwaltungshandlungen. Je nachdem, zu welcher Kategorie ein konkretes Geschäft gehört, sind für einen Beschluss unterschiedliche Quoren nötig.

Vorkaufsrecht: Ist im → Reglement oder → Begründungsakt ein Vorkaufsrecht vereinbart und will ein Stockwerkeigentümer seine Einheit an eine aussenstehende Person verkaufen, hat jeder andere Stockwerkeigentümer das Recht, in diesen Kaufvertrag einzutreten, und zwar zu den zwischen den beiden Vertragsparteien vereinbarten Bedingungen.

Vorvertrag: Mit einem Vorvertrag verpflichten sich die Parteien zum Abschluss eines Hauptvertrags. Ein Vorvertrag über den Kauf eines Grundstücks bzw. einer Stockwerkeigentumswohnung bedarf der öffentlichen Beurkundung.

Wertquote: Die Wertquote stellt eine abstrakte Verhältniszahl dar, die den Umfang der anteilsmässigen Berechtigung des einzelnen Stockwerkeigentümers am gemeinschaftlichen Grundstück wiedergibt. Die Wertquoten für jede Einheit werden im → Begründungsakt festgelegt. Änderungen der Wertquote bedürfen der Zustimmung aller unmittelbar Beteiligten und der Genehmigung durch die → Stockwerkeigentümerversammlung.

Zirkularbeschluss: Statt in der Versammlung kann eine Stockwerkeigentümergemeinschaft einen Beschluss auf dem schriftlichen Weg fassen. Ein Zirkularbeschluss kommt – anders als eine → Urabstimmung – nur zustande, wenn alle Stockwerkeigentümer schriftlich zustimmen.

▪▪▪ ANHANG

Adressen und Links

Beratung

www.beobachter.ch
Das Wissen und der Rat der Fachleute in acht Rechtsgebieten stehen den Mitgliedern des Beobachters im Internet und am Telefon unentgeltlich zur Verfügung. Wer kein Abonnement hat, kann online oder am Telefon eines bestellen und erhält sofort Zugang zu den Dienstleistungen.
- HelpOnline: rund um die Uhr im Internet unter www.beobachter.ch/beratung (→ HelpOnline), Rubrik: Wohnen
- Telefon: Montag bis Freitag von 9 bis 13 Uhr, Direktnummern der Fachbereich Wohnen: 043 444 54 02
- Anwaltssuche: vertrauenswürdige Anwältinnen und Anwälte in Ihrer Region unter www.beobachter.ch/beratung (→ Anwalt finden)

www.hausverein.ch
Hausverein Schweiz
Zentralsekretariat
Bollwerk 35
3001 Bern
Tel. 031 311 50 55
Adresse der für Ihre Region zuständigen Sektion unter «Sektionen»

www.hev-schweiz.ch
Schweizer Hauseigentümerverband (HEV)
Seefeldstrasse 60
8032 Zürich
Tel. 044 254 90 20
Adresse der für Ihre Gemeinde zuständigen Sektion unter «Sektionen»

www.stockwerk.ch
Schweizer Stockwerkeigentümerverband
Mettmenriedt-Weg 5
8606 Greifensee
Tel. 043 244 56 40

www.wohnbund.ch
Wohnbund
Aktionsgemeinschaft für den Gemeinnützigen Wohnungsbau
Bankstrasse 80
8610 Uster
Tel. 044 994 32 71

www.wohnen-schweiz.ch
WOHNEN SCHWEIZ
Verband der Baugenossenschaften
Obergrundstrasse 70
6002 Luzern
Tel. 041 317 00 50

Berufsverbände

www.bsa-fas.ch
Bund Schweizer Architekten
Pfluggässlein 3
4001 Basel
Tel. 061 262 10 10

www.djs-jds.ch
Demokratische Juristinnen und Juristen der Schweiz
Schwanengasse 9
3011 Bern
Tel. 031 312 83 34

www.kub.ch
Kammer unabhängiger
Bauherrenberater (KUB)
Mittelstrasse 18
8008 Zürich
Tel. 044 210 40 59

www.swisslawyers.com
Schweizerischer Anwaltsverband (SAV)
Marktgasse 4
3001 Bern
Tel. 031 313 06 06

www.infomediation.ch
Schweizerischer Dachverband
Mediation (SDM)
Geschäftsstelle
Schwarztorstrasse 56
3000 Bern 14
Tel. 031 318 58 17

www.siv.ch
Schweizerischer Immobilien-
schätzerverband
Poststrasse 23
9001 St. Gallen
Tel. 071 223 19 19

www.sia.ch
Schweizerischer Ingenieur- und
Architektenverein (SIA)
Geschäftsstelle
Selnaustrasse 16
8027 Zürich
Tel. 044 283 15 15

www.skwm.ch
Schweizerische Kammer für
Wirtschaftsmediation (SKWM)
Geschäftsstelle
Schwanenstrasse 32
8840 Einsiedeln
Tel. 055 418 81 51

www.svit.ch
Schweizerischer Verband der
Immobilienwirtschaft (SVIT)
Puls 5
Giessereistrasse 18
8005 Zürich
Tel. 044 434 78 88

www.svkg.ch
Schweizerische Vereinigung kantonaler
Grundstückbewertungsexperten (SVKG)
Sekretariat
c/o Kantonales Steueramt Aargau
Sektion Grundstückschätzung
Telli-Hochhaus
5004 Aarau
Tel. 062 835 27 43

Bundesämter

www.bfe.admin.ch
Bundesamt für Energie
Mühlestrasse 4
3063 Ittigen
Tel. 031 322 56 11

www.bafu.admin.ch
Bundesamt für Umwelt BAFU
3003 Bern
Tel. 031 322 93 11

www.bwo.admin.ch
Bundesamt für Wohnungswesen
Storchengasse 6
2540 Grenchen
Tel. 032 654 91 11

Finanzierung

www.budgetberatung.ch
Budgetberatung Schweiz
Kramisstrasse 12
6275 Ballwil
Tel. 062 849 42 45

www.egw-ccl.ch
Emissionszentrale für gemeinnützige
Wohnbauträger (EGW)
4603 Olten
Tel. 062 206 06 16

www.schweizernotare.ch
Schweizerischer Notarenverband
Tavelweg 2
3074 Muri
Tel. 031 310 58 40

www.vermoegenszentrum.ch
VZ Vermögenszentrum
Beethovenstrasse 24
8002 Zürich
Tel. 044 207 27 27
Weitere VZ-Büros in Aarau, Baden, Basel, Bern, Genf, Horgen, Lausanne, Liestal, Luzern, Neuenburg, Rapperswil, Schaffhausen, St. Gallen, Thun, Winterthur und Zug

Weiterführende Links

www.admin.ch
Bundesbehörden

www.admin.ch/ch/d/as/index.html
Amtliche Sammlung des Bundesrechts

www.arch-forum.ch
Internetplattform von und für Architektinnen und Architekten

www.baubio.ch
Schweizerische Interessengemeinschaft für Baubiologie und Bauökologie (SIB)

www.baudokumentation.ch
Informationsplattform für Bauprodukte, Architekturobjekte und Expertenprofile

www.bauen.com
Portal für Produktinformationen, Baufirmen und Architekten

www.bauenundwohnen.ch
Portal für Bauherrinnen und Bauherren

www.bauonline.ch
Bauplattform mit Branchenverzeichnis, News

www.bauprojekt.ch
Website mit breitem Informationsangebot zu Baufragen; mit Checkliste für die Bauabnahme

www.bauratgeber.ch
Ratgeber rund ums Thema Bauen

www.bger.ch
Bundesgericht

www.comparis.ch
Internet-Vergleichsdienst; neutraler Kostenvergleich von Hypotheken und Versicherungen

www.energiestiftung.ch
Informationen rund ums Thema Energie, Energiegewinnung und Umwelt

www.energybox.ch
Informationen zum Thema Stromsparpotenziale

www.gesund-wohnen.ch
Informationen rund ums Thema gesundes Wohnen; Fachgruppe Hausuntersuchung

www.grundbuch.ch
Informationen zu Grundbucheinträgen, Notaren etc.

www.hausinfo.ch
Infoportal für Wohneigentümer

www.iazicifi.ch
Informations- und Ausbildungszentrum für Immobilien (IAZI); Online-Immobilienbewertung nach der hedonistischen Methode

www.lignum.ch
Website zum Journal «Lignum»: Neues aus der Holzbranche; Schweizer Arbeitsgemeinschaft für das Holz

www.mehrwertholz.ch
Informationen rund ums Thema Bauen mit Holz

www.minergie.ch
Informationen zum Thema Minergie und Passivhaus

www.notariate.zh.ch
Website der Notariate des Kantons Zürich; Informationen rund um alle Notariatsgeschäfte

www.raumlufthygiene.ch
auf Wohnschadstoffe spezialisierte Firma

www.shab.ch
Website des «Schweizerischen Handelsamtsblatts»; publiziert Versteigerungen von Immobilien

www.umweltschutz.ch
Infos rund ums Thema Bauen und Umwelt

www.weblaw.ch
Kantonale Gesetzessammlungen

Literatur

Baumgartner, Gabriela: **Besser schreiben im Alltag.** Aktuelle Tipps und Vorlagen für die private Korrespondenz. 4. Auflage, Beobachter-Edition, Zürich 2013

Haas, Esther; Wirz, Toni: **Mediation.** Konflikte lösen im Dialog. 3. Auflage, Beobachter-Edition, Zürich 2011

Kieser Ueli; Senn, Jürg: **Pensionskasse.** Vorsorge, Finanzierung, Sicherheit, Leistung. 2. Auflage, Beobachter-Edition, Zürich 2009

Kislig, Bernhard: **Steuern leicht gemacht.** Praktisches Handbuch für alle Steuerpflichtigen in der Schweiz – Angestellte, Selbständige und Eigenheimbesitzer. 9. Auflage, Beobachter-Edition, Zürich 2013

Richle, Thomas; Weigele Marcel: **Vorsorgen, aber sicher!** AHV, 3. Säule, Frühpension – so planen Sie richtig. 2. Auflage, Beobachter-Edition, Zürich 2013

Stäheli Haas, Kathrin: **Wohnen und Pflege im Alter.** Selbständig leben, Entlastung holen, Heim finanzieren. Beobachter-Edition, Zürich 2011

Von Flüe, Karin: **Zusammen leben, zusammen wohnen.** Was Paare ohne Trauschein wissen müssen. 6. Auflage, Beobachter-Edition, Zürich 2010

Westermann, Reto; Meyer, Üsé: **Der Weg zum Eigenheim.** Finanzierung, Kauf, Bau und Unterhalt. 8. Auflage, Beobachter-Edition, Zürich 2013

Westermann, Reto; Meyer, Üsé: **Mein Haus energetisch sanieren.** Komfort verbessern, Kosten senken, Klima schützen. Beobachter-Edition, Zürich 2010

Buchset **OR und ZGB für den Alltag.** Kommentierte Ausgaben aus der Beobachter-Beratungspraxis, Beobachter-Edition, Zürich 2013

Stichwortverzeichnis

A

Absolutes Mehr 143, 160, 240
Abtretung der
  Garantieansprüche 83, 90, 97
Abzugsfähige Unterhaltskosten 45
Alleineigentum 15, 240
Altbau
– Evaluation 54
– Gewährleistung 84
Altlasten 56
Änderung der Wertquote 161
– auf dem Gerichtsweg 162
– durch Vereinbarung 161
Anfechten eines
  Beschlusses 111, 145, 240
– Anfechtungsfrist 146
Ausschliessliches Benutzungs-
  recht 20, 240
– und Autoabstellplatz 80
Ausschluss eines Stockwerk-
  eigentümers 119
Ausschuss 164
– Aufgaben 165
Autoabstellplatz, rechtliche
  Stellung 24
Autoeinstellhalle
– Kostenverteilung 180

B

Balkon, rechtliche Stellung 22
Bank- oder Versicherungsgarantie 58, 77
Baubewilligung 218
Bauhandwerkerpfand-
  recht 58, 76, 117, 240
Bauliche Massnahmen 18, 143, 154, 240
– luxuriöse 156
– notwendige 155
– nützliche 155

– ohne nötiges Mehr 159
Bauqualität 60
Baurecht 26, 240
– und Stockwerkeigentum 26
Begründungsakt 241
Beiträge an gemeinschaftliche
  Kosten 178
– Gemeinschaftspfandrecht 185
– Kostenverteilung 172, 175, 179
– Retentionsrecht 188
– Zahlungsverzug 184
Beitragspflicht 113
Beschlussfassung in der
  Versammlung 142
– anfechtbare Beschlüsse 145
– Beschlussfähigkeit 141
– nichtige Beschlüsse 148
– Quoren 142
– Urabstimmung 149, 245
– Zirkularbeschluss 149, 246
Besitzesschutzklage 197, 198, 200, 241
Beurkundung 73

D

Dachterrasse, rechtliche Stellung 22
Dienstbarkeit 71, 241
Dringliche Massnahmen 110
Dringliche Verwaltungshandlungen 152

E

Eherecht und Grundstückskauf 74
– Familienwohnung 75
Eigenkapital 38
Eigenmietwert 45
Eigentumsfreiheits-
  klage 197, 198, 200, 241
Einkommenssteuer 44
Einspracherecht 231, 241

Einstimmigkeit 106, 144, 160
Erneuerungsfonds 42, 171, 182, 241
– Höhe der Beiträge 183
– Verwendung 182
Ersatzvornahme 93
Evaluation von Objekten........................47
– Altbau 54
– Bauqualität 60
– Checklisten 50, 52, 53, 55
– Kaufpreis 61
– Liegenschaft 51
– Neubau 57
– Standort... 49

F
Familienwohnung 75
Fenster, rechtliche Stellung 24
Finanzierung 33
– Beratung 37
– Eigenkapital 38
– Fremdkapital 40
– Hypotheken 41
– laufende Kosten 41
– Tragbarkeitsrechnung 35
Flexible Wohnungen 48
Fremdkapital 40

G
Garantiearbeiten siehe Mängelrechte
Garantierückbehalt............................... 83
Gartensitzplatz, rechtliche Stellung 23
Gemeinschaftliche Kosten 42, 171, 242
– Befreiung von Beteiligung 176
– Verteilung 172, 175
– Verwaltungsfonds 174, 245
– Vorschüsse 177
Gemeinschaftliche Teile 14, 242
– Konflikte 195
– Renovation 208
– zwingend gemeinschaftlich 14
Gemeinschaftspfandrecht 185, 242

Gesamteigentum 15, 242
Gesetzliche Bestimmungen 108
– Grundstückkaufvertrag 70
– Kostenverteilung 172
– Stockwerkeigentümer-
  versammlung 136
– zwingende 123
Gewährleistung 80, 242
– Abtretung der
  Garantieansprüche 83, 90, 97
– Ausschluss 83
– bei Altbau 84
– bei Kauf ab Plan 82
– Mängelrechte 91
– Verjährung 95
Gewöhnliche Verwaltungs-
  handlungen 112, 154
Grundbucheintrag 70
Grundeigentümerhaftung 117
Grundstückgewinnsteuer............... 43, 212
Grundstückskaufvertrag 67, 71, 242
– Beurkundung 73
– Inhalt 72
– Übergang von Nutzen und Gefahr 77
– und Baubeschrieb 80
– und Bauhandwerkerpfandrecht........... 76
– und Eherecht 74
– und Gewährleistung 80

H
Haftgeld 69
Haftung der Bauhandwerker 98
Haftung der Stockwerkeigentümer-
  gemeinschaft 17, 114
Haftung des Architekten 98
Haftung des Verkäufers 97
Haftung des Verwalters 126
Haftung einzelner Eigentümer 20, 115
Handänderungssteuer......................... 43
Hausordnung 107
Hedonistische Bewertungsmethode 64

Hypotheken 40
– Vergleich 41

K

Kauf ab Plan 57
– Gewährleistung 80
Kaufpreis 61
Kaufvertrag siehe Grundstückskaufvertrag
Kontrolle der Finanzen 166
Kopfstimmrecht 242
Kosten 171
– Autoeinstellhalle 180
– gemeinschaftliche siehe Gemeinschaftliche Kosten
– laufende 41, 174
– Prozess zwischen Stockwerkeigentümer und Gemeinschaft 179
– Renovation 216
– Verteilung 172, 175, 216

L

Laufende Kosten 41, 174
Leben in der Gemeinschaft............ 29, 101
Luxuriöse bauliche Massnahmen 156

M

Makler... 227
Mangelfolgeschäden 92
Mängelrechte 91, 242
– und Verjährung 95
Mängelrüge 90
Mediation 193
Minderung 92
Miteigentum 15, 243

N

Nachbarrechtliche Klage 197, 198, 200, 243
Nachbarschaftsprobleme 191
– innerhalb der Gemeinschaft 194
– mit Aussenstehenden 198
– öffentliches Recht 201
– rechtliche Möglichkeiten ... 197, 198, 200
– richtiges Verhalten 192
Nachbesserung 91
Nachfrist 93
Neubau
– Absicherung beim Kauf 58
– Evaluation 57
– Kauf ab Plan 57, 81
– Kauf nach Fertigstellung 59
Nichtige Beschlüsse 148
Notwendige bauliche Massnahmen 155
Notwendige Verwaltungshandlungen 151
Nützliche bauliche Massnahmen 155
Nutzung der eigenen Räume 19

P

Parkplatz siehe Autoabstellplatz und Autoeinstellhalle
Pensionskassenguthaben als Eigenkapital 39
Pflichten gegenüber der Stockwerkeigentümergemeinschaft 113
Protokoll der Stockwerkeigentümerversammlung 145, 148

Q

Qualifiziertes Mehr............. 143, 160, 243
Quoren für Beschlussfassung....... 142, 160

R

Realwert 61
Rechte gegenüber Stockwerkeigentümergemeinschaft 109
Rechtsöffnungstitel............................ 118
Reglement 103, 243
– Änderung 105
– Erlass.. 105
– Inhalt.. 104

- und Kostenverteilung 173
- und Nachbarschaftsprobleme 194
- und Stockwerkeigentümer-
  versammlung 140
Renovation der eigenen Wohnung 207
Renovation gemeinschaftlicher
  Teile 207, 208
- Arbeitsvergabe 209
- Bauabnahme 220
- Baubewilligung 218
- Bedarfsabklärung 214
- Kostenverteilung 216
- Offerten 216
Renovation und Steuern 212
Renovation und Versicherungen 211
Reservationsvertrag siehe Vorvertrag
Retentionsrecht 188, 243
Reuegeld 69
Revisor 166

S / T

Schadenersatzansprüche gegenüber Stock-
  werkeigentümergemeinschaft 115
Schallschutz 18
SIA-Norm 118 .... 81, 82
- Mängelrüge 88
- Verjährung 95
- Wohnungsabnahme 88
Sondernutzungsrecht siehe
  ausschliessliches Benutzungsrecht
Sonderrecht 17, 243
- Nutzung 71
- und Kaufvertrag 79
- Verwaltung 19
Stellvertretung an der Stockwerk-
  eigentümerversammlung 136
Steuern 43
- abzugsfähige Unterhaltskosten 45
- beim Erwerb 43
- Eigenmietwert 44
- Einkommenssteuer 44

- und Renovation 212
- Vermögenssteuer 44
Stimmrecht 111, 142, 238
Stockwerkeigentum 13, 244
- im Baurecht 26
- persönliche Eignung 29
- rechtliche Grundlagen 13, 240
Stockwerkeigentümer-
  gemeinschaft 101, 109, 244
- Ausschluss eines Mitglieds 119
- Gemeinschaftspfandrecht 185
- Haftung 114
- Pflichten der Mitglieder 113
- Rechte der Mitglieder 109
- Retentionsrecht 188
- Schadenersatzansprüche 115
- und Nachbarschafts-
  probleme 194, 198
- Versicherungen 115
- Vertretung durch Verwalter 126
Stockwerkeigentümer-
  versammlung 133, 244
- anfechtbare Beschlüsse 145
- Aufgaben 148
- bauliche Massnahmen 154
- Beschlussfähigkeit 141
- Beschlussfassungsquoren 142
- Einberufung 138
- gesetzliche Bestimmungen 134
- nichtige Beschlüsse 148
- Protokoll 145, 148
- Stellvertretung 136
- Stimmrecht 142
- Teilnahmeberechtigung 135
- Traktandierung von Geschäften 139
- und Ausschuss 164
- Verwaltungshandlungen 150, 245
Stockwerkeigentumsrecht 108, 145
Suche nach geeignetem Objekt
  siehe Evaluation
Tragbarkeitsrechnung 35
Traktandierung von Geschäften 139

U

Übergabe der Stockwerkeinheit 87
Übergang von Nutzen und
   Gefahr 77, 244
Unterhalt siehe auch gemeinschaftliche
   Kosten und Renovation
– eigene Einheit 19, 207
– gemeinschaftliche Teile 17, 208
– laufender 174
Urabstimmung 149, 245

V

Verjährung 95, 245
– Unterbrechung 96
Verkauf des Stockwerkeigentums 223
– Einspracherecht 231, 241
– mit Vorkaufsrecht 229
– über einen Makler 227
– Verkaufsdokumentation 226
– Verkaufspreis 225
Verkäufergarantie 81
Verkehrswert 61
Vermögenssteuer 44
Verpfändung von Pensionskassen-
   guthaben 40
Versammlung siehe Stockwerk-
   eigentümerversammlung
Versicherungen 115
– bei Renovation 211
Verwalter 123, 245
– Abberufung 129
– Aufgaben 124, 129
– Haftung 126
– Kosten 128
– Recht auf Bestellung 110
– Vertretung der Gemeinschaft 126
– Verwaltungsvertrag 124
Verwaltung der eigenen Räume 19
Verwaltung der gemeinschaftlichen
   Teile 17
Verwaltungsfonds 174, 245
– Beiträge 177
– Zahlungsverzug 184
Verwaltungshandlungen 150, 245
– dringliche 152
– gewöhnliche 110, 152
– notwendige 151
– wichtigere 153
Vorbezug von Pensionskassen-
   guthaben 39
Vorkaufsrecht 229, 245
Vorvertrag 68, 246
– Reuegeld 69
– Rücktritt 70

W

Wandlung 92
Werkeigentümerhaftung 114
Wertquote 25, 246
– Änderung 161
– und Erneuerungsfonds 184
– und gemeinschaftliche Kosten 175
Wichtigere Verwaltungshandlungen 153
Wiederverkauf siehe Verkauf
   des Stockwerkeigentums
Wohnungsabnahme 88

Z

Zahlungsverzug eines Stockwerk-
   eigentümers 184
– Gemeinschaftspfandrecht 185, 242
– Retentionsrecht 188
Zirkularbeschluss 149, 246
Zwingende gesetzliche
   Bestimmungen 103
Zwingend gemeinschaftliche Teile 14